THE EMOTIONAL
PHILOSOPHY OF
CONFUCIANISM AND
TAOISM AND
ITS MODERN VALUE

# 儒道情感哲学及其现代价值

朱喆 萧平 操奇 著

社会科学文献出版社
SOCIAL SCIENCES ACADEMIC PRESS (CHINA)

# 目 录

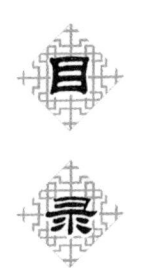

## 上篇 儒道情感哲学本论

引 言 ·················································· 003
  一 情感是中国传统哲学的一个主题 ·············· 003
  二 近三十年来情感哲学研究的现状与问题 ········ 004
  三 本书的研究方法及基本架构 ·················· 013

**第一章 儒道情感哲学概论** ···························· 016
  一 情感与理性 ································ 017
  二 诗性化的情感 ······························ 023
  第一节 儒家情感哲学的特征 ···················· 025
    一 "道始于情" ······························ 025
    二 "礼作于情"与"以礼制情" ················ 026
    三 情感的形上根据 ·························· 033
  第二节 道家情感哲学的特征 ···················· 035
    一 自然淳朴之情 ···························· 035
    二 至公无私之情 ···························· 037
    三 复性返情 ································ 038

**第二章 儒道情感哲学的义理诠释** ···················· 040
  第一节 儒家的情感哲学 ························ 040

一　美情说 ························································ 040
　　二　恶情说 ························································ 050
　　三　儒家性情论的历史演变 ······································ 056
　　四　儒家情理关系论 ············································· 075
第二节　道家的情感哲学 ············································· 090
　　一　真情说 ························································ 090
　　二　无情说 ························································ 095
　　三　性情一如 ···················································· 101

第三章　儒道情感教育与情感实践 ·································· 107
第一节　儒家的情感教育 ············································· 107
　　一　乐感教育 ···················································· 107
　　二　敬畏情感 ···················································· 113
　　三　儒家情感教育的方法 ······································· 116
第二节　道家情感教育 ················································ 119

# 下篇　儒道情感哲学的现代价值

第四章　儒道情感哲学与情感概念认知 ····························· 127
第一节　界定情感概念的基本现代范式 ····························· 127
　　一　情感心理学范式 ············································ 128
　　二　情感社会学范式 ············································ 128
　　三　情感哲学范式 ··············································· 129
第二节　儒道情感哲学与情感定义 ·································· 131

第五章　儒道情感哲学与现代中国人的情感困境 ················ 137
第一节　现代中国人的情感困境 ···································· 137
　　一　情感结构失调 ··············································· 138
　　二　情感控制失衡 ··············································· 144
　　三　情感表达失范 ··············································· 149

四　情感沟通失序 ………………………………………………… 151
　　五　情感支持失度 ………………………………………………… 152
　　六　情感体验失真 ………………………………………………… 153
　　七　情感伦理适意 ………………………………………………… 154
　第二节　儒道情感哲学调整现代中国人的情感结构 …………………… 155
　　一　五维情感的调整 ……………………………………………… 156
　　二　情绪、欲望、情感的结构调整 ……………………………… 157
　　三　正面情感与负面情感的调控 ………………………………… 158
　　四　无情与有情的辩证法 ………………………………………… 159
　第三节　儒道情感哲学平衡现代中国人的情感控制 …………………… 161

第六章　儒道情感哲学对当代情感教育的启示 …………………………… 167
　第一节　儒道情感哲学与情感教育建设途径 …………………………… 167
　第二节　儒道情感哲学对道德情感培植机制的启示 …………………… 169
　第三节　儒道情感哲学对审美情感培植机制的启示 …………………… 171

第七章　当代中国情感文明建构 …………………………………………… 174
　第一节　超克庸俗之人情，建构合理的法理情感 ……………………… 174
　第二节　破除蒙昧愚忠情感，建构情感民主 …………………………… 176
　第三节　破除偏狭之宗法情感，建构情感自由 ………………………… 178

结　语 ………………………………………………………………………… 182

参考文献 ……………………………………………………………………… 184

# 上 篇
# 儒道情感哲学本论

# 引 言

当我们谈到情感和理性的斗争时,我们的说法是不严格的、非哲学的。理性是,并且也应该是情感的奴隶,除了服务和服从情感之外,再不能有任何其他的职务。

——休谟

## 一 情感是中国传统哲学的一个主题

人是有情感的动物,丰富的情感表达是人之所以为人的一个重要特征。然而,人类的这种情感不是一种简单的动物本能性的情感,而是一种包含各种社会心理、历史意识、文化意蕴在内的情感。中国古代哲学特别重视人的存在方式,而事实上,"只有情感才是人的最首要最基本的存在方式"[1],人首先是一种情感主体。传统儒家哲学与道家哲学对情感的关注直接塑造了中国哲学重视情感的特征。翻阅儒道的各种传世文献,没有哪一种文献会忽略情感这个主题。《论语》开篇即曰:"学而时习之,不亦说乎?有朋自远方来,不亦乐乎?人不知,而不愠,不亦君子乎?"短短几句话,包含丰富的人的情感体验。此处的"说"(通"悦")、"乐"、"愠"正是人的情感表达。李泽厚在《论语今读》中写道:

作为论语首章,并不必具有深意。但由于首章突出的"悦""乐"二字,似可借此略谈论《今读》的一个基本看法:即与西方"罪感文化"、日本"耻感文化"(从 Ruth Benedict 及某些日本学者说)相比较,

---

[1] 蒙培元:《情感与理性》,中国社会科学出版社,2002,第 4 页。

以儒学为骨干的中国文化的特征或精神是"乐感文化"。"乐感文化"的关键在于它的"一个世界"（即此世间）的设定，即不谈论、不构想超越此世间的形上世界（哲学）或天堂地狱（宗教）。它具体呈现为"实用理性"（思维方式或理论习惯）和"情感本体"（以此为生活真谛或人生归宿，或曰天地境界，即道德之上的准宗教体验）。"乐感文化""实用理性"乃是华夏传统的精神核心①。

然而近代以来，受西方哲学的影响，情感一直不被认为是一个哲学话题，至少不是一个很庄重的哲学议题。西方的理性主义传统深深影响了国人的思维方式和言说方式，我们在西方哲学的范式之下整理国故，打造了规范的哲学史书写模式，却忽视了传统哲学自身的特色，尤其是将情感主题排除在外，或者将情感主题完全做纯理性的分析与批判②。正是在这一致趋势下，近年来，人们关于中国哲学的合法性问题、儒学的宗教性与哲学性问题一直争论不休。在抛开西方哲学的标准与模式后，其实这些都不是问题。幸运的是，中国学界已经有了一种自觉，即开始关注传统哲学自身的特征，并开始探索中国哲学诠释学的建构。而随着大批简帛文献的陆续出土，更多的原始材料让我们惊异不已，先秦的思想家们对情感这一主题的关注程度远远超乎我们的想象。21世纪以来，利用出土的材料，结合传世文献，学界对情感主题展开了深入的探讨，"情感"终于进入了中国传统哲学的研究视域。

## 二　近三十年来情感哲学研究的现状与问题

近三十年来，学界对传统哲学中的情感主题进行较为深入的研究，下面我们将这些研究成果进行综合概述，归纳出主要研究问题，并分析当下研究的不足。

**（一）对情感哲学进行界定，倡导情感哲学研究，李泽厚提出"情本体"，蒙培元明确提出"情感哲学""情感儒学"概念**

中国传统哲学十分注重情感，然而近代以来，中国哲学的研究是在西方

---

① 李泽厚：《论语今读》，安徽文艺出版社，1998，第27～28页。
② 黄意明指出，也有一些受西方影响较少，而对中国传统文化深有体会的近代学人梁漱溟、钱穆等学者，都曾给予"情感"高度评价。参见《道始于情——先秦儒家情感论》，上海交通大学出版社，2009，第5页。

哲学的范式下建构起来的，因此对传统哲学中的情感有所忽视，情感往往被视为非理性或与理性相对立的东西，不能作为哲学体系建构中的重要环节。但正如李泽厚所说，"一些没有系统受过西方哲学训练而对中国传统深有领会的现代学人并不赞同"[①]。朱谦之在1924年的一篇演讲中指出，"生活只是真情之流，是超过意欲的一种至纯粹的动。"[②] "因为孔子就是唯情论者，一个唯情论就是我，我和孔子在这生命的一条路上，是有一样的价值的……我永远相信我真情认识的宇宙观及人生观，也就是人们真正的宇宙观及人生观了。"[③] 袁家骅也说："生活不拿内心作基础，则生活现象，无从发生。故是真我生活，要从内心下手，本着新的发动，向内不住地追求，最后得到最纯真的一点，便是'情'。再从情一线引申，至于无穷，以创造真我的生命，所以真我是内在含有的意义。"[④] 现代新儒家第一人梁漱溟先生则明确指出，"周孔教化自亦不出于理知，而以情感为其根本"，"孔子学派以敦勉孝弟和一切仁厚顿挚之情为其最大特色"[⑤]。钱穆先生亦认为，"宋儒说心统性情，毋宁可以说，在全部人生中，中国儒学思想则更着重此心之情感部分"[⑥]，"知情意三者之间，实以情为主"[⑦]。即便像冯友兰先生那样受过西方理性主义哲学训练的新儒家代表人物，也对情感在中国传统哲学中的地位与价值给了较高的肯定，不少学者已经关注到了这一点[⑧]。

然而近三十年来，对情感哲学进行一般性的界定与论说，主要还是以李泽厚、蒙培元等人为代表。

李泽厚明确提出"情本体"之说。他认为"情本体"是乐感文化的核心。所谓"本体"不是康德所说的与现象界相区别的noumenon，而只是"本根""根本""最后实在"的意思。所谓"情本体"，是以"情"为人生的最终实在、根本[⑨]。他进一步指出，在中国，先秦孔孟和郭店竹简等原典儒学对情有理论话语和哲学关切。"逝者如斯乎"、"汝安乎"（孔）、"道由

---

① 李泽厚：《实用理性与乐感文化》，生活·读书·新知三联书店，2005，第56页。
② 《朱谦之文集》第1卷，福建教育出版社，2002，第465页。
③ 《朱谦之文集》第1卷，福建教育出版社，2002，第470页。
④ 袁家骅：《唯情哲学》，泰东图书局，1924，第7~8页。
⑤ 梁漱溟：《中国文化要义》，学林出版社，1987，第119页。
⑥ 钱穆：《孔子与论语》，台北联经出版社，1984，第198页。
⑦ 钱穆：《论语要略》，商务印书馆，1934，第86页。
⑧ 陈来：《现代中国哲学的追寻》，人民出版社，2001，第315~331页。徐仪明：《冯友兰论情感在哲学中的地位与作用》，《中州学刊》2008年第2期。
⑨ 李泽厚：《实用理性与乐感文化》，生活·读书·新知三联书店，2005，第55页。

情出"（郭店）、"恻隐之心"（孟），都将"情"作为某种根本或出发点。此"情"是情感，也是情境。"它们作为人间关系和人生活动的具体状态，被儒家认为是人道甚至天道之所生发"①。但他同时认为"自原典儒学之后，'情'在中国哲学也无地位。"②李泽厚极力批判原典儒学之后"情"在中国哲学中的沦落，甚至也批判20世纪50年代著名的张、牟、徐、唐四人文化宣言，因为他们声称"心性之学乃中国文化的神髓所在"。他反问道："心性之学"真是中国文化或中国哲学的"神髓"吗？哲学必须以理性或道德作为人的最高实在或本体特性吗③？但审视传统儒学的发展，我们发现李泽厚的批判并不准确，因为儒家所谓的"情"绝非与"心""性"相分离，即便是宋明理学家，对"情"的重视仍然是十分明显的。这种批判只能表明，李氏对"情"以及"情本体"本身的界定有特殊性，这一点正如黄意明指出的，"李先生的'情本体'指的是以情为根本，并不是哲学意义上的超越本体，也不是指与生俱来的道德情感或道德欲望，因而实际上是'无本体'。这一方面大大弘扬了人的主体性，提升了文化创造的价值，另一方面由于世俗之情背后既没有一个形而上的超越依据，也没有儒家所恒言的天赋道德作支撑，所以必须特别强调文化的凝聚力量，故而李泽厚语境中的情感是一种'历史情感'或曰'文化情感'"④。并且他也指出李氏将哲学中的情感转化为审美情感，"未必完全符合先秦儒家哲学的本来面目"⑤。如果说李泽厚的"情本体"主要建基于马克思主义哲学的"实践本体论"，把一切建立"在人类实践基础上"，属于历史唯物论性质的"人类学历史本体论"⑥，那么蒙培元的"情感儒学"⑦则是在他强调主体性、主体思维转向的

---

① 李泽厚：《实用理性与乐感文化》，生活·读书·新知三联书店，2005，第56页。
② 李泽厚：《实用理性与乐感文化》，生活·读书·新知三联书店，2005，第56页。
③ 李泽厚：《实用理性与乐感文化》，生活·读书·新知三联书店，2005，第56页。
④ 黄意明：《道始于情——先秦儒家情感论》，上海交通大学出版社，2009，第7页。
⑤ 黄意明：《道始于情 先秦儒家情感论》，上海交通大学出版社，2009，第7页。
⑥ 黄玉顺：《关于"情感儒学"与"情本论"的一段公案》，载《当代儒学》第12辑，广西师范大学出版社，2017，第173~177页。
⑦ 蒙培元先生自己在《情感与理性》一书中使用的是"情感哲学"这个概念，并未使用"情感儒学"这个概念。目前较为可靠的说法是，黄玉顺可能最早谈到了用"情感儒学"这一概念来概括蒙培元的儒学思想，但最早明确使用这一概念的则是崔发展的《儒家形而上学的颠覆——评蒙培元的"情感儒学"》一文，详见易小明主编《中国传统哲学与现代化》，中国文史出版社，2007。近年来，蒙培元先生自己也明确使用这一概念，如他说："我的情感儒学正是对冯友兰先生新理学的继承。"参见蒙培元、郭萍《情感与自由——蒙培元先生访谈录》，《社会科学家》2017年第4期。

背景下，对传统儒家哲学本质特征的把握，是凸显"仁爱情感"[①]的儒学。

蒙培元在《情感与理性》一书中，详细讨论了情感的内涵和外延，对情感与理性、情感与知识、情感与意志、情感与欲望进行比较和区分，并且指出"情感是全部儒学理论的基本构成部分，甚至是儒学理论的出发点"[②]。儒家不同于康德，康德在道德哲学领域完全排斥道德情感，认为道德情感不能进入理性殿堂。而儒家哲学则以情感哲学为基础。儒家情感哲学不是抽象的道德情感，而是具体理性化的情感，或者说是情感的理性化[③]。蒙培元认为，良知就是道德情感，儒家主张情感与性理合一。由此可知，蒙先生并没有将"情"理解为狭义的"情欲""感情"，而是将"情"与"心""性"关联，从心、性、情、知、意、欲一体的角度加以阐发。当然这种分析也存在一个问题，那就是不同的哲学家对这几者之间的关系的看法往往不同，因此，研究儒家的情感哲学一方面要注意一以贯之的东西，另一方面又要关注差异性的东西。

近年来黄玉顺等学者也极力倡导情感儒学，发表了一系列论著[④]，进一步探讨了情感在儒家哲学中的地位与价值。黄玉顺提出的"生活儒学"就是以"爱"与"生活"为核心观念[⑤]，本质上就是情感儒学在生活中的呈现。

此外，值得指出的是，在中国哲学史上，有一些思想家倡导"唯情论""至情论""真情伦"等，这种思想集中体现在明末以及明清之际的哲学家、思想家身上。著名哲学史家萧萐父先生和许苏民先生合著的《明清启蒙学术流变》一书，就明确提出了"情感本体论"这一概念，用来概述李贽、袁

---

[①] 蒙培元、郭萍：《情感与自由——蒙培元先生访谈录》，《社会科学家》2017年第4期。陈来亦如此评价蒙培元的"情感儒学"，参见《"情感儒学"评析——蒙培元八十寿辰学术座谈会发言选登》，《东岳论丛》2018年第6期。
[②] 蒙培元：《情感与理性》，中国社会科学出版社，2002，自序。
[③] 蒙培元：《情感与理性》，中国社会科学出版社，2002，第22页。
[④] 黄玉顺除了自己的一系列论著外，还主编了不少论著，黄玉顺主编《儒学中的情感与理性——蒙培元先生七十寿辰学术研讨会》，现代教育出版社，2008。黄玉顺、彭华、任文利：《情与理："情感儒学"与"新理学"研究——蒙培元先生70寿辰学术研讨集》，中央文献出版社，2008。黄玉顺、杨永明、任文利主编《人是情感的存在》，北京大学出版社，2018。黄玉顺主编《"情感儒学"研究——蒙培元先生八十寿辰全国学术研讨会实录》，四川人民出版社，2018。
[⑤] 黄玉顺：《生活与爱——生活儒学简论》，《郑州航空工业管理学院学报》（社会科学版）2006年第4期。

宏道、汤显祖等人的思想，尤其是指冯梦龙、周铨的情感哲学①。

**（二）对"情""性""仁""敬""乐"等情感哲学的核心概念进行考辨**

作为情感哲学的核心范畴，儒家情感哲学中的"仁""性""情"是最近二十多年来得到深入研究的三个核心概念。结合地下出土材料，不少研究者通过对文字学、语义学、词源学等角度进行考察，得出了很多新结论。如在"仁"的考释上，屈万里、刘文英、刘翔、廖名春、白奚、竹内照男、庞朴、梁涛等人均进行了相关研究。台湾学者屈万里先生做了详尽的考辨②，刘翔认为"仁字造文从心从身，身亦声，会意兼形声。此构型之语义，当时心中想着人之身体（身、人义类相属，古音同在真部）。可见仁字造文语义，与爱字造文语义，实属同源。"③白奚在《"仁"字古文考辨》中亦提出他的新解④。庞朴先生在《说"仁"》中，结合郭店楚简中的多种儒家文献，认为"仁"在演变过程中以"心"替换了原来的"仁"字，以特殊"人形"来表示仁德一举，在文字史、思想史乃至伦理学史上，都是一次值得大书特书的跃进。因为这个形意味着，仁德已不再被当作仅仅是某个特殊人群的特殊道德，应被认定为是一切以心官思索者的应具心态，是凡我人类的普遍德行！这一点，正是以孔子为首的儒家学派奔走呼号所以为己任的天职所在⑤。梁涛综合学界的诸多研究，对"仁"亦提出了新的看法⑥。

在"性"的考证与诠释上，戴震的《孟子字义疏证》、阮元的《性命古训》、傅斯年的《性命古训辨正》、徐复观的《中国人性论史（先秦篇）》都曾进行过详细考辨，近来丁四新亦著《生、眚、性之辨与先秦人性论研究之方法论的检讨——以阮元、傅斯年、徐复观相关论述及郭店竹简为中心》一文辨析了阮元、傅斯年、徐复观对"性"的考辨⑦。高华平的《"性""情"论——由新出楚简中"性""情"二字的形义引发的思考》⑧一文对

---

① 详见"情感本体论与新情理观"，萧萐父、许苏民：《明清启蒙学术流变》，辽宁教育出版社，1995，第100-124页。
② 屈万里：《仁字涵义之史的观察》，《民主评论》1954年第5卷第23期。
③ 刘翔：《中国传统价值观诠释学》，上海三联书店，1996，第159页。
④ 白奚：《"仁"字古文考辨》，《中国哲学史》2000年第3期。
⑤ 庞朴：《说"仁"》，《文史哲》2011年第3期。
⑥ 梁涛：《郭店竹简"忎"字与孔子仁学》，《哲学研究》2005年第5期。
⑦ 丁四新：《生、眚、性之辨与先秦人性论研究之方法论的检讨：以阮元、傅斯年、徐复观相关论述及郭店竹简为中心》，《楚地简帛思想研究》，崇文书局，2010。
⑧ 高华平：《"性""情"论——由新出楚简中"性""情"二字的形义引发的思考》，《华中师范大学学报》（人文社会科学版）2009年第5期。

先秦性情观念的演变做了深入的考察，是近几年来性情考释上的力作。学界的研究成果对于我们重新考察先秦儒道的情感哲学十分重要。

在"情"字的考辨上，吴森[1]、陈汉生（Chad Hansen）[2]、郭振香[3]、李天虹[4]、丁四新[5]等均有相关研究。不少学者均指出，在《论语》《孟子》中，"情"基本上都不是指"情感"，但也有不同的观点[6]。葛瑞汉（A. C. Graham）曾武断地认为先秦文献中的"情"都没有情感之义[7]，但近二十多年来的研究表明，葛氏的论断是不正确的。虽然在先秦诸子哲学文献中出现的很多"情"字并不是指情感，而是指"情实""真实"，但"情"仍然有"情感"之义，《性自命出》等郭店竹简文献提供了确凿的证据，由此"情"作"情感"之义起源甚早。李天虹、郭振香等人较为全面地考辨了先秦文献中出现的"情"字，李氏认为"二戴《礼记》之前的情字，基本上用作实、诚之义，自二戴《礼记》开始，直至《荀子》，大量的情字被用以表达情性、情感"[8]。丁四新辨析了《性自命出》中"情"的内涵，提出三种含义并存的观点[9]。何善蒙提出"情"之含义在先秦之际的演变大致可以分为三阶段，较为完整地概括了学界的研究[10]。当然，在学界已有的研究中，还存在一些不足，如"情"作为一个观念，在战国中后期为何有独立出来的必要性？与"性"相对应的"情"观念的产生原因何在？这些都有待深入探讨。

**（三）儒家情感哲学的研究，包括"情论""性情论""心性论"等研究**

在情感哲学研究中，儒家的情感哲学无疑是一个重点。现代新儒家学者

---

[1] 吴森：《比较哲学与文化（一）》，（台北）东大图书公司，1978，第39~52页。
[2] Chad Hansen, "Qing（Emotion）in Pre-Buddhist Chinese Thought", *Emotions In Asian Thought: A Dialogue In Comparative Philosophy*, ed. Joel Marks & Roger T. Ames（New York: State University of New York Press, 1995）, pp. 194-202.
[3] 郭振香：《先秦儒家情论研究》，安徽大学出版社，2011。
[4] 李天虹：《郭店竹简〈性自命出〉研究》，湖北教育出版社，2002，第31~59页。
[5] 丁四新：《论郭店楚简"情"的内涵》，《现代哲学》2003年第4期。
[6] 向世陵认为，孟子所谓"乃若其情，则可以为善矣，那所谓善也"的对先天性善论证，已经明确地将情与人的本性直接联系了起来。参见《郭店竹简"性""情"说》，《孔子研究》1999年第1期。
[7] A. C. Grahan, *Studies in Chinese philosophy and philosophical literature*（New York: State University of New York Press, 1990）, p.59.
[8] 李天虹：《郭店竹简〈性自命出〉研究》，湖北教育出版社，2003，第50页。
[9] 丁四新：《论郭店楚简"情"的内涵》，《现代哲学》2003年第4期。
[10] 何善蒙：《魏晋情论》，光明日报出版社，2007，第16~18页。

熊十力、冯友兰、方东美、牟宗三、徐复观、唐君毅等无一不对儒家的心性思想进行过研究，对情感在儒家哲学中的地位及重要性有翔实的阐述。以早期儒家情感哲学研究为例，近二十多年来，随着郭店楚简和上博简等地下出土文献的面世，丰富的早期儒家文献为我们打开了新的研究视域，学界日益重视对儒家情感哲学的研究，并由此将研究推进一个鼎盛时期。据不完全统计，目前对先秦儒家情感哲学（涵盖情论、心性论）进行研究的专著有卢雪昆的《儒家的心性学与道德形上学》、韩强的《儒家心性论》、欧阳祯人的《先秦儒家性情思想研究》、郭振香的《先秦儒家情论研究》、黄意明的《道始于情——先秦儒家情论》等。马育良的《中国性情论史》则是在早期儒家性情论研究基础上尝试对儒家性情论进行历史考察，是第一本性情史论著。此外不少专著都涉及对早期儒家心性论、性情论，强调情感在儒家道德哲学中的地位，如杨泽波的《孟子性善论研究》、丁四新的《郭店楚墓竹简思想研究》、李天虹的《郭店竹简〈性自命出〉研究》、杨少涵的《中庸原论——儒家情感形上学之创发与潜变》等。自汉代以后，情感在不同的儒家学者著作中得到了阐述，至宋明理学而发展到一个极高的层次，宋明理学也成为近百年来中国哲学史研究的重心。学界对宋明理学的心性论、性情论均展开了深入的探讨，海内外学界的著述汗牛充栋，兹不一一列举。

另外还有一个十分重要的学术现象，最近十多年来，以"亲亲相隐"为中心，围绕着儒家伦理展开了一场广泛而深入的学术争鸣[①]，很多研究西方伦理的学者从康德伦理学或基督教伦理学的视角批判儒家伦理是亲情伦理、血缘伦理，是导致中国社会各种贪污腐败等问题的症结。而在儒家学者看来，儒家伦理确实尊重人情，但这不仅不是它的缺点，反而是它的特点、优点。儒家主张社会伦理秩序应该建立在人的情感基础上，儒家伦理是符合人之本性的情感伦理，具有现实性和实用性。在这场目前还在持续的论争中，儒家的情感哲学显然是无法绕开的，只有审慎地分析了情感在儒家伦理中的真实作用及其价值，我们才能对它进行批判。

---

[①] 这场学术争鸣前期论著已经汇编，参见郭齐勇主编《儒家伦理争鸣集——以亲亲互隐为中心》，湖北教育出版社，2004。此外，还有不少以情感为中心，对儒家伦理进行研究的博士、硕士论文。近年来公开出版的相关论著还有以下几部。邓晓芒：《儒家伦理新批判：对传统中国文化的批判》，重庆大学出版社，2010。陈壁生：《经学、制度与生活：〈论语〉"父子相隐"章疏证》，华东师范大学出版社，2010。郭齐勇：《〈儒家伦理新批判〉之批判》，武汉大学出版社，2011。林桂榛：《"亲亲相隐"问题研究及其他》，中国政法大学出版社，2013。梁涛：《"亲亲相隐"与二重证据法》，中国人民大学出版社，2017。

## （四）道家情感哲学的研究

道家是中国传统文化中的重要一支，以其独特的思想魅力一直为现代人关注。道家的总体精神在于自然与无为，强调顺从事物发展之本性，对各种人为的制度、规范所造成的残损性行为有敏锐的洞察力，时刻对人的异化保持一种警惕，对人性的丧失与沦落持尖锐批判的态度。道家看重人的情感，同时又反思各种情感、情欲对人的心灵的损害，主张"损之又损"，去除各种成见与前识，恢复人性的本真状态。长期以来学界对道家哲学中的情感问题一直保持关注，近三十年来学界对道家情感哲学的研究主要集中在先秦道家和魏晋道家。对先秦道家情感哲学相关问题有过较为深入研究的有陈鼓应[1]、崔大华[2]、王志楣[3]、罗安宪[4]、朱怀江[5]、唐雄山[6]、吴冠宏[7]、陆达昌[8]等。陈鼓应在《〈太一生水〉与〈性自命出〉发微》一文中明确阐释了道家情感哲学与《性自命出》的关系问题；朱怀江则全面地对庄子之"真情说"与"无情说"做了综合分析；有关学者也曾在"情"与其他范畴的关系上做过研究，如晁福林就庄子情感哲学中"情""性"关系做过深入探讨[9]。此外，学界还对汉魏两晋道家情感哲学有所关注，并对何晏、王弼、嵇康、阮籍等玄学家的情感哲学进行了相关研究。王保玹在《正始玄学》一书中对何晏、王弼等玄学家的情感哲学进行了细致论述[10]，何善蒙《魏晋情论》一书分析了作为本体和功用的"情"在不同时段处理与名教关系时所具有的内涵和价值，高度肯定了情感在魏晋士人追求人格理想过程中的作用。此外，儒释道情感哲学的比较研究也得到了学界关注，如朱喆在《儒

---

[1] 陈鼓应：《〈太一生水〉与〈性自命出〉发微》，《道家文化研究》第17辑，生活·读书·新知三联书店，1999，第393~411页。

[2] 崔大华：《庄学研究》，人民出版社，1992。

[3] 王志楣：《道是无情却有情》，《道家文化研究》第25辑，生活·读书·新知三联书店，2010。

[4] 罗安宪：《虚静与逍遥：道家心性论研究》，人民出版社，2005，第185~193页。

[5] 朱怀江：《庄子"有无之情"论辩证》，《新疆师范大学学报》（哲学社会科学版）1991年第1期。

[6] 唐雄山：《老庄人性思想的现代诠释与重构》，中山大学出版社，2005，第128~134页。

[7] 吴冠宏：《庄子与郭象"无情说"之比较——以〈庄子〉"庄惠有情无情之辩"及其郭注为讨论核心》，《东华人文学报》2000年第2期。

[8] 陈达昌：《庄子无情论》，玄奘人文学院中国语文研究所，2004。

[9] 晁福林：《试析庄子的"情性"观》，《中州学刊》2002年第3期。

[10] 王保玹：《正始玄学》，齐鲁书社，1987。

"情"与道"情"》一文中从整体上对儒道两家情感哲学进行了梳理分析①；姚伟则从"性"与"情"的关系的角度比较了佛道两家的情感哲学②。

### (五) 儒道情感哲学研究问题分析

总体来说，对儒家道家情感哲学的研究已经取得了较大的进展，"情感"在儒道哲学中的地位已经受到学界的关注。现代新儒家学者们对儒道两家情感哲学的开创性研究是肇始，尤其是梁漱溟，而史学家钱穆先生也是较早对传统情感哲学进行关注的人之一。近三十多年来，李泽厚、蒙培元等人的高屋建瓴式阐述直接促进了对情感哲学的深入探讨，而近半个世纪以来陆续出土的各种简帛文献则促进了学者们对这一问题的进一步思考，尤其是早期儒家情感哲学的研究取得了较大的进展。这一点从上文的研究综述大体可以看出来。但值得指出的是，当前情感哲学的研究也仍然存在一些问题，主要表现在以下几个方面。

第一，儒道两家情感哲学的研究极为不平衡，重儒轻道。近年来，对儒家情感哲学的研究十分火热，对道家情感哲学的研究却相当贫乏，甚至对道家情感哲学本身仍然存在不少误解，如认为道家主"无情说"，道家不注重情感，或情感在道家哲学中根本没有一席之地。而事实上，道家情感哲学十分丰富，尤其是在庄子哲学中，对情感与理性有深入的思考，道家的"无情说"需要审慎地加以分析，这些都有待于进行深入的分析。

第二，对儒家情感哲学概述性研究以及阶段性研究比较突出，而比较性研究方面仍有所欠缺，差异性研究不足。例如，学界普遍注重对早期儒家情感哲学的研究，一方面是因为新近出土文献的有力支撑，另一方面则是因为先秦儒家是情感哲学的发源，从源头上讲清楚儒家情感哲学更有价值，有利于对后世儒家情感哲学的研究。但值得指出的是，同样是儒家，在历史发展的不同阶段，对一些具体情感哲学范畴的理解是有差异的，如对"仁"与"义"两个不同的范畴，从孔子、孟子、荀子到董仲舒、李翱，再到宋明理学的程朱、陆王，再到刘宗周、王夫之，不同的儒家学者往往有很多差异性的解读，在对这些差异性进行比较研究方面，我们似乎还可以更为深入。

第三，情感哲学的研究缺乏西方哲学的视角，因而很难归纳出比较全面、中肯的儒道情感哲学自身的特征。虽然有不少研究展开了中西情感哲学

---

① 朱喆：《儒"情"与道"情"》，《江汉论坛》2000年第5期。
② 姚维：《魏晋佛性论：兼谈玄学情性论》，《人文杂志》1999年第2期。

的比较，但总体上看，仍显得不足。一方面我们缺乏对西方哲学传统的深入理解，缺乏对西方哲学理性主义传统的根源、发展形态、弊端等的深入思考，也缺乏对近现代西方哲学所发生的某些转变展开研究，尤其是缺乏从情感哲学视野关注19世纪以来的一些非理性主义思潮；另一方面缺乏对儒道情感哲学本身展开批判性研究，使我们既能看到传统情感哲学的根源、发展形态、社会作用，又能看到其不足以及在现代社会面临的各种挑战①。儒道情感哲学对中国传统哲学的现代转型以及现代中国哲学的建构既有利又有弊，这些都需要我们深入考察儒道情感哲学的基本特质才能做出结论。

### 三 本书的研究方法及基本架构

本书采取观念史与大观念的研究方法，而不是严格意义上的哲学概念分析法。具体而言，就是单元观念（unit-ideas）理论与大观念（great ideas）理论。单元观念理论是20世纪美国哲学家洛夫乔伊（Arthur O. Lovejoy）提出来的。他首先提出了观念（history of ideas）研究②，用以分析思想史上一些重要观念的形成、演变及作用。他主张对思想史上的一些基本观念进行分析，而这些基本观念往往又分成一系列的单元观念③，对这些单元观念进行

---

① 景海峰曾指出，如果我们要在当代语境下重新思考"情"这个概念，那么在某种程度上，它就与西方所谓"情感"或"爱"这样一些观念缠绕在一起。这里面所包含的线索叠加起来是非常复杂的，一般所说的"情感"到底是在何种意义或者脉络之中成立的？从现代语境看，我们现在都感觉到情感确实很重要，因为它和"理"这个层面相比，更具有一种当下性和存在感知的活性，与人的生命机体活动，特别是细微的心理变化联系在一起，是人的精神生活之复杂性内蕴的一个场域和特别的呈现。它与科学理性的思维活动不同，和以往人们所重视的哲学指向的精神性也不太一样，它不太容易验证，也不太容易言说。如果按照传统哲学体系的架构方式来讲"情感"，就存在很大的挑战。但我们每个人又都时刻感受到这样一种因素的存在，也都承认它的重要性，那么，怎样在当代的哲学理论体系里给"情感"问题一个地位，并且有恰当的表达，这确实是我们所面临的难题。此外还有情与理关系的措置与复归，这都是比较复杂的问题。参见《重新解释"情感"依然是挑战》，《社会科学报》2018年6月7日。
② 观念史与思想史有何区别？一般来说，history of ideas 既可译成观念史，也可译成思想史，似乎两者没什么区分。实际上，两个术语的内涵以及涉及的研究对象还是有区别的。在英语学界，通常 history of ideas 指的是观念史，而 intellectual history 指的是思想史。但即使这种区分在学界也有不同的理解。通常情况下思想史所指更为宽泛，而观念史相对较窄。参见丁耘《什么是思想史？》，上海人民出版社，2006，第95页。
③ 洛夫乔伊认为这些单元观念大致可以包含五类。①有一些含蓄的或不完全清楚的设定，或者在个体或一代人的思想中起作用的或多或少未意识到的思想习惯。②一些某地特有的假定，这些理智的习惯，常常是属于如此一般、如此笼统的一类东西，以至于它们有可能在任何事情上影响人的反思进程。③可能被描述为对各种各样的形而上学激情（pathos）（转下页注）

分析，从而进一步展示由之构成的基本观念的内涵，这就是观念史研究的基本任务。

大观念（great ideas）理论是美国哲学家艾德勒（M. J. Adler）提出来的①。什么是大观念呢？按照艾德勒的意思，在日常生活中，我们或多或少会进行哲学的思考，而我们思考时通常就是在使用一些基本的观念，这些观念构成了每一个人思想的词语，但这些词语不同于特殊的学科的概念，都是日常使用的词语。它们不是术语，不属于专业知识的私人术语②。大观念正是对许多零散但内涵相同或相近的基本观念的概括或抽象。这些基本观念正是人们日常生活中所使用的那些基本词语，虽然不是每一个人都清楚地理解它们的含义，但是如果我们拈出这些基本观念集中反映的主要观念或核心观念（大观念）时，我们大多数人便拥有了共同的理解基础。

考察儒家与道家的情感哲学，必须注意一点，即我们不能简单地以"情"字出现的多少来展开讨论，因为一方面"情"字本身并不都是表达情感的意蕴，这一点学界研究已经相当充分；另一方面，表达情感的观念十分丰富，绝不局限于"情"这个词，毕竟我们不是进行狭义上的儒家和道家"情"概念研究，而是从宽泛意义上解读儒家和道家的情感哲学，即一切表达情感的观念都应纳入我们的考察视野，如孔子思想的核心观念"仁"，首先就是指人的一种真实情感。作为孔子思想的核心观念，"仁"往往通过很多具体的带情感的行为来呈现，《论语》中就有很多表达情感以及与情感相关的一些观念，如：

---

（接上页注③）的感受性。④一个时期或一种运动中的神圣语词或成语，用某种观点去清除它的模糊性，列举出它们的各种各样的含义。⑤存在于欧洲早期最具影响力的哲学家所明白阐释的某种单一特殊的命题或原则之中，以及和那些作为，或曾被设想为它的推论的进一步的命题处在一起。参见〔美〕A. O. 洛夫乔伊著《存在巨锁：对一个观念的历史的研究》，张传有、高秉江译，邓晓芒、张传有校，江西教育出版社，2002，第5~14页。简而言之，洛夫乔伊则列举了以下几种：各种类型的范畴、有关日常经验（common experience）的特殊方面的思想、含蓄的或明确的假定、宗教的定式和口号、专门的哲学定理或宏大的假说、综合归纳或各门科学方法论上的假设。〔美〕A. O. 洛夫乔伊：《观念史论文集》，吴相译，江苏教育出版社，2005，第7页。

① 〔美〕艾德勒：《六大观念》，郗庆华、薛笙译，生活·读书·新知三联书店，1991，第3页。
② 〔美〕艾德勒：《六大观念》，郗庆华、薛笙译，生活·读书·新知三联书店，1991，第3页。

> 颜渊死。子曰："噫！天丧予！天丧予！"（《论语·先进》）
> 颜渊死，子哭之恸。从者曰："子恸矣。"曰："有恸乎？非夫人之为恸而谁为！"（《论语·先进》）

对于自己最得意学生的死亡，孔子的情感流露十分真实、鲜明，其悲痛之情充分彰显。尽管这里并没有一个"情"字，但情感的迸发是不容置疑的。此外，人类情感的呈现必然有主体因素，即情感必然有其内在根据和形上之基础，因此我们的研究还必须关注"性""心"等类似的观念。由此可知，本书所说的情感是一个宽泛意义上的观念，绝非单一观念可以概括，故本书是对所有反映情感主题的观念的系统考察。

其次，本书采取比较研究法。儒家和道家对情感哲学的阐述有所不同，中国文化中的情感哲学与西方文化中的情感哲学又有不同。因此，为了深入展开讨论，我们采用了比较研究法，包括儒道情感哲学比较、中西情感哲学比较，由此充分考察不同学派以及不同文化中情感哲学之差异，并以此来凸显儒家、道家情感哲学自身的特点，彰显中国传统哲学重情这一特征。

本书主要分为两部分，上篇是儒道情感哲学本论，下设三个独立章，第一章探讨儒家哲学和道家哲学注重情感的特点，包括儒家与道家诗学的情感而非纯智型的特点研究；儒家以情感为礼乐仪文之基，以及借礼乐仪文以敦厚深醇情感的特点研究；道家以情感为基础的超越物欲、物累的真情实感的特点研究。第二章探讨儒家、道家情感哲学的义理诠释。包括儒家"美情说""悲情说""善情说"的思想研究；道家"真情说""无情说"研究；儒家"性情两分"与道家"性情一如"思想研究；儒家"情""理"关系和道家"道""情"关系研究。第三章探讨儒道情感教育与情感实践，包括儒家、道家情感教育与情感实践的方法，儒家的"节情说""禁情说""灭情说"研究；道家"无情说""安情说""任情说"的研究。

下篇是儒道情感哲学的现代价值。儒情与道情理论与现当代中国的人格建构及人的精神健康而和谐发展研究。包括世界的后现代思潮与中国人的人格发展现状研究；儒、道情感哲学与人的全面而健康和谐发展研究；儒、道情感理论资源对解决现代工商社会中的人的物化问题、人与自然对立问题以及人的心理失衡、情绪失控、精神紧张等心理疾病问题的意义研究；儒、道情感哲学对我们民族素质提高问题的研究。

# 第一章

## 儒道情感哲学概论

> 有关存在的哲学最终不在思辨，不在信仰，不在神宠，而就在这人类化了的具有历史积淀成果的流动着的情感本身。这种情感本身成了推动人际生成的本体力量。
>
> ——李泽厚

中国传统哲学注重情感，近代以来不少学人已经开始关注此一问题。钱穆先生晚年进行中西方文化比较时曾指出："西方人重知，中国人重情。"[1] 这一论断是比较准确的，由一个"重"字我们也可以推知，中国人并非完全忽视"知"的作用，而是看到单一理性认知的局限，因而主张以情感来弥补单一"知"的局限。在中国古代哲学传统中，只注重单纯的理性认知而忽视情感的思想家注定影响有限，如先秦名家就遭到诸多批判，很难成为影响中国人思维方式与民族文化心理的思想流派。司马谈论六家之要旨，就明确批判名家"使人俭而善失真"，因为名家"苛察缴绕，使人不得反其意，专决于名而失人情"[2]。以一种单纯的理性来苛察现实社会，显然忽视了人情的现实性。假设中国古代哲学完全以名家作为主流，那么完全可以想象整个中国哲学的面貌将发生极大的变化。墨家也是如此，尽管墨家主张兼爱，近乎一种博爱精神，但司马迁认为墨家"俭而难遵，是以其事不可遍循"[3]，因为墨家主张："堂高三尺，土阶三等，茅茨不翦，采椽不刮。食土簋，啜土刑，粝粱之食，藜藿之羹。夏日葛衣，冬日鹿裘。其送死，桐棺三寸，举音不尽其哀。"[4] 很显然这和儒家的主张相对立，其关键还在于忽视

---

[1] 钱穆:《晚学盲言》，生活·读书·新知三联书店，2010，第862页。
[2] 司马迁:《太史公自序第七十》，《史记》第130卷，中华书局，1973，第3291页。
[3] 司马迁:《太史公自序第七十》，《史记》第130卷，中华书局，1973，第3289页。
[4] 司马迁:《太史公自序第七十》，《史记》第130卷，中华书局，1973，第3290页。

"世异时移，事业不必同"，希图以一套永恒不变的模式来治理天下，显然违背人情，禁锢了人的真实性情，所以说"俭而难遵"。名家墨家注重理性精神，忽视了情感因素，那么是否儒家以及道家重视情感而忽视了理性呢？这就涉及情感与理性的关系问题。

## 一　情感与理性

情感与理性是哲学里一个十分重要的议题，从中西方哲学的整体特征来看，正如蒙培元所说，"西方是情理二分的，中国是情理合一的，西方是重理的，中国是重情的"[①]。古希腊哲学对情感与理性进行二分，亚里士多德反驳柏拉图对人的界定，认为"人是理性的动物"，这一界定影响深远，历史上第一次将理性赋予人类，并将理性看作人类独特的标志。然而在西方哲学史上一直有哲学家针对这种西方哲学的传统理性情感二分、过于重视理性，而忽视甚至贬斥情感的做法提出纠偏之见，如休谟。现代西方哲学的发展走向了多元化，对情感哲学的重视也日益高涨，情感在哲学中的地位也受到越来越高的关注[②]。回到中国哲学语境中，实际上，中国哲学从不缺乏理性，亦不反对理性。具体而言，儒道情感哲学所宣扬的"情感"并非简单的动物式情感，而是一种理性化了的情感。或者说这种情感包含丰富的社会文化、社会意识等因素在里面。近几十年来，学界经过不断研究，指出这种情感具有社会性、历史性。下面对这些研究成果加以辨析，以证明儒道两家所推崇的情感并非与理性完全对立。

首先看新儒家的代表人物梁漱溟。梁氏是近代以来深受中国传统文化影

---

[①] 蒙培元：《情感与理性》，中国社会科学出版社，2002，第16页。
[②] 近三十年来，英美学界涌现出很多关于情感的研究，如 Ronald De Sousa, *The Rationality of Emotion*. Cambridge (MA: MIT Press, 1987). Patricia S. Greenspan, *Emotions and Reasons: An Inquiry into Emotional Justification* (New York: Routledge, 1988). Peter Goldie, *The Emotions: A Philosophical Exploration* (Oxford: Clarendon, 2000). Robert C. Solomon, *Thinking about Feeling: Contemporary Philosophers on Emotion* (Oxford: Oxford University Press, 2004). Robert C. Solomon, ed. *What is an Emotion? Classic and Contemporary Readings*. 2d ed. (New York: Oxford University Press, 2003). Jesse J. Prinz, *Gut Reactions: A Perceptual Theory of Emotion* (New York: Oxford University Press, 2004). Robert C. Solomon, *The Passions: Emotions and the Meaning of Life* (Indianapolis, IN: Hackett, 1993). Paul E. Griffiths, *What Emotions Really Are: The Problem of Psychological Categories* (Chicago: University of Chicago Press, 1997). Jesse J. Prinz, *Gut Reactions: A Perceptual Theory of Emotion* (New York: Oxford University Press, 2004). Peter Goldie ed. *The Oxford Handbook of Philosophy of Emotion* (New York: Oxford University Press, 2010).

响而较少受西方文化影响的一位儒者，被艾恺称为"最后的儒家"①。梁漱溟分析了儒家的"仁"，他认为"儒家完全要听凭直觉，所以唯一重要的是直觉敏锐明利，而唯一怕的就是直觉迟钝麻痹。所有的恶，都由于直觉麻痹，更无别的缘故，所以孔子教人就是'求仁'。人类所有的诸德，本无不出自此直觉，即无不出自孔子所谓'仁'，所以一个'仁'就将种种美德都可代表了"②。那么他所说的"直觉"究竟是指什么？梁漱溟继续分析道：

> 仁就是本能、情感、直觉……在直觉情感作用盛的时候，理智就退伏；理智起了的时候，总是直觉、情感平下去；所以二者很有相违的倾向③。
>
> 我们都可以看出这"仁"与"不仁"的分别：一个是通身充满了真实情感，而理智少畅达的样子；一个是脸上嘴头露出了理智的慧巧伶俐，而情感不真实的样子④。

可见梁氏所说的"直觉"侧重于情感，与理智相对而言。但这种情感是不是单纯的动物式的感觉呢？显然不是。因为梁氏说：

> 仁虽然是情感，却情感不足以言仁。仁是一个很难形容的心理状态，我且说为极有活气而稳静平衡的一个状态，似乎可以分为两条件：
> （一）寂——像是顶平静而默默生息的样子；
> （二）感——最敏锐而易感且很强⑤。

这一段话蕴含对情感与理性关系的重要理解。梁氏一方面承认"仁"是一种情感，但同时认为情感是不足以解释"仁"的，因为在这种情感中还包含很丰富的内容。因为梁氏认为直觉、情感的东西与理智是相对立的，

---

① 艾恺：《最后的儒家——梁漱溟与中国现代化的两难》，王宗昱、龚建中译，江苏人民出版社，1996。
② 梁漱溟：《东西文化及哲学》，商务印书馆，1999，第132页。
③ 梁漱溟：《东西文化及哲学》，商务印书馆，1999，第133页。
④ 梁漱溟：《东西文化及哲学》，商务印书馆，1999，第133页。
⑤ 梁漱溟：《东西文化及哲学》，商务印书馆，1999，第133页。

故他又不能直接承认这种情感中包含的就是一种理智，而转向一种神秘的表达①，即"仁"是"一种很难形容的心理状态"。而事实上，他又对"仁"做进一步分析，提出了"寂""感"两个条件。"寂""感"出于《易传·系辞》："易无思也，无为也，寂然不动，感而遂通天下之故。"后来《中庸》将两者分别诠释为"未发""已发"，而宋儒特重视之。梁氏将"寂"诠释为"顶平静而默默生息的样子"，这正是人的理智表现，是社会文化与意识的内化与涵养过程；而"感"正是通过情感而宣泄、外显的过程。他辨析说："仁是体，而敏锐易感则其用；若以仁兼赅体用，则寂其体而感其用。若单以情感言仁，则只说到用，而且未必是恰好的用，故言仁者不可不知寂之义。"② 显然梁氏敏锐地发现了"仁"中包含理性的精神，蕴含理智，绝非单纯的动物式情感。毕竟他也承认"理智虽然是无私的，静观的，并非坏的，却每随占有冲动而来"③，只是"因这（理智——引者注）妨碍情感和连带自私之两点"，所以他排斥"理智"这一要素，认为"孔家很排斥理智"④。由此可知，梁漱溟显然区分了"理智"与"理性"，这一点正如陈来所说，"他（指梁漱溟——引者注）所说的理智实指认知理性，他所说的理性则是道德感情"⑤。总体来看，梁氏的"仁建体用""寂其体感其用"已经表明"仁"不是简单的情感，而是一种理性的道德情感。

其次看钱穆。钱穆也是近代受西方文化影响较浅的一位学者，他在讨论儒家情感哲学时，特别强调儒家情感的丰富历史内容。钱氏认为"儒家思想是强烈的情感主义者，而很巧妙地交融了理智的功能"⑥。那么这一理智的功能是如何融入情感之中的呢？在中国的哲学传统中，情感与理智之间究竟是什么关系？

> 我积年来，总主张人类一切理论，其关涉人文社会者，其最后本源出发点在心。而我所指述之人心，则并不专限于理智一方面。我毋宁采

---

① 儒家哲学中确实存在这样一种倾向，即强调一种神秘体验，一种天人合一的不可以理智辨析的神秘状态。
② 梁漱溟：《东西文化及哲学》，商务印书馆，1999，第133页。
③ 梁漱溟：《东西文化及哲学》，商务印书馆，1999，第133页。
④ 梁漱溟：《东西文化及哲学》，商务印书馆，1999，第133页。
⑤ 陈来：《现代中国哲学的追寻》，人民出版社，2001，第274页。
⑥ 钱穆：《儒家之性善论与其尽性主义》，《中国学术思想论丛》第2册，（台北）东大图书公司，1980，第242页。

取近代西方旧心理学之三分说，把情感意志与理智同认为是人心中重要之部分。尽管有人主张，人心发展之最高阶层在理智，但人心之最先基础，则必建立在情感上。情感之重要性绝不能抹杀。若人心无真情感，情感无真价值，则理智与意志，均将无从运使，也将不见理智所发现与意志所到达之一切真价值所在。若把中国人所说智仁勇三德来配上西方旧心理学上之三分法，则知属理智，勇属意志，而仁则显然宜多偏属于情感。若把仁之德来兼包知与勇，则人心中也只有情感更宜来兼包理智与意志[①]。

从一般意义上来说，"人心"并不仅限于理智一方面。就中国传统哲学而言，"人心"中包含更多的情感的因素。换言之，在钱穆看来，人心始于情感，只有情感能兼容理智与意志，儒家的"仁"显然是"偏于"情感，同时也意味着"仁"之中也蕴藏理智的因素，并非单纯的情感。由此钱穆提出：

> 我对此人性问题，则完全赞成孟子看法，认为人心之所同然者即性。但所谓人心之所同然，不仅要在同时千万亿兆人之心上求，更宜于上下古今，千万亿兆年人之心上求，因此我喜欢说历史心与文化心。但此项历史心与文化心，并不能全超越了现前之个体心，而说为别有所谓历史心与文化心之存在。其实只是从历史心与文化心来认取现前个体心之有共相互同然处。因此，我们决不能抹杀了现前的个体心，来另求此历史心与文化心，来灵丘此人心之同然。人心同然，即在现前个体心里见。因于现前个体心之层累演进而始见有历史心与文化心，亦因历史心与文化心之深厚演进而始有此刻现前之个体心[②]。

钱穆借用"历史心"与"文化心"来说明人心与人性，尤其是来丰富"人心"中的情感要素，而不失于简单的情感主义，其实正是以历史文化等人类社会文明发展中积累的理性内容来充实人心，以此表明这种情感并非单

---

[①] 钱穆：《心与性情与好恶》，《中国学术思想史论丛》第2册，（台北）东大图书公司，1980，第325~326页。

[②] 钱穆：《心与性情与好恶》，《中国学术思想史论丛》第2册，（台北）东大图书公司，1980，第326~327页。

纯的动物式情感,而是含有社会文明的遗传因子的。"历史心与文化心之深厚演进"表明文化的积淀在个体心中留下深深的烙印,直接影响当下个体心。这便是文化的遗传,社会心理的遗传。由此孟子所说的人性也就不再是完全的先验性,仍然有社会历史的理性内容包蕴其中。这一点到了李泽厚那里说得更为清楚。

再次看李泽厚。李氏对西方哲学有较深入的考察,但同时又没有完全陷入西学中,而是能够相对独立地反省自身的传统。他早在《华夏美学》以及《美学四讲》中就提出"积淀"说,狭义的"积淀"是指理性在感性中的沉入、渗透与融合①。而在《论语今读》中,他明确提出"情-理结构"、"实用理性"与"乐感文化"。首先,他指出传统儒学的主要特征:

> 理知不只是指引、向导、控制情感,更重要的是,要求将理知引入、渗透、溶化在情感之中,使情感本身例如快乐得到一种真正是人的而非动物本能性的宣泄。这是对人性情感作心理结构的具体塑造。在这里,理性不只是某种思维能力、态度和过程,而是直接与人的行为、活动从而与情感、欲望有关的东西。它强调重视理性与情感的自然交融和相互渗透,使理欲调和,合为一体……所谓"人性心理",在基本意义上,指的也就是"情-理结构"。"情"来自动物本能,常与各种欲望、本能和生理因素相关联结,它是非理性的。"理"来自群体意识,常与某种规范和社会因素相联结,它常常要求理性②。

按照李氏的说法,儒学是一种以情感哲学为主体的思想流派,但注重情感并非完全排斥理性的因素,因为理性已经渗透到情感之中,并且儒学正是以培育理性化的情感为主要特征③。就具体渗透过程而言,李氏直到晚年还在强调"历史本体论""理性的凝聚""理性的内化"等概念,旨在说明社会文化通过积淀的方式内化入人心,成为情感中的重要组成部分,这就是他的"文化心理结构"说。因而儒学重视情感并非完全与理性相对立,而是融合了理性。

最后看蒙培元。近年来,蒙氏对儒家情感哲学有深入研究,关于情感与

---

① 李泽厚:《美学三书》,天津社会科学出版社,2003,第522页。
② 李泽厚:《论语今读》,安徽文艺出版社,1998,第94~95页。
③ 李泽厚:《论语今读》,安徽文艺出版社,1998,第79页。

理性的关系问题，他从中西比较的角度来加以讨论，总体来看，"西方是情理二分，中国是情理合一"①。儒家哲学没有将情感与理性对立起来，而是寻求统一，并由此建立起具有普遍有效性的德性之学②。蒙氏认为，儒家的道德情感本身就是一种理性，但这种理性不同于西方的"理论理性"，亦不同于康德的"纯粹的实践理性"，而是和情感联系在一起并以情感为其内容的"具体理性"③。由此，他认为宋明理学所讲的性理固然具有先验性，但性和心、心和情不能分开说，先验的性理必须通过现实的经验情感来呈现，因此，性理与情感合一，或曰情感本身就是理性的④。

诚然，以上学界的研究还主要集中在儒家情感哲学，对道家情感哲学的研究略显薄弱，但道家哲学所主张的情感也不是单纯的动物式情感或粗浅的完全与理性相对的情感，而是有理性的内容。《庄子·至乐》篇庄子妻死的故事集中表达了庄子对情感与理性的态度。惠施作为名家的代表，十分注重认知理性，但在这个故事中，他表现出对人的情感之重视，他对庄子的不满也正是基于人的最基本"情感"："与人居，长子老身，死不哭，亦足矣，又鼓盆而歌，不亦甚乎！"（《庄子·至乐》）在惠施看来，与妻子一起生活，养育子女，身体衰老，这一过程就是人的情感的交流与凝聚。因此，当妻子死了，你不哭也就罢了，又敲打瓦罐来唱歌，这不是太过分了吗？而庄子的回答似乎更能说明他有情感，动过情感，且这种情感是真实的，是人间的。庄子曰："不然。是其始死也，我独何能无概！""无慨"意味着庄子是现实中活生生的人，是真实的"人"，而不是"神"。是人就必然带有人的情感，因此庄子也必然有七情六欲，娶妻生子，妻死而哭泣感慨，这都是人的情感表达，故庄子实乃有情之人。同时庄子并没有停驻于这种情感的初级阶段，而是有一种升华，即将理性的思考融入情感之中⑤。这就是他对人的

---

① 蒙培元：《情感与理性》，中国社会科学出版社，2002，第16页。
② 蒙培元：《情感与理性》，中国社会科学出版社，2002，第18~19页。
③ 蒙培元：《情感与理性》，中国社会科学出版社，2002，第19页。
④ 蒙培元：《情感与理性》，中国社会科学出版社，2002，第145页。
⑤ 张岱年先生曾指出庄子"以情从理"的思想，参见《中国哲学大纲》，中国社会科学出版社，2004，第473页。实际上，以"理"（礼）来引导"情"、规范"情"也是儒家的态度，《礼记·丧服四制》曰："三日而食，三月而沐，期而练，毁不灭性，不以死伤生也。丧不过三年，苴衰不补，坟墓不培。祥之日，鼓素琴，告民有终也，以节制者也。"孔颖达注曰："此一节明四制之中节制也……'以节制者也'，以情实未已，仍以礼节为限制，抑其情也。"参见《礼记正义》，郑玄注，孔颖达疏，龚抗云整理，王文锦审定，北京大学出版社，1999，第1674页。

生命本质的进一步思考，对生与死的超越。整个宇宙的演化进程，不过一气之流行，造化万端，变化不已，是谓"物化"，哪有永恒不变的具体生命形态？在物化的视角下，生与死等俗世的观念都得到了消解，人的情感与精神自然也不必拘执于任何具体形态，各种喜怒哀乐之情不入于胸次。于是庄子选择鼓盆而歌，以"歌"的方式来表达自己的情感。"歌"的方式彰显了情感中的超越精神境界，庄子的情感也由此进一步升华。

不难发现，中国传统中的情感显然不是单纯的动物式感觉，不是非理性的感觉，而是凝结了社会文化的内容，是理性内化后的产物。崇尚情感并不意味着对理性的贬斥，但显然对单一理性思维方式有深刻的反省，从此角度去理解老子的"绝智弃辩"，似乎更充分表明儒道情感哲学对纯粹理性或工具理性的批判，而对人类发自内心的真实情感予以积极推崇。

## 二 诗性化的情感

如前文所述，儒道所推崇的情感绝非简单的动物式情感，而是一种理性内化的情感。因为在儒家和道家看来，单纯的理性只会产生冷漠，远离人的现实生活，将人拔高到神，而人终究不是神，无法不释放内心的情感。因此儒道情感哲学批判单纯的理性认知方式，主张一切社会制度或规范都必须考虑人的情感，从人的基本情感出发。由此，我们就可以得出儒道情感哲学的另一个重要特点，它们都不是知性的情感，而是一种诗性化的情感[1]。所谓诗性情感，"并不是生活中的自然生命情感，而是心灵的意识活动对自然生命情感的意象综合，是艺术创造过程中与创造性直觉融为一体的情感，是一种艺术情感。它以直觉为基础，是一种直觉认识，是直觉的物化，并以意象创造为特征。"[2] 这里所说的"诗性化的情感"固然不是指以狭义的诗歌来表达情感，而是指像诗歌那样的情感表达。诗歌是中国古代哲学特别重视的表达情感的方式，《尚书·尧典》曾提出"诗言志，歌永言，声依永，律和声。八音克谐，无相夺伦，神人以和"。诗歌是主体内在心志的自由表达，

---

[1] 蒙培元先生指出，以儒道为代表的中国哲学，从根本上说都是诗学的、艺术的，而不是纯粹理智型的，这与西方主流哲学形成了鲜明的对比，这里所说的"诗学"，不是狭义的"诗学"，即不是关于诗歌的学说或理论，而是从更本质的意义上说，这种哲学是讲人的存在问题的，是讲人的情感与人性的，不是讲逻辑、概念等知识系统的。参见《情感与理性》，中国社会科学出版社，2002，第8页。

[2] 高蔚：《论诗性情感的审美直觉构成》，《求索》2008年第8期。

主要是情感的集中抒发。孔子删订《诗经》，对诗歌表达情感十分看重。在《论语》中，孔子曰："小子！何莫学夫诗？诗，可以兴，可以观，可以群，可以怨。迩之事父，远之事君。多识于鸟兽草木之名。"（《阳货》）"'兴'是指艺术的联想感发，'怨'则为后世各种哀伤怨恨之情找到了表达发泄的理论依据"①。"观""群"则体现了诗歌的理性认知功能以及社会组织功能，由此可知，诗歌不仅具有情感感化的功能，同时也具备理性规范的作用，这一点也正好照应了前文所论情感与理性的关系，儒道的情感并非单纯的情感，而是融合了理性的情感。

诗性化的情感是主体对人生的感悟与体验，是将主体内在经验通过情感的方式加以诉说，这种诉说之所以是诗性化的，固然有借助于诗歌来表达与呈现这个原因，而更多的是这种情感不是以逻辑或概念来组织语言表达的，而是通过直觉、体验来表达。孔子曰："兴于诗，立于礼，成于乐。"（《论语·泰伯》）《论语集释》曰："兴之为义，因感发力之大，沁人于不自知，奋起于不自己之谓，是惟诗歌为最宜。"② 诗歌可以兴起人的情感，将人的内在情感抒发出来。"'诗'启迪性情，启发心志，使人开始走上人性之道。"③ "兴于诗"表明诗歌是情感的最初表达方式，这一点即便是道家也是如此，如庄子的鼓盆而歌。"立于礼"则表明"礼"也是建立在情感基础之上，这就是《性自命出》所说的"礼作于情"。经过礼最终达于"乐"，"乐"是情感的和谐，是各种情感的交融与汇聚所达到的欢愉状态。由音乐所达到的"乐"是孔孟儒学特别推崇的情感抒发方式，"仁者乐山，智者乐水"，这种"乐"不是理性分析的结果，也不是逻辑推演的结论，而是一种艺术情感的集中表达。换言之，诗性化的情感亦即艺术化的情感。儒家的道德情感往往也是借助于艺术情感的呈现方式，孔子晚年所达到的"七十从心所欲不逾矩"正是这样一种状态。而道家的情感表达亦如此。在《庄子》中，庄子与惠施关于"鱼之乐"的争辩就是一个艺术情感的流露，正如李泽厚所说，"惠施是逻辑的胜利者，庄了却是美学的胜利者"④。庄子所说的"乐"显然不是一种逻辑推演的结果，"鱼之乐"是人的情感的对象化，是将客观理性的物我对待关系消解之后所达到的一种直觉体验，一种艺术境

---

① 李泽厚：《论语今读》，安徽文艺出版社，1998，第407页。
② 程树德：《论语集释》，中华书局，1990，第529页。
③ 李泽厚：《论语今读》，安徽文艺出版社，1998，第203页。
④ 李泽厚：《美学三书》，天津社会科学院出版社，2003，第270页。

界,这种"乐"是与天合二为一的"天乐",是艺术化的情感体验。

## 第一节 儒家情感哲学的特征

儒家对情感的重视远甚于中国哲学史上的其他学派,从早期儒家开始,情感就被视为人的内在本质特征,早期儒学将人的情感因素作为其学说的主要内容,进而将道德学说建立在人的情感基础上。

### 一 "道始于情"

作为一套入世的哲学或伦理,儒家关注现世的生存,注重对人道的塑造与规范。而现实生活中,人的情感是儒学的切入点,也是儒学理论的基础,注重人的情感本身就是儒家情感哲学的一个最重要特征。郭店竹简提出"道始于情"的命题,再次表明早期儒家学派对"情感"的重视。"道始于情"表明人道始于情,"一切针对'人道'的规划和建构亦可称为人文教化和建构都肇始于'情'",这里的"情"就是"人们于实际生活中的情感样式、好恶指向以及善不善的人格特征"[①]。在儒家看来,各种人道源于人的情感,儒学正是以情感作为考察人的本性以及品格的标准。在他们看来,人首先是一种情感的存在,人发自内心的真实情感是人的正常生存状态,而在所有的情感中,亲情无疑又是最基础的情感。早期儒家文献中反复提及各种亲情以及建立在亲情基础上的各种情感伦理规范,如"孝""悌"。《论语·学而》曰:"孝悌也者,其为仁之本与?""仁"无疑是孔子思想的核心观念,也是早期儒家情感哲学的核心观念。仁是对人的各种内在情感的概括性提炼,而不是说某一种具体的感情被称为"仁"。换言之,"仁"是一个大观念,它通过很多具体观念来体现,"孝""悌"正是具体情感的表达。何谓"孝"?《说文解字》曰:"孝,善事父母者。"孝就是善于侍奉父母,但《说文》的解释显然还只是纯粹从字面上理解"孝",而缺乏义理的诠释,故显得不足,还没有突出孝顺父母的情感因素。很显然,孝绝不是简单地奉养父母,《论语·为政》就说过:"今之孝者,是谓能养。至于犬马,皆能有养;不

---

① 郭振香:《先秦儒家情论研究》,安徽大学出版社,2011,第54页。

敬，何以别乎？"显然孝是带有敬爱之情去奉养父母的行为[①]。孝是对父母等至亲长辈的仁爱，在早期儒家那里，"孝"的行为中包含的对父母之爱的情感被视为所有情感中最自然的、最本原的，是人之所以为人的一个必要内在因素。所以有子将"孝"视为"仁"之发端、初始[②]。

郭店竹简所代表的早期儒家提出了"道始于情"，亦提出"情生于性""性自命出""命自天降"等几个重要命题，这些命题为我们重新解读儒学的早期形态提供了重要的材料。由此我们亦可以看出，早期儒家认为"人道（社会的道理、做人的道理）是由于人们相互之间存在着情感才开始有的；人的喜怒哀乐之情是由人性中发生出来的；人性是由天所给予人的（人性得之于天之所命），天命是'天'所表现的必然性和目的性。"[③] 这些命题的重要性还体现在它们成为后世儒学中永恒的话题，也是贯穿儒学发展始终的主题。

## 二 "礼作于情"与"以礼制情"

在儒家那里，情感始终与"礼"相关，这里就涉及礼的起源以及情感的表现问题。首先，礼的形成始于情感，各种礼仪本身就是情感的一种表达或体现。生于晚周礼乐文明中的孔子曾发问："礼云礼云，玉帛云乎哉？乐

---

[①] 李泽厚亦指出，原典儒学讲求的"孝"，并不只是父母子女之间物质上的抚育与供养，更突出的是他们之间的双向的慈惠、亲爱、尊敬、依恋的关系和感情。参见《历史本体论·己卯五说》，生活·读书·新知三联书店，2003，第197页。

[②] 宋儒对"本"的理解值得我们关注，如程子曰："孝悌行于家，而后仁爱及于物，所谓亲亲而仁民也。故为仁以孝悌为本。论性则以仁为孝悌之本。""谓行仁自孝悌始，孝悌是仁之一事。谓之行仁之本则可，谓是仁之本则不可。"参见《四书章句集注》，中华书局，1983，第48页。李泽厚批判宋儒在诠释"本"上的做法，认为宋明理学追求超验本体是失败的，程颐、朱熹对"仁"与"孝悌"的关系论说，说明他们与原典儒学有严重矛盾。这个矛盾便是究竟"孝悌"是"仁"之"本"，还是"仁"是"孝悌"之"本"？李氏认为宋儒否认"仁"为情，而将"仁"视为"性"，是普遍必然、超越经验的本体天理。参见《实用理性与乐感文化》，生活·读书·新知三联书店，2005，第61~62页。笔者认为李泽厚的批判有一定的道理，但未必全是。首先孔子所说的"本"恐不是宋儒所说的"本体"，因此"孝悌"为"仁"之本并不意味着"孝悌"是"仁"的本体，只能说是最为基础的，是开端、起点。基于此，抛开宋儒对仁所作的形上建构不论，笔者认为程颐对"本"的解释可以为我们借鉴。程颐的这种理解是比较准确的，说"孝"是"仁"之本，不是从形上角度来说的"本体"之"本"，而是说基本的、开始的，故孝悌应该理解为是仁的肇始、开端，是体现仁之性的最基本情感行为。

[③] 汤一介：《"道始于情"的哲学诠释——五论创建中国解释学问题》，《学术月刊》2001年第7期。

云乐云，钟鼓云乎哉？"（《论语·阳货》）很显然礼乐绝不是简单的器具，而必然包含情感在其中，孔子将这种情感确定为"仁"。又曰："人而不仁，如礼何？人而不仁，如乐何？"（《论语·八佾》）礼乐不仅是一套形式的、制度的东西，还包含内在的人文精神，这就是"仁"，礼乐是以"仁"这种情感为内核。孔子论仁极多，那么究竟何谓"仁"？仁的最本质特征是什么？我们认为"仁"最为核心的特质就是"爱"，一种发自内心的爱亲、爱众进而泛爱万物的情感。只有包含仁的礼乐才能真实体现人文精神，体现人的主体性精神。由此可知，"孔子儒学虽然还不是充分理论自觉地，却是完全确定地把'礼'的真实内涵、根源，归纳为人的某种具有道德色彩的感情。"① 在《论语》中，孔子批判了宰我对三年之丧的否定：

> 宰我问："三年之丧，期已久矣。君子三年不为礼，礼必坏；三年不为乐，乐必崩。旧谷既没，新谷既升，钻燧改火，期可已矣。"子曰："食夫稻，衣夫锦，于女安乎？"曰："安。""女安则为之！夫君子之居丧，食旨不甘，闻乐不乐，居处不安，故不为也。今女安，则为之！"宰我出。子曰："予之不仁也！子生三年，然后免于父母之怀。夫三年之丧，天下之通丧也。予也，有三年之爱于其父母乎？"（《论语·阳货》）

这是一则常被学者们引用的材料，三年之丧是古丧礼，为何一定要守丧三年？从原因上说，主要是人的情感。孔子的论证完全是经验的，他认为"子生三年，然后免于父母之怀"，父母含辛茹苦地养育子女，对子女付出了无比艰辛与深厚的情感，正是出于对父母的爱，礼制当中才有守丧三年这一条。"安"是"自然情感的合理表现与心灵的安顿"，"丧祭礼这种对情感的表现与和心灵之安顿的最终意义，乃在于它是人的道德人格的基础"②。从这里亦可以看出，礼源于人的自然情感，作为外在的制度与规范，孔子认为其内在根据却是人的情感，是"仁"。孔子以"仁"为核心构建儒学，将晚周形式化的礼挽救回来，注入了人的主体性精神，而这种主体性精神又是通过情感来呈现的。正如李泽厚所说，"正由于把观念、情感和仪式（活

---

① 崔大华：《儒学引论》，人民出版社，2001，第61页。
② 李景林：《教养的本原——哲学突破期的儒家心性论》，辽宁教育出版社，1998，第83页。

动）引导和满足在日常生活的伦理——心理系统之中，其心理原则又是具有自然基础的正常人的一般情感，这使仁学一开始避免了摈斥情欲的宗教禁欲主义。"① 经过孔子的这一番努力，人的情感一方面是礼的基础，另一方面各种情感本身又符合各种规范与礼仪，外在的规范约束转变为人的内在要求，原来僵化的强制规定，被提升为生活的自觉理念，把一种宗教性、神秘性的东西变成了为人情日用之常，从而使伦理规范与心理欲求融为一体②。

孔子之后，儒学对礼的根源进行了进一步追问，郭店竹简《性自命出》明确提出"礼作于情"的命题。《礼记·礼运》明确指出"礼"的起源：

> 夫礼之初，始诸饮食，其燔黍捭豚，污尊而抔饮，蒉桴而土鼓，犹若可以致其敬于鬼神。

由此可知，"礼"实源于先民的各种风俗习惯，其中祭祀鬼神则是各种习俗中的重要一种。《说文解字》曰："礼，履也，所以事神致福也。"从字形上看，据王国维、郭沫若的研究③，"礼"确实包含玉器、土鼓之类的器皿，这是用作祭祀的法器，据此，我们大致可以认定，"豊字从豆从珏会意，取意于祭祀所用的鼓乐和礼玉器，以鼓乐和玉以从祭祀，乃是礼字初文豊字本义所在。"④ "礼"首先是从原巫术祭祀活动而来，是巫君事神衷心敬畏的巫术活动⑤。从《礼运》可以看出，礼发端于日常生活，而各种日常生活中对鬼神的祭祀活动，无不伴随着一种"敬畏之情"。《论语·八佾》曰："祭如在，祭神如神在。子曰：'吾不与祭，如不祭。'"又曰："使民如承大祭。"（《论语·颜渊》）《礼记·祭统》曰："礼有五经，莫重于祭。"由此可知，祭祀的活动由来已久，种种祭祀活动从形式上看，可以界定为具有宗教性的表征，但其实质精神内涵是一种伦理性的道德情感，而不是单纯的信

---

① 李泽厚：《中国古代思想史论》，生活·读书·新知三联书店，2008，第21页。
② 李泽厚：《中国古代思想史论》，生活·读书·新知三联书店，2008，第20页。
③ 王国维认为，盛玉以奉神人之器谓之篹若丰，推之而奉神人之酒醴亦谓之醴，又推之而奉神人之事，通谓之礼。参见《观堂集林·释礼》，中华书局，1959。郭沫若认为，礼是后来的字。在金文里面，我们偶尔看见用丰字，从字的结构上来说，是在一个器皿里盛两串玉具以奉事于神。《盘庚篇》里面所说的"具乃贝玉"，就是这个意思。大概礼之起于祀神，故其字后来从示，其后扩展为对人，更其后扩展而为吉、凶、军、宾、嘉各种仪制。参见《十批判书》，人民出版社，1954，第82~83页。
④ 刘翔：《中国传统价值观诠释学》，上海三联书店，1996，第108页。
⑤ 李泽厚：《历史本体论·己卯五说》，生活·读书·新知三联书店，2003，第175页。

仰性的宗教情感①。以孔子为代表的儒家特别重视各种祭祀活动，从祭祀活动中生发出人之真实情感，进而发展为人文精神，尤其是道德的觉醒。而晚周礼崩乐坏，礼徒具形式，其中蕴含的情感与精神已经丧失，孔子及其儒家学派的贡献恰恰在于重新凸显这种情感与精神，主张礼中真实情感的重要性，反对将礼视为简单的仪式或规范。基于此，我们完全有理由相信，礼的初始形式中就已经包含人的情感因素，或曰礼正是对人的情感的体现，对情感的一种表达，故应符合人之真实情感。作为制度化的礼，一旦做到理性与情感的合一，则成为现实社会秩序建构的重要保障，正如汤一介所说，"这种系于'情'的'礼'正是维系社会中人与人之间礼仪的基础"②。

其次，作为规范与制度的"礼"同时又体现了人的理性设计，正如陈来指出的，"中国早期文化的理性化道路，是先由巫觋活动转变为祈祷奉献，祈祷奉献的规范——礼由此产生，最终发展为理性化的规范体系周礼"③。因此，礼固然源于人之情感，但情感亦必须得到礼制的规范。早期儒家注重礼对人格的塑造与培养，"以求在道德上超离野蛮状态，强调控制情感、保持仪节风度、注重举止合宜"④。由此，儒家的传统便主张由礼来节制人的情感，而不是完全放纵人的情感。在《论语》中有这么一则材料：

> 子食于有丧者之侧，未尝饱也。于是日哭，则不歌。（《论语·述而》）

孔颖达《论语正义》曰："丧者哀戚，饱食于其侧，是无恻隐之心也。"其实在丧者之侧饱食，显然是不符合人之真实情感的，是对丧事中悲戚之情的违背，故孔子未尝饱。在丧事活动中，一旦哭过，则不再唱歌，这里的唱歌显然不是指哀歌，而是一种欢快的、心情愉悦的唱歌，而丧事场合的欢愉心情是有违人情、违背礼制的。孔子对于情感的流露有明显的节制与规范，而不是完全放纵，以符合礼的要求来约束情感，是孔子礼学思想的重要特征。

---

① 崔大华：《儒学引论》，人民出版社，2001，第2页。
② 汤一介：《"道始于情"的哲学诠释——五论创建中国解释学问题》，《学术月刊》2001年第7期。
③ 陈来：《古代宗教与伦理——儒家思想的根源》，生活·读书·新知三联书店，1996，第11页。
④ 陈来：《古代宗教与伦理——儒家思想的根源》，生活·读书·新知三联书店，1996，第10页。

在以礼制情的问题上，孟子虽以人性本善为其基本论点，但亦认为人的情感必须得到适度控制。孟子认为人的自然欲求是人性中的一部分，但人性本善，人性除了这些本源于善的四端之心外，现实中仍然有一些恶的因素在破坏着善性，故必须以礼来加以节制、规范。在郭店竹简《性自命出》中，情感与礼制的关系也得到详细阐述，其文曰：

《诗》《书》《礼》《乐》，其始出皆生于人。《诗》，有为为之也；《书》，有为言之也；《礼》《乐》，有为举之也。圣人比其类而论会之，观其先后而逆训之，体其义而节度之，理其情而出入之，然后复以教。教，所以生德于中者也。

《诗》《书》《礼》《乐》皆出自人有意识地创设，而圣人则按照不同的类别进行汇集、整理，按照先后顺序进行适当调整，遵照一定的原则进行规范和节制，根据人的情感来进行适度矫正，最后才以之为教，促使人从心中生发出真情，这才是道德之根基。由此可知，人的情感也需要由外在的《诗》《书》《礼》《乐》来加以引导和激励，故《性自命出》曰："礼作于情，或兴之也，当事因方而制之。"礼一方面出于情，另一方面则对情感有熏陶、激励的作用，在具体情境中还要节制和规范情感。

《礼记》对情与礼的探讨最为翔实，《礼运》篇曰："何谓人情？喜、怒、哀、惧、爱、恶、欲，七者，弗学而能。"这是对情的最直接论断，人情包括七情，是人天生具有的。这种与生俱来的情感必须要接受"礼"的节制与规范，故《礼运》篇曰："夫礼，先王以承天之道，以治人之情。""礼"正是先王用来规范人情的制度，这一思想与荀子基本相同。《中庸》对人情之已发未发进行了详细探讨，其言曰："喜怒哀乐之未发，谓之中；发而皆中节，谓之和。中也者，天下之大本也；和也者，天下之达道也。"既然人的情感必将发于外，那么情感的外显必然涉及是否恰当的问题，早期儒家提出中庸思想，其意义正在于以礼节制和规范人的情感，从而达到中道。

而先秦儒家论情礼之关系，实以荀子论之最详。他首先分析了礼的起源：

礼起于何也？曰：人生而有欲，欲而不得，则不能无求？求而无度量分界，则不能不争。争则乱，乱则穷，先王恶其乱也，故制礼义以分之，以养人之欲，给人之求。使欲必不穷乎物，物必不屈于欲，两者相持而长，是礼之所起也。（《荀子·礼论》）

礼固然源于人情，最初是符合人情的各种祭祀礼仪，后逐渐发展为一套完整的制度，并渗透到人类生活的各个方面。之所以有后来的逐渐完备与发展，荀子基于其性恶论的观点，认为如果放纵人的情感，没有任何节制，则会造成社会混乱，秩序崩塌，由此先王才制礼作乐，来定分止争，使人的情感得到适度的流露及人的欲望得到适当的满足。只有达到这种效果，才能真正体现"礼"的作用，故荀子叹曰：

好恶以节，喜怒以当……万变不乱，贰之则丧也，礼岂不至矣哉！（《荀子·天论》）

好恶能够有节制，喜怒哀乐等情感的流露比较适当，社会秩序无论怎么改变都不至于混乱，这正体现了"以礼制情"的作用，表明荀子对礼的起源及其作用的解释是现实主义的，也是历史主义的，而非仅作抽象的先验的形上解释。

儒家对以礼来规范情感的思想得到一贯的发展，以宋明理学为例，在《传习录》中曾有一段话涉及"情"与"礼"的关系问题：

澄在鸿胪寺仓居，忽家信至，言儿病危。澄心甚忧闷不能堪。先生曰："此时正宜用功。若此时放过，闲时讲学何用？人正要在此等时磨炼。父之爱子，自是至情。然天理亦自有个中和处，过即是私意。人于此处多认作天理当忧，则一向忧苦，不知己是'有所忧患，不得其正'。大抵七情所感，多只是过，少不及者。才过便非心之本体，必须调停适中始得。就如父母之丧，人子岂不欲一哭便死，方快于心？然却曰'毁不灭性'，非圣人强制之也，天理本体自有分限，不可过也。人但要识得心体，自然增减分毫不得。"[1]

---

[1] 王守仁：《传习录上》，载《王阳明全集》第1卷，吴光、钱明、董平、姚延福编校，上海古籍出版社，1992，第17页。

父之爱子，是人的真实情感流露，儒家自然看重这种真诚的情感。但值得注意的是，情感的流露不能没有节制，在王阳明看来，情感必然有个中和处，这里的中和其实正体现了儒家所赋予"礼"的价值追求，这也正是天理所在。那么王阳明所说的情之所发必须符合"天理"是否有根据呢？《礼记·仲尼燕居》中就有相关表述："礼也者，理也。"《礼记·乐记》曰："礼也者，理之不可易者也。"由此可知，礼本身又体现了一定的道理，礼中蕴含理性的精神。由此可知，即便是父母之丧，人情之最深者，也有一个中和处，也应与理相合。故《礼记·丧服四制》曰："三日而食，三月而沐，期而练，毁不灭性，不以死伤生也。""毁不灭性"表明礼是对情感的一种规范，防止情感放纵导致各种人性沦落的状况。"不以死伤生"则体现了儒家的重生思想，比较情感始终都是活着的人所拥有，只有尊重生命，才能真正做到尊重情感，这正是一种理性精神，以此理性精神来培育和敦厚人的真诚情感是儒学的重要内容。

总之，儒家情感哲学主张"情""礼"统一，礼只有源于情感才能体现其本源之善，而情感只有在礼的规范之下，才能真正体现对生命、对情感的尊重。"礼作于情"与"以礼制情"两个方面是儒家情感哲学的一个重要特征，这一点我们不妨以李泽厚的一段话做概括性总结：

> 孔子开创的儒学不是严格意义上的哲学，也不是一种宗教，但它同时具备这两种功能，以培育塑建人性情感为主题，为核心。所以它不止有理智、认识的一面，而且更有情欲、信仰的一面。孔子以"仁"释"礼"，强调"礼"不仅是语言、姿态、仪容等外在的形式，还必须有内在的心理情感作为基础……因此孔子要"追回"的是上古巫术仪礼中的敬畏忠诚等情感素质及心理状态，即当年要求在神圣礼仪中所保持的神圣的内在状态。这种状态经孔子加以理性化，名之曰"仁"……如果说周公制礼作乐，完成了外在巫术礼仪的理性化的最终过程，孔子释"礼"归"仁"，则完成了内在巫术情感理性化的最终过程[①]。

---

[①] 李泽厚：《历史本体论·己卯五说》，生活·读书·新知三联书店，2003，第180页。

## 三　情感的形上根据

儒家情感哲学不是简单地从经验层面强调情感的重要性，而是有形上的根据与考察。孔子之"仁"作为一种发自本心的情感，显然有其形上之根据。后世宋儒将"仁"解释为"人性"固然不一定符合孔子的思想，但至少表明"仁"这种情感绝不是一般动物所能具有的，而只能是人这种特殊的"类"所具有的。孔子从人类的共同性角度立论[①]，认为人性是相通的，故曰"性相近"。从"类"的角度来看，这里的"性"就是人能够彰显"仁"这种情感的内在根据，也是先天的根据。子贡曾明确表示"夫子之言性与天道，不可得而闻也"。这句话通常被理解为孔子缺乏形上之思，甚至批评孔子所言的都是一些俗世伦理道德[②]。事实上，孔子很少言及性与天道，但并不表明孔子没有形上的关怀，尽管这种形上之思并非黑格尔那种思辨性的哲学。"不可得而闻"其实恰好表明孔子对"性"与"天道"有过思索，不去言说"性与天道"反而体现了形上之域的玄妙与深远。徐复观曾指出，子贡曾听到孔子"言性与天道"，是孔子在自己生命根源之地——性，证验性即是仁，而仁之先天性、无限性和超越性，即是天道。因而使他感到性与天道，是上下贯通的[③]。徐先生的这一论断是比较中肯的。"天"（天命）进入孔子的生命，从而使得各种道德要求有一种最高的依靠、着落，孔子多处说到"天生德于予"（《述而》）、"天何言哉"（《阳货》）、"畏天命"（《季氏》），在这些地方可以看出"最高的道德感情，与最高的宗教感情，有其会归之点"[④]。换言之，各种道德情感终于通过"性"与"天道"有了一种依靠，这种依靠本质上是将"天"的要求内化为主体自身

---

[①] 李景林于此有详细分析，参见《教养的本源——哲学突破期的儒家心性论》，辽宁人民出版社，1998，第61~62页。

[②] 黑格尔就曾指出："我们看到孔子和他的弟子们的谈话里面所讲的是一种常识道德，这种常识道德我们在哪里都找得到，在哪一个民族里都找得到，可能还要好些，这是毫无出色之点的东西。孔子只是一个实际的世间智者，在他那里，思辨的哲学是一点也没有——只有一些善良的、老练的、道德的教训，从里面我们不能获得什么特殊的东西。"参见《哲学史演讲录》第一卷，商务印书馆，1959，第119~120页。黑格尔批判孔子没有思辨性的哲学是对的，孔子确实没有在纯粹思辨领域做过任何工作与贡献，但孔子毫无疑问有他的形上之思。

[③] 徐复观：《中国人性论史（先秦篇）》，上海三联书店，2001，第88页。

[④] 徐复观进一步指出，从某一角度看，孔子比春秋时代的贤大夫，好像多具有宗教情感，其根源正在于此。参见《中国人性论史（先秦篇）》，上海三联书店，2001，第88页。

的要求，由此孔子所推崇的"仁""敬"等各种道德情感其实都有一个稳固的形上之基。惜乎孔子对"性"与"天道"言之甚少，而也正因为此，后世儒学对性与天道的言说反而拥有很大的创造空间。思孟学派、易庸的传统、荀子学派等对性与天道的详细阐述都说明了这一点。

郭店竹简《性自命出》篇具有浓厚的尚情思想，也明确提到了情感的形上基础问题。"性自命出，命自天降"本身就是对情感根源的追问。《语丛》亦提出"情生于性"的命题，表明人的情感源于性。然而郭店竹简中的儒家文献毕竟在形上之基方面是有限的，对于情感的形上之基的探讨大致介于孔子的早期儒家和子思孟子、易庸传统之间，因为儒家发展到《易传》、《中庸》和孟子，心性之学日益精密，"性"与"天道"成为主要的话语，对性与情的关系亦有深入的辨析。《易传》明确以"性""天道"为主题，《系辞传》曰："一阴一阳之谓道，继之者善也，成之者性也。""性"乃是"天道"之下贯。《中庸》开篇即对性的来源做了进一步的追问："天命之谓性，率性之谓道，修道之谓教。"如果说孔子并没有明确指出人的各种情感来源于天命的话，那么《中庸》则解答了人之"性"的来源问题，也就是人的各种现实情感之形上根据问题。

战国中后期的儒家受先秦道家思想影响，自觉加强了对形上的思考，初步建立了儒家的形上学，但总体上程度不高。儒家形上学的发展在汉唐时期处于逐步提升阶段，但形上思辨性相对比较欠缺，远不如佛教的精深，亦不如道家的玄妙。因此，在魏晋时期，儒家就曾一度以佛道思想来填充自身形上思维的不足。情感的形上根据在宋明理学得到进一步发展。宋明理学是儒学在受佛道思想影响之下，自觉追寻形上建构的发展形态。在宋明理学家那里，情感尽管是一种形而下的存在，但其内在的形上之基得到了进一步发挥，尤其是借助于《中庸》，理学家们对性与情进行辨析，从形上形下两个层面来考察人的情感。如程颐提出"性其情"之说，虽然这一观念起源甚早，至少王弼就曾明确提出"性其情"，但程颐的"性其情"是将"性"看作先验的道德理性，这种道德理性必须通过现实的情感来体现。理学家们多将性看作形上根据，代表着先验道德理性，而情是后天的、经验的、现实的，由此他们在形上形下之间进行考辨，但同时他们也面临这样的问题，即纯善的先验道德理性与现实的情感之间为何有鸿沟，不同的儒家学者往往提出不同的理论来解释这一现象，从而深化了人性、心性的相关理论。

## 第二节 道家情感哲学的特征

道家哲学往往给人一种超越世俗、超越经验情感的印象，那么道家是否有情感哲学呢？蒙培元先生就曾指出，道家是讲"体道"的，但道家的"体道"之学，是与人生体验直接有关的，而人生体验的一个重要方面就是情感。如果没有情感体验，所谓"体道"还有什么意义和情趣[1]？从道家哲学经典文献来看，其中不乏对情感的讨论。老子在《道德经》中，多处论及情感。如"与善仁"（《道德经》第八章），意味着与人交往要有发自内心的真诚情感，这里的"仁"虽然不是孔子所说的那个层次的"仁"，但相同之处在于都表达了一种发自内心的真实情感，不是虚伪的。再如"杀人之众，以悲哀泣之"（《道德经》第三十一章）。老子对于战争有一种明确的主张，反对各种非正义的战争，对于战争中被杀害的人，不管敌方还是我方，毕竟都是生命的消逝，因此表达一种悲悯之情，这正是老子的至真之情，超越了狭隘的一国一家的利益纷争。庄子对情感的论述则更为翔实，无论是庄子与惠施关于无情有情的辩论，还是庄子妻死之时的情感流露，都体现了情感哲学的重要意蕴。当然，不可否认的是，与儒家相比，道家对情感这个话题的探讨相对比较薄弱，对情感的功能、意义等有不同的看法，这就集中体现为道家情感哲学自身的特征，下面详述之。

### 一 自然淳朴之情

道家对情感的重视，主要体现在他们认为情感是人之本性所在，是人性的真实体现，故道家认为发自内心的真实情感不需要任何外在的规范与制度来调节，只需要主体自身心灵的超越体验。从这个角度来看，儒家所辨析的各种情感及其规范对道家是不适应的，道家视之为附赘悬疣。在《道德经》中，老子对这种外在规范与制度所设置出来的、标榜为"名"的各种情感表达了一种拒斥：

> 大道废，有仁义；智慧出，有大伪；六亲不和，有孝慈；国家昏乱，有忠臣。（《道德经》第十八章）

---

[1] 蒙培元：《情感与理性》，中国社会科学出版社，2002，第4页。

此章通常被视为老子反对儒家的仁义,其实这里都忽视了作为"名"的"仁义"以及作为真实情感的"仁义"。河上公的注比较准确:"大道之时,家有孝子,户有忠信,仁义不见也。大道废而不用,恶逆生,乃有仁义可传道。"① 实际上,老子认为"仁义"之名与"名"之下所对应的那种真实存在的状态出现了背离,这正是大道废弃之后人类社会的现实状态。作为纯粹至真的仁义状态是无名的,出现了"仁义"这种名,恰好表明人类社会在堕落,出现了各种虚伪的情感,才不得不彰显与之相对应的"仁义"状态。六亲之间的情感本身应是真实完美的,也是自然的,但正因为出现了不孝不慈之人,才出现了对作为"名"的"孝慈"的特别推崇。假设整个社会全部是孝慈,那么作为"名"的"孝慈"自然不会彰显。庄子则明确主张自然之情。《庄子·天地》曰:"至德之世,相爱而不知以为仁。"庄子塑造的理想的至德之世并不是一个绝情的无情的社会,人与人之间恰恰是体现了自然之真情,而无半点虚伪狡诈之情,相爱意味着自然的真实情感的存在,而"不知以为仁"则表明释放自然真实情感的主体并不去辨析和区分情感的种类,亦不需要某一种"名"来规范、来称谓。与此相反,道家反对各种矫揉造作之情,那种世俗之情只会损害个体的内在本性,违背了人自身内在的天性。在《德充符》这一篇中,庄子塑造了各种奇形怪状的人物形象,但这些所谓的残缺的人,内在的德性却充盈,摒弃了俗世的是非之情:

> 有人之形,无人之情。有人之形,故群于人;无人之情,故是非不得于身。眇乎小哉,所以属于人也;謷乎大哉,独成其天。(《庄子·德充符》)

这些从世俗的观点来看被称作"残废"的人尽管具备了大致的人的形体相貌,却抛弃了俗世的私情、情欲,有与俗世之人大致相同的躯体相貌,因而与世俗处,但没有世俗之人的各种情欲,因此是非不侵于其身。形体相貌虽同于俗世之人,渺小不值称道,其内在的德性或精神却是超越了外物,真正达到秉受天性、入于道的境界。在外篇中,庄子甚至提出"性命之情"的概念,旨在强调任其性命之情,反对将仁义等道德名号所设置的"情"

---

① 河上公:《老子道德经河上公章句》,王卡点校,中华书局,1983,第73页。

添加到人性之中，只有符合人的内在情感的才是"至正"的状态，才是道家所推崇的理想情感状态。

## 二 至公无私之情

道家倡导源自本心的真实情感，反对任何虚伪的感情，也拒斥对感情进行繁文缛节的规范与制约，认为这会扼杀人的自然本性。同时道家主张人的感情不应有偏私，而是纯正的公正之情，这种至公无私的情感体现了道家在情感哲学中的超越性。老子曰："天地不仁，以万物为刍狗；圣人不仁，以百姓为刍狗。"（《道德经》第五章）河上公注曰："圣人爱养万民，不以仁恩，法天地任自然。"① 天地与万物完全按照各自的本性来生存发展，相互之间不存在意志与情感，也不带有任何的人格意志，这就是"天道无亲"（《道德经》第七十九章），效法天道的圣人也是如此。道家的圣人和儒家塑造的圣人不一样，儒家的圣人满怀仁爱之心，心忧天下之民，故采取汲汲的治理方式，由此，"尧、舜于是乎股无胈，胫无毛，以养天下之形。愁其五藏以为仁义，矜其血气以规法度"（《庄子·天下》）。道家的圣人并非毫无感情，只是道家圣人的"不仁"意味着不积极地将自己的感情用在某一部分老百姓身上，"不仁"意指不偏私，由此老百姓能够真正地不受外在力量的干涉与主控，自由地生活，从而达到自然和谐的状态。这种不偏私、无私情，是道家情感哲学的一个重要特征。庄子也批判了人类的各种偏私之情：

> 庄子将死，弟子欲厚葬之。庄子曰："吾以天地为棺椁，以日月为连璧，星辰为珠玑，万物为赍送。吾葬具岂不备邪？何以加此！"弟子曰："吾恐乌鸢之食夫子也。"庄子曰："在上为乌鸢食，在下为蝼蚁食，夺彼与此，何其偏也。"（《庄子·列御寇》）

庄子对自己死后的埋葬问题显示出极大的超越境界，而这一点实际上在《齐物论》中就已彰显。庄子超越了物我对待，不将人心局限于各种外物，由此各种人心所迸发的情感已经不为外物所累，达到了"天地与我并生，而万物与我为一"的境界，因此能以极公正的情感来面对宇宙人生，毫无偏私之情。既然没有狭隘的私情，那么儒家所倡导的各种道德情感在庄子这里都

---

① 河上公：《老子道德经河上公章句》，王卡点校，中华书局，1983，第18页。

予以消解，庄子由此提出"至仁无亲"的命题：

> 商大宰荡问仁于庄子。庄子曰："虎狼，仁也。"曰："何谓也？"庄子曰："父子相亲，何为不仁！"曰："请问至仁。"庄子曰："至仁无亲。"大宰曰："荡闻之，无亲则不爱，不爱则不孝。谓至仁不孝，可乎？"庄子曰："不然，夫至仁尚矣，孝固不足以言之。此非过孝之言也，不及孝之言也。"（《庄子·天运》）

"仁"只是一个名，不足以真正代表那个真实的情感存在，故虎狼亦爱其子，这虽然只是一个动物式的本能，但这种本能何尝不是"仁"呢？为何一定要将"仁"设定在人类社会并作为人类行为的道德规范呢？庄子以"仁"之名指动物的本能情感，必然会导致儒家仁观念陷入荒谬，由此荡才进一步要区分人与动物，因而追问"至仁"。而在庄子看来，"至仁"没有狭隘的偏私之情，各种私情都被纳入至仁这个范畴，至仁就是至公之情，至仁成为一个最高的表达人的真实情感的一个范畴，至仁本质上是自然之仁，而非人为之仁。所以庄子认为荡的那种推论是不正确的，不可能得出"至仁不孝"的结论，因为"孝"等其他一些表达情感的观念都最终消解到"仁"之中。"至仁无亲"的观念与《齐物论》中的"大仁不仁""仁常而不周"的观念一致，拘执于某一范围之内的"仁"都不是真正的仁。

至公无私之情，往往又体现为无情。道家的无情当然不是绝对的没有感情或排斥情感。以庄子为例，庄子承认人的正常情感需要，包括一些基本的情欲满足，但庄子特别反对偏私之情，反对因为情欲的满足而陷入万劫不复的私欲沟壑之中，庄子这一思想其实有一定的"理智或理性基础"[①]。

## 三 复性返情

唐代儒者李翱曾提出复性说，殊不知主张复性一说最早的当源自道家，以庄子为代表。庄子认为理想的人性状态是至德之世，在至德之世，人性物性相通，万物达成自然的和谐，庄子描述道：

> 至德之世，不尚贤，不使能，上如标枝，民如野鹿。端正而不知以

---

① 崔大华：《庄学研究》，人民出版社，1992，第174页。

为义，相爱而不知以为仁，实而不知以为忠，当而不知以为信，蠢动而相使不以为赐。是故行而无迹，事而无传。（《庄子·天地》）

至德之世，没有任何仁义忠信之名来扰乱民心，人们相处自然达到了端正、相爱、淳朴、恰当，却没有标榜为"仁义礼智"之名。这是人的性情淳朴至善的状态。而随着人类社会的兴起，人性开始堕落，人的情感变得虚伪，本性丧失，在《缮性》篇中，他批评道：

> 逮德下衰，及燧人、伏羲始为天下，是故顺而不一。德又下衰，及神农、黄帝始为天下，是故安而不顺。德又下衰，及唐、虞始为天下，兴治化之流，枭淳散朴，离道以善，险德以行，然后去性而从于心。心与心识知，而不足以定天下，然后附之以文，益之以博。文灭质，博溺心，然后民始惑乱，无以反其性情而复其初。

德的衰落，意味着大道废弃，"逮德下衰"正是对老子"大道废"的一种表达，而接连几个"德又下衰"正是对"失道而后德，失德而后仁，失仁而后义，失义而后礼"做历史的阐述，将儒家所设置的圣人治世状态判定为扰乱人性的过程，扼杀了人性的淳朴，标榜各种道德，民心争竞，虚伪丛生，人心日益复杂，添加了各种机巧诈伪以为"博"，结果"文灭质，博溺心"，人的真实淳朴性情丧失，人心惑乱，无法恢复到最初的那种状态。在《庄子·庚桑楚》篇中，庄子更是设置了南荣趎与老子的对话，老子批判南荣趎因为长期浸淫于俗世仁义之中而不知返，最终是达到"欲反汝情性而无由入"的状态。只有神人才能达到"致命尽情，天地乐而万事销亡，万物复情，此之谓混溟"（《庄子·天地》）。那么复情的方式是什么呢？汉代的《老子道德经河上公章句》中多次明确提出"除情欲"[①]，复性返情的方式恰恰是摒弃各种情欲。综上，不难看出，庄子对现实中人的性情进行批判，主张复性返情，回到人的本真性情状态。

---

① 河上公：《老子道德经河上公章句》，王卡点校，中华书局，1983，第18页。

# 第二章

## 儒道情感哲学的义理诠释

真正的德性只能根植于原则之上，原则越普遍，就越是崇高和高贵。这些原则不是思辨主义的原则，而是一种活在每个人心中并且远远不止扩展到同情和取悦的特殊根据之上的情感的意识。

——康德

### 第一节 儒家的情感哲学

儒家情感哲学的整体特征表现为通过礼乐来敦厚情感，将道德践履建立在人的基本情感之上，不通过繁杂的逻辑论证，而是强调内心的体验、生命的感受，由此直接促成情感的生成。然而在儒家思想发展史上，儒学的不同时期对情感往往有不同的看法，有的甚至相差很大。大致来说，从先秦儒家开始，有赞美情感、希望通过情感来践行道德的，是为美情说。而与之相反，对情抱有极大的怀疑与不信任，将情界定为情欲，因而主张制情节欲，是为恶情说。关于性与情的关系，早期儒家以及后世儒家往往有不少差异，因此儒家的性情论成为后世儒学心性论中极为重要的内容。通过前文的分析可知，儒家的情感显然并非单纯的情感，而是包含丰富的理性因素在内，那么情感与理性究竟是何关系？情理之争在儒学发展史上一直是一个重要问题，考验着儒家伦理的现实操作。基于这些问题，下面将分述之。

#### 一 美情说

早期儒家十分重视情感，推崇发自内心的真实情感，我们可以称之为"美情说"。这里的"美"意味着对情感的定性，即这种情感是真实的、美好的，是人性的重要内容，是人之所以为人的一个重要标志。这里的"情"

泛指人内心所生发出来的一切真实情感，这种情感不是指各种生理欲望、情欲，而是一种道德情感。孔子对发自内心的真实情感十分看重，并将之看作一种享受：

> 子在齐闻韶，三月不知肉味。曰："不图为乐之至于斯也！"（《论语·述而》）

《说文》曰："韶，虞舜乐也。"《史记·乐书》引丞相公孙弘曰："《韶》，继也。"《集解》引郑玄曰："舜乐名，言能继尧之德。"《白虎通·礼乐》亦曰："舜曰《箫韶》者，能继尧之道也。"由此可知，舜帝作《韶乐》是为了歌颂、宣传尧帝之"光明俊德"。但大禹之后，《韶乐》却用来歌颂舜帝之德，《史记·五帝本纪》云："四海之内咸戴帝舜之功。于是禹乃兴《九招》之乐，致异物，凤凰来翔。天下明德皆自虞帝始。"舜是儒家十分推崇的典型圣王形象，因此，舜所创制的《韶乐》"决不仅仅是一种音乐，也不仅仅是一种综合艺术，它是与舜帝的道德原则和'德治'理念紧密地结合在一起的"①。《性自命出》曰："《韶》《夏》乐情。"②《韶乐》足以畅快人的情感，使人沉浸于音乐德化之中。孔子显然是带有一种道德情感在内，完全被这种音乐所打动，这是"一种艺术心情"③，音乐的欣赏使人的情感获得欢愉，所以孔子才感叹：没想到音乐的快乐可以使人达到如此境界。孔子显然十分推崇这种情感的欢愉。

在先秦文献中，对情感予以很高评价的当属新出土的郭店竹简《性自命出》。学界一般将这篇文献的写作时间界定在孔子与思孟学派之间。如果说孔子很少言及性与天道的话，那么作为过渡性的儒家文献，《性自命出》显然对性与天道进行了浓墨重彩式的铺陈，且"性"与"情"更是整个郭店竹简中儒家部分的一个重心，其中"性"字出现了22次，而"情"字则出现了26次之多，仅《性自命出》一篇就使用了20个"情"字，这在先秦文献中极为罕见。

首先，《性自命出》认为"情"乃人道之始，其文曰："道始于情，情

---

① 陈仲庚：《韶乐·乐教与美育——〈韶乐〉的历史意义与现实意义》，《中国文学研究》2012年第4期。
② 荆门市博物馆：《郭店楚墓竹简》，文物出版社，1998，第179页。
③ 钱穆：《论语新解》，巴蜀书社，1985，第166页。

生于性。始者近情，终者近义。"① 这里的"道"可以理解成"道路、规律或人在此世界中所通由的规定性"②，亦即人道，是人类生活中的社会秩序，各种人事活动，而"情"则是之人的情感，"情""相对于'道'来说，就有'端绪'之义，这个端绪生发出来就是道"③。"道始于情"着重论述人类社会的各种秩序与规范均根源于情感。这里的"情"是指各种自然之情，是发自人内心的包含各种激情、欲望在内的感性之情，各种人事活动的发端无不源于这种情感，故曰"始者近情"。然而人类社会毕竟有理性的秩序与规则，必须有适度的节制与规范，因此各种自然之情渗透到各种社会活动之中，往往是带有理性因素，因而符合人类的理则④，故曰"终者近义"。概而言之，道始于情，而道又高于情，正如仁义礼出于人伦之情却又高于人伦之情一样。儒家的"道""情"关系恰恰表明了儒家道德建立在人伦情感之上的既内在又超越的特点⑤。

尽管主张对人类的这种发自内心的自然情感进行适度节制与规范，即主张对情感注入理性的因素，但《性自命出》对情感本身的价值判断很高。从修身角度来看，其明确主张：

　　君子美其情，（贵其）义，善其节，好其容，乐其道，悦其教，是以敬焉⑥。

"美其情"意味着尊重自然真实的情感流露，同时也尊重人文的因子——义，并以此为基础来促成"情"与"义"的交融。但在所有的这些标准面前，《性自命出》篇会对情感本身看的更重：

　　凡人情为可悦也。苟以其情，唯（虽）过不恶；不以其情，唯

---

① 荆门市博物馆：《郭店楚墓竹简》，文物出版社，1998，第179页。
② 丁四新：《论郭店楚简"情"的内涵》，《现代哲学》2003年第6期。
③ 丁四新：《论郭店楚简"情"的内涵》，《现代哲学》2003年第6期。
④ 有学者指出，"始者近情，终者近义"其实表明"《性自命出》以自然情欲为基点，进而深入对人文之情的关注。自然之情只是生命本性的开展，而人文之情才是生命本性的高潮"。参见余开亮《〈性自命出〉的"美情"说》，《中国社会科学报》2013年第436期。
⑤ 朱哲：《儒情与道情》，《江汉论坛》2000年第5期。
⑥ 荆门市博物馆：《郭店楚墓竹简》，文物出版社，1998，第180页。

（虽）难不贵。苟有其情，唯（虽）未之为，斯人信之矣。①

这里的"情"正如有学者指出的那样，有都有"情实之义，而且与'信'、'伪'这两个概念密切相关"②，但同时我们也不能忽视这里的"情"其实也蕴含"情感"的意思，只有真实的情感才能够得上《性自命出》所推崇的标准，即符合人之真实的而不是虚伪的情感，才是好（悦）的、善的，这其实是一种"价值判断"③。以此人情作为重要标准，即便过了头，仍然是一种善，而不是恶。而违背了人的真实情感，虽然做好了，但并不值得推崇。顺从人情，则即便没开始行动，但人的情感已经足够让人信任，此即所谓"未言而信，有美情者也"。这一段话高度弘扬了"情"，正如庞朴所说，"情的价值得到如此高扬，情的领域达到如此宽广，都是别处很少见的"。"这种唯情主义的味道，提醒我们注意，真情流露是儒家精神的重要内容。"④

儒家情感哲学对"情"的赞美与推崇至孟子更盛。孟子提出了"四心"：

> 恻隐之心，仁之端也；羞恶之心，义之端也；辞让之心，礼之端也；是非之心，智之端也。（《孟子·公孙丑章句上》）

朱熹注曰："恻隐、羞恶、辞让、是非，情也。"⑤尽管宋明理学对早期儒家很多概念的诠释出现了较大改变，但朱熹对四端的解释是准确的，"四端之心"本质上是四种最基本的情感，这四种情感是人之为人的一般规定。以恻隐之心为例，孟子论证道：

> 今人乍见孺子将入于井，皆有怵惕恻隐之心。非所以内交于孺子之父母也，非所以要誉于乡党朋友也，非恶其声而然也。（《孟子·公孙丑章句上》）

---

① 荆门市博物馆：《郭店楚墓竹简》，文物出版社，1998，第181页。
② 丁四新：《论郭店楚简"情"的内涵》，《现代哲学》2003年第4期。
③ 蒙培元：《人是情感的存在——儒家哲学再阐释》，《社会科学战线》2003年第2期。
④ 庞朴：《孔孟之间》，《中国哲学》编辑部、国际儒联学术委员会编《郭店楚简研究》，辽宁教育出版社，1999，第31页。
⑤ 朱熹：《四书章句集注》，中华书局，1983，第238页。

我们可以批判孟子是一种经验性论证，或曰采取归纳法，但这丝毫不损结论的有效性。事实上，"人性体现了人的道德本质，人心则折射了人的情感存在；道德并不是一种超验之物，相反，它一开始便有其情感的根源。"[1] 恻隐之心就是人心之所同然，是普遍的同情心，是人类共同具备的情感。看见小孩子掉入井中，出自内心对生命之珍惜，对同类的怜悯，这种情感就是恻隐之心。孟子挖掘出恻隐之心、是非之心、羞恶之心、辞让之心这四种基本的人类道德情感，将其纳入人性的内容，并以此为基础建立了一套道德学说，对整个儒家伦理产生了巨大影响。如果说孔子还没有自觉地从文本上将"仁""敬"等观念看作情感的表达的话，那么到孟子这里则对"仁义礼智"等道德范畴的情感基础进行了考察，正如蒙培元所指出的，孟子的重要贡献就在于将孔子提出的仁义礼智这些道德范畴统统归结为情感问题，以情感为其内在的心理基础[2]。

此外孟子亦直接论述了"情"。

> 乃若其情，则可以为善矣，乃所谓善也。若夫为不善，非才之罪也。恻隐之心，人皆有之；羞恶之心，人皆有之；恭敬之心，人皆有之；是非之心，人皆有之。（《孟子·告子章句上》）

这里的"情"是"情感"还是"情实"，学界一直有争议。戴震《孟子字义疏证》曰："情，犹素也，实也。"[3] 杨伯峻《孟子译注》亦认为："情、才，皆谓质性。"[4] 丁四新亦认为"情"字乃"实"字义，"人之情"所指的正是人之性，人之才，与相对于"性"而言的"情"字义不同[5]。郭振香认为这里的"情"是指人的本始自然之情状，即未经任何非自然力干扰的本始状态[6]。其实孟子并没有严格区分"性"与"情"，性情两字在孟子这里所指相同，"乃若其情"其实说的也就是"乃若其性"，这里的"情"其实都是通过下文的"恻隐之心""羞恶之心""恭敬之心""是非之心"

---

[1] 杨国荣：《心学之思——王阳明哲学的阐释》，生活·读书·新知三联书店，1997，第61页。
[2] 蒙培元：《情感与理性》，中国社会科学出版社，2002，第175页。
[3] 戴震：《才》，《孟子字义疏证》（下），何文光整理，中华书局，1982，第41页。
[4] 杨伯峻：《孟子译注》，中华书局，1960，第260页。
[5] 丁四新：《郭店楚墓竹简思想研究》，东方出版社，2000，第276页。
[6] 郭振香：《先秦儒家情论研究》，安徽大学出版社，2011，第105页。

等四心来加以说明。孟子显然以"心"来论"性","性"之本善是通过"四心"来呈现的,因此,性善其实也可以说是"情善""心善"。总之,孟子对主体内心的情感有着明显的褒扬,主张按照内在的良知去释放情感。

然而儒家的美情说在孟子之后并没有得到很好的传承,相反,战国中后期的儒家学者对"情"与"性"进行辨析,"情"作为一个独立的观念得到进一步强化,尤其是对"情"的内涵进行了界定,如荀子将"情"与"欲"结合在一起,或将情视为性之外显,而性才是情之根据。荀子以及《礼记》之后的传统儒学对"情"的界定直接影响了儒学的人性论,汉唐儒学到宋明理学,儒家对"情"的理解通常都包含批判的因素,整体特征表现在对"情"的不放心,主张节制情感。究其原因,主要是在道家形上学的刺激下,儒家开始了自觉的形上体系之建构,"情"并不被视为形而上的概念,相反,"情"多被视作"情欲",由此往往导致各种恶情说、灭情说。汉代学者对情的探讨亦深受荀子影响,对情的防备成为重要课题,如董仲舒提出"以礼防情"。汉代儒学沉闷的气氛最终在汉末魏晋时被打破,王弼糅合道家的思想对情感进行了突破性的诠释,在《论语释疑》中,他说道:

> 夫喜、惧、哀、乐,民之自然,应感而动,则发乎声歌。所以陈诗采谣,以知民志风。既见其风,则损益基焉。故因俗立制,以达其礼也。矫俗检刑,民心未化,故又感以声乐,以和神也。若不采民诗,则无以观风。风乖俗异,则礼无所立。礼若不设,则乐无所乐,乐非礼则功无所济。故三体相扶,而用有先后也①。

王弼援引道家的自然入儒家的性情论,将喜、惧、哀、乐等情感视为人的自然之情,这种自然情感也就是不假雕饰的真情,是礼乐的基础。"自然之情的本质是自然之性,而自然之性是一切社会规范的来源,具有天然和理性。"② 王弼认为圣人"亦不能去自然之性",显然这是对自然之情的推崇。王弼的这一思想给儒家的性情论注入了一股新的风气,对宋明理学有一定的影响,尤其是程颢,下文将论及。

---

① 《王弼集校释》,楼宇烈校释,中华书局,1980,第 625 页。
② 王晓毅:《儒释道与魏晋玄学形成》,中华书局,2003,第 121 页。

到了宋明理学时期，理学家们多将"性"与"情"分说，以《中庸》的"已发未发"为中心，探讨性情关系。尽管"情"为"性"之已发，"性"为"情"之本体，但"天命之性"（理学家们多继承程颐的"性即理"之说）在人的生命中的现实呈现往往是不完美的，因而有现实的恶的产生，故宋儒言性多将"天命之性"与"气质之性"结合起来探讨。如果现实中的"已发"状态并不是完美无瑕，而是有缺陷，那么"情"就有善有恶。对于各种"恶情"，必然需要道德的、法律的规制与调节，理学家们都主张对人的这种情感进行规范，因此，"灭人欲、存天理"也就成为重要的道德箴言。

当然宋儒并非不重视情感，如朱熹对"情"的解说对于后世儒学重情论提供了重要支撑，主要体现在两方面：一是朱熹注解《孟子》，将四端解说为"情"："恻隐、羞恶、是非、辞让是情之发，仁义礼智是性之体。性中只有仁义礼智，发之为恻隐、辞让、是非，乃性之情也。"① 而四端显然在孟子那里是一种美情，是道德情感。二是朱熹对李翱的"灭情说"进行批判："李翱复性则是，云'灭情以复性'，则非。情如何可灭？此乃释氏之说，陷于其中不自知。"② 朱熹甚至对胡宏的性情说提出批评："旧看五峰说，只将心对性说，一个情字都无下落。"③ 朱熹这番对情的论说其实在一定程度上承认了情的地位④。但朱熹对"情"的界定仍然没有使情感在程朱理学中成为主流，相反，"性即理"的思想时刻压抑着"情"，道德理性主义凌驾于道德情感之上⑤。宋明理学发展到王阳明那里，儒学对"情"的解读发生了一些变化，主要体现为"情"的地位得到了较大的提高，情感成为内在良知扩散的必经之途。王阳明说：

---

① 黎靖德编《朱子语类》第5卷，王星贤点校，中华书局，1986，第92页。
② 黎靖德编《朱子语类》第59卷，王星贤点校，中华书局，1986，第1381页。
③ 黎靖德编《朱子语类》第5卷，王星贤点校，中华书局，1986，第91页。
④ 郭齐勇先生认为，朱子之性情论，给"情"以适当之地位。参见《朱熹与王夫之的性情论之比较》，《文史哲》2001年第3期。
⑤ 李泽厚于此有较为独到的分析，他认为，孔子在《论语》中答仁时，总是随具体人物具体情境做出不同的回答，并未将一个先验理性的绝对律令作为主宰。宋明理学在佛学影响下却对这种理性主宰做了本体性的极力追求，对世间秩序的超越本源、对行为规范中的礼教信仰做了哲学上的理性探寻，这极大地从思辨上提升了中国思想。宋明理学努力论证伦理道德之所以不能和不应抵抗，是因为它超乎人（个体与集体）和超乎经验的依据和理由。但宋明理学追求超验是失败的。参见《实用理性与乐感文化》，生活·读书·新知三联书店，2005，第60~65页。

## 第二章　儒道情感哲学的义理诠释

喜怒哀惧爱恶欲，谓之七情。七者俱是人心合有的，但要认得良知明白……七情顺其自然之流行，皆是良知之用，不可分别善恶。但不可有所著。七情有著，俱谓之欲，俱为良知之蔽。然才有著时，良知亦自会觉。觉即蔽去，复其体矣。此处能勘得破，方是简易透彻功夫①。

王阳明主张"心即理"，以良知为本体，人的各种情感无不由良知主导而发，致良知的现实活动体现为道德情感的自然流露，致良知是致吾心之良知，强调道德主体的自主性，尤其体现了对主体发自内心情感的尊重。七情不再有善恶之别，只要顺良知之自然流行即可。王阳明进而主张"乐是心之本体，虽不同七情之乐，而亦不外于七情之乐"②。正如研究者指出的那样，"'乐是心之本体'无异于将心理情感和道德本能一起提升到了本体的高度。王阳明的逻辑势必导致以情为性，情性不分。"③ 由此"情"在阳明心学中的地位得到进一步的凸显。王阳明对情感的偏重对阳明后学的发展产生了重要影响，阳明后学中的龙溪、心斋等人对此说大加发挥，强调"良知现成，当下即是""乐是心之本体"，更加注重"良知"的感性色彩和情感性特征，形成了明末心学"重情"的特色④。阳明学发展到泰州学派，则已经成"赤手缚龙蛇""非名教之所能羁络"⑤ 之势。王艮强调"天性之体，本自活泼"，反对外在的名教对人性的种种束缚，在他看来："良知之体，与鸢鱼同一活泼泼地。当思则思，思则通已。""君子之学，以己度人。己知所欲，则知人之所欲；己之所恶，则知人之所恶。"这是对孔子"己所不欲，勿施于人"的一种诠释，不过王艮更为突出了情感的方面。

泰州学派的罗汝芳强调共同的情感，"谁不曾做过孩提赤子来？谁人出世之时不会恋着母亲吃乳？争着父亲怀抱？又谁的父亲母亲不喜欢抱养孩儿？谁的哥哥姐姐不喜欢看护小弟小妹？人这个生性，性这样良善，官人与舆人一般，汉人与夷人一般，云南人与天下人一般，大明朝人与唐虞朝人也是一般。"⑥ 罗氏在这里所论的全是共通的人性，背后的理论基础便是孔子的

---

① 《王阳明全集》第 3 卷，吴光、钱明、董平、姚延福编校，上海古籍出版社，1992，第 111 页。
② 《王阳明全集》第 2 卷，吴光、钱明、董平、姚延福编校，上海古籍出版社，1992，第 70 页。
③ 蔡锺翔：《明代哲学性情论的嬗变与主情论文学思潮》，《中国哲学史》1996 年第 3 期。
④ 万里：《王夫之的"性情合一"论及其理论贡献》，《哲学研究》2009 年第 12 期。
⑤ 《明儒学案》第 32 卷，沈芝盈点校，中华书局，2008，第 703 页。
⑥ 《罗汝芳集》（上），方祖猷、梁一群、李庆龙等编校整理，凤凰出版社，2007，第 153 页。

"性相近",是对人性中共通情感的发掘,这种情感人皆有之,自然之发则为善,加上点人为造作则是伪。李贽更是以"自然之性"为口号,以真情实性为人性的基本内容:

> 自然之性,乃是自然真道学也,岂讲学者所能学乎?①

在批判假道学、反对禁欲主义的过程中,李贽提出了他的"童心说"。童心就是真心,即真性情②,就是赤子之心,是真实情感的本源。李贽以"童心"作为衡量这个世界的一切真伪是非善恶美丑的尺度,将"情"抬到了"氤氲化物"的本体论的高度。他说:"氤氲化物,天下亦只有一个情。"③李贽这种对"情"的推崇,正如萧萐父先生、许苏民先生指出的,"这种似可称之为'唯情论'的思想,更成为后来冯梦龙等人所大大发挥了的情感本体伦的滥觞"④。李贽亦探讨"情"在文学创作中的地位与作用,认为那些真正的文艺作品,必须彰显作者的真实情感。他说:

> 世之真能文者,比其初皆非有意于为文也。其胸中有如许多无状可怪之事,其喉间有如许欲吐而不敢吐之物,其口头又时时有许多欲语而莫可所以告语之处,蓄积极久,势不能遏。一旦见景生情,触目兴叹;夺他人之酒杯,浇自己之垒块;诉心中之不平,感数奇于千载。既已喷玉唾珠,昭回云汉,为章于天矣,遂亦自负,发狂大叫,流涕恸哭,不能自止。宁使见者闻者切齿咬牙,欲杀欲割,而终不忍藏于名山,投之水火。⑤

李贽认为真正的作文当是这种情状,这才是真实情感的流露。这种情感自千年儒学之后始得到如此高的推崇,与《性自命出》中的"凡人情为可悦也。苟以其情,虽过不恶;不以其情,虽难不贵"的思想正相照应。

---

① 张建业主编《李贽文集》第5卷,王丽萍、张贺敏整理,社会科学文献出版社,2000,第205页。
② 萧萐父、许苏民:《明清启蒙学术流变》,辽宁教育出版社,1995,第102页。
③ 萧萐父、许苏民:《明清启蒙学术流变》,辽宁教育出版社,1995,第102页。
④ 萧萐父、许苏民:《明清启蒙学术流变》,辽宁教育出版社,1995,第102页。
⑤ 张建业主编《李贽文集》第1卷,刘幼生整理,社会科学文献出版社,2000,第91页。

泰州学派是晚明唯情论之滥觞，罗汝芳、李贽之后，其势一发不可收拾，其中晚明重要的戏曲家、文学家汤显祖便是重要代表。汤显祖问学于罗汝芳，神交李贽，承接阳明学之余绪，拓展泰州学派之精神。在《牡丹亭》的创作中，他以情感为基本底蕴来架构整个剧本，代表着情感学说在文艺中发展的高峰。他说：

> 人生而有情。思欢怒愁，感于幽微，流乎啸歌，形诸动摇。或一往而尽，或积日而不能自休。盖自凤凰鸟兽以至巴渝夷鬼，无不能舞能歌，以灵机自相转活，而况吾人①。

情感是人生而与俱的，并且是人这种特殊动物所必然要流露的，"世总为情，情生诗歌，而行于神。天下之声音笑貌大小生死，不出乎是。"② "情生诗歌"是汤显祖的重要思想，这是对李贽、袁宏道以来倡导文学真情说的一种高度概括，情感的流露便形成诗歌等各种文学艺术形式，人生无不是情感的存在。汤显祖的重情还在于他将"情"视为合于大道：

> 不以美学，不以学至于道，能无稗且废乎。如此田虽美，不知其美也。以美而学且于道，不日月比其成，多少深浅之数，亦莫能明也③。

这里的"田虽美"之"田"，喻指"情""人情"，此"情"非一般之情，更非情欲，而是"可以事道，可以忘言"的"至情"。"至情"为美，"至情"事道④。汤显祖的"至情说"是对李贽"童心说"的呼应，对生命本真之"情"推崇备至，这种唯情论思潮对晚明的文学创作影响深远，下启袁宏道的"性灵说"。

公安学派的袁宏道是晚明唯情论思潮中的又一位健将。诚如钱谦益所言："万历之季，海内皆诋訾王、李，以乐天、子瞻为宗，其说唱于公安袁

---

① 汤显祖：《汤显祖诗文集》（下），徐朔方笺校，上海古籍出版社，1982，第1127页。
② 汤显祖：《汤显祖诗文集》（下），徐朔方笺校，上海古籍出版社，1982，第1050页。
③ 汤显祖：《汤显祖诗文集》（下），徐朔方笺校，上海古籍出版社，1982，第1117页。
④ 邹元江：《汤显祖情至论对儒家思想的扬弃》，《东南大学学报》（哲学社会科学版）2006年第1期。

氏。而袁氏中郎、小修，皆李卓吾之徒，其指实自卓吾发之。"① 尽管袁宏道主要是在宣扬一种文学理论，但其"性灵说"已经不是一种简单的文学理论，而是反映了"唯情论"思潮的崛起。对于诗文的创作，他特别强调以性灵为真：

> 诗何必唐，何必初与盛？要以出自性灵者为真诗尔。夫性灵窍于心，寓于境。境所偶触，心能摄之；心所欲吐，腕能运之。心能摄境，即蝼蚁蜂虿皆足寄兴，不必《雎鸠》《驺虞》矣；腕能运心，即谐词谑语皆是观感，不必法言庄什矣。以心摄境，以腕运心，则性灵无不毕达，是之谓真诗，而何必唐，又何必初与盛之为沾沾！②

诗词不必以唐为盛，亦不必分出开端与高潮，只要是出自性灵的创作，则自然是真诗。袁宏道融"真"于性灵之中，其实正是代表着一种"真情说"，与上述所引李贽的讲法基本一致。事实上，晚明文坛的"情感论"是与"真实论"相伴而生的，"尚真"与"尊情"互为表里③。将"真"融入"情"，这种思想一方面固然上接孔孟真性情之传统，下有阳明重情之影响以及阳明后学的直接推动，另一方面也正是明清之际三教合流趋势所致，道家与佛教对真的追求与体验促成晚明儒家对情感的特别重视。

## 二 恶情说

尽管孔子并没有直接以性善论为主题，但稍后的孟子无疑在儒家性善论上做出了较大贡献，孟子"对儒学道德实践主体的个人的内在精神世界做了深入的发掘，深化和扩展了孔子思想学说中心性层面上的'仁'的观念或范畴"④。孟子的性善论直接影响了儒学的人性论传统。但正如钱穆所指出的那样，古今中外的思想家，似乎都或多或少或轻或重地对人心抱有一种不放心态度。尤其对于情感，似乎有更多不放心，而有些则竟抱有重大的不放心⑤。故与早期儒家孔子以及郭店竹简对情的看法不同，《荀子》以及《礼

---

① 《牧斋初学集》第 31 卷，钱曾笺注，钱仲联标校，上海古籍出版社，1985，第 919 页。
② 《袁宏道集笺校》附录三序跋，钱伯城笺校，上海古籍出版社，2008，第 1685 页。
③ 周群：《袁宏道评传》，南京大学出版社，1999，第 102~103 页。
④ 崔大华：《儒学引论》，人民出版社，2001，第 48~49 页。
⑤ 钱穆：《中国学术思想史论丛》第 2 册，（台北）东大图书公司，1980，第 326 页。

记》开始出现了对"情"的明确界定,并对"情"的道德属性有明显的规定,因为在他们看来,"情"在现实中有导向恶的趋势,因而主张"恶情说"。但值得指出的是,荀子对情的界定显然不同于先前的儒家学者,甚至也不同于《礼记》,"情"在《荀子》中更多的是表达"情欲""欲望"的内涵,即"自然之情欲",这种含义在先秦其他儒家文献中是较为少见的[①],与《庄子》中"情"之内涵有些相近。

荀子对人之"情"的种种防备及限制,都起于对"情"与"性"的辨析。那么何谓人之情?

> 人之情,食欲有刍豢,衣欲有文绣,行欲有舆马,又欲夫余财蓄积之富也;然而穷年累世不知不足,是人之情也。(《荀子·荣辱》)
> 夫人之情,目欲綦色,耳欲綦声,口欲綦味,鼻欲綦臭,心欲綦佚。此五綦者,人情之所必不免也。(《荀子·王霸》)

这里的"情"显然不是情实、真诚的含义,而是指人生来与俱的各种自然情欲。荀子从人生活的基本方面进行界定,认为人情就是现实的人在衣食住行几个方面的欲望,并且这种天生的欲求与人性紧密相关:"性者,天之就也;情者,性之质也;欲者,情之应也。"(《荀子·正名》)由此可知,荀子将人生而具有的自然本性视为人性,其现实表现为各种情感与欲望,"情"应于物则体现为"欲",故"欲"是人情的体现。荀子一方面肯定人性中包含自然的欲求,认为各种情欲在一定程度内是合理的,是应该得到尊重的,即性恶论的立场,反映了对人之自然本性的正视、肯定与尊崇[②],另一方面,荀子对这种人情的失控以及无节制进行了批评,《性恶》篇云:

> 尧问于舜曰:人情何如?舜对曰:人情甚不美,又何问焉?妻子具而孝衰于亲,嗜欲得而信衰于友,爵禄盈而忠衰于君。人之情乎?人之情乎?甚不美!又何问焉!

---

① 李天虹亦指出了这一点,参见《郭店竹简〈性自命出〉研究》,湖北教育出版社,2003,第50页。
② 储昭华:《明分之道——从荀子看儒家文化与民主政道融通的可能性》,商务印书馆,2005,第222页。

这里的"情"显然是性情之"情",而非作情实、真诚之义解①。《正名》篇曰:"性之好、恶、喜、怒、哀、乐谓之情。"人情就是人的好恶与喜怒哀乐。荀子借用儒家圣人舜之口,认为"人情甚不美",人情甚不美即人情恶之谓也。显然这和《性自命出》中的"君子美其情""未言而信,有美情者也"正相反。在荀子看来,现实中人的情感往往因为一方面的满足而缺失于另一方面,如娶妻生子后对父母之孝开始衰减,个人欲望满足后在诚信上失于友,一心在于官爵俸禄而失忠于君。值得注意的是,荀子对情所导致的种种"恶"是建立在他的"性恶论"基础上的,上述材料只是表明人情之恶,而情的恶是来源于本性之恶②。

当然,既然在《荀子》中情的含义有许多种,我们就不可简单地认为荀子对情完全采取贬斥态度,当"情"作"情实""诚信""真诚"解时,荀子多用作褒义③,即便是理解为"情感",荀子也偶尔在褒扬的立场上使用。

祭者,志意思慕之情也。(《荀子·礼论》)
非孝子之情也。(《荀子·礼论》)
三年之丧,何也?曰:称情而立文。(《荀子·礼论》)
其情之至也不贰。(《荀子·解蔽》)

以上"情"表达了情感的意思,但这种情感不是偏重于欲望、情欲,而是人的真情实感,显然不是荀子所要排斥的。当然这并不影响我们先前的判断,即荀子更多的是在贬义上使用"情",对情欲进行批判。荀子对"情"的界定直接影响到后世儒学,荀子的情恶论在一定程度上为现实中的恶提供了有力的辩护,客观上反而弥补了孟子性善论在解释现实之恶上的不足。换言之,如果在承认性善论的基础上,同时主张情恶,那么人性论似乎得到了较为完整的论说。因此,从汉代开始,儒家学者们大都汇通孟荀。距先秦最近

---

① 李天虹指出,《荀子》一书情字多见,或作情实之义,或作真心、诚之义,但这两种用法在《荀子》中不占多数,《荀子》中多数的情,是作情性之"情"。参见《郭店竹简〈性自命出〉研究》,湖北教育出版社,2003,第48~49页。
② 王先谦即认为此处是"明性之恶",参见王先谦《荀子集解》第17卷,沈啸寰、王星贤点校,中华书局,1988,第444页。
③ 欧阳祯人:《先秦儒家性情思想研究》,武汉大学出版社,2005,第422页。

的汉代学者对人性恶的思想或多或少有一定的接受，董仲舒对"情"亦持一种贬斥态度。他说：

> 今世暗于性，言之者不同，胡不试反性之名。性之名非生与？如其生之自然之资，谓之性。性者质也。诘性之质于善之名，能中之与？既不能中矣，而尚谓之质善，何哉？性之名不得离质。离质如毛，则非性已，不可不察也。①

董仲舒从名实角度来探讨性与情。首先认为"性"之名源于"生"②，"生之自然之资"为"性"，这与荀子的"生之所以然者谓之性"十分相近，性也就是材质、本质，赋予此材质以"善"之名，是否相符呢？如果名不副实，则性善之说是有问题的。既然性不能简单地断定为"善"，那么"情"也不能称之为善。汉代儒家学者多在性情两分的前提下探讨情，如荀悦也以为情源于性："好恶者，性之取舍也，实见于外，故谓之情尔，必本乎性矣。"③ 性内情外，情本于性，这是儒家性情论发展到汉代的通俗观念。加上对现实中各种恶的考虑，恶非由于本性，而是因为性为外物所动，发而为情为恶。

到了唐代，对人性问题的探讨仍然在继续。韩愈对性情各分为三品的说法，实际上延续了董仲舒的做法，同时也表明唐代儒学对"情"始终不放心，"情"的内涵始终包含情欲的内容，这就直接导致李翱在《复性书》中提出"灭情说"。在他看来，情是本善之性被遮蔽与掩盖的罪魁祸首。他在《复性书》的开篇即指出"情"的混浊导致性的遮蔽：

> 人之所以为圣人者，性也；人之所以惑其性者，情也。喜怒哀惧爱恶欲七者，皆情之所为也。情既昏，性斯匿矣。非性之过也，七者循环而交来，故性不能充也④。

---

① 苏舆撰《春秋繁露义证》第 10 卷，钟哲点校，中华书局，1992，第 291~292 页。
② 这一点在郭店竹简中得到诸多印证，即先秦性字多写作"生"字，学界多有研究，兹不赘述。
③ 《申鉴注校补》，黄省曾注，孙启治校补，中华书局，2012，第 203 页。
④ 《李文公集》第 2 卷，四部丛刊景明成化本。

李翱认为情是迷惑性的原因，情就是指喜、怒、哀、惧、爱、恶、欲七者，这七者与《礼记》中的界定基本一致。这七种情感的昏沉，导致性无法彰显。如果说这里的"情"还不能完全评定为"恶"的话，那么李翱紧接着明确指出这种"情"是一种"恶情"：

> 情者，性之邪也。知其为邪，邪本无有；心寂不动，邪思自息。惟性明照，邪何所生？如以情止情，是乃大情也；情互相止，其有已乎①？

> 嗜欲好恶之所昏也，非性之罪也。曰：为不善者非性邪？曰：非也。乃情所为也。情有善有不善，而性无不善焉②。

这两段文字明确指出"情"是性之邪，情出于发动状态，为外物所迷惑，导致本性不能彰显。所以如果通过情来调节"情"，则很难奏效，不能真正实现本性的善的彰显，且"以情止情"的复性方法是不可靠的，因为这种调节方法没有尽头，反而使得各种情欲纠缠不已。同时第二段材料特别提出了"情有善有不善""性无不善"的命题，这正是上文所言汇通孟荀之后的结果。这也表明李翱所说的"情"并非一成不变之"恶情"，情亦有善，李翱说的"善情"指的可能是圣人以"性"处世时的心灵状态③，而"情有不善或昏昧，是从情在接应外物的结果上，无法看见它作为根据的性的观点来立论"④，如果完全依照本性来呈现则是善，否则只能是恶。

最后，点到《复性书》的主题，究竟要如何来复性？李翱认为通过静的方式可以达到：

> 或问曰：人之昏也久矣，将复其性者，必有渐也。敢问其方。曰：弗虑弗思，情则不生；情既不生，乃为正思。正思者，无虑无思也⑤。

---

① 《李文公集》第 2 卷，四部丛刊景明成化本。
② 《李文公集》第 2 卷，四部丛刊景明成化本。
③ 陈弱水：《〈复性书〉思想渊源再探——汉唐心性观念史之一章》，载《中央研究院语史所研究集刊》，1998，第 429 页。
④ 连育平：《李翱思想研究》，硕士学位论文，台湾中央大学中国文学研究所，2008，第 60 页。
⑤ 《李文公集》第 2 卷，四部丛刊景明成化本。

要实现复性，必须弗虑弗思，情往往因念虑而引起，故是动的状态，只有停止虑与思，则情才不会产生，情欲不产生，如此才能达到思虑纯正无邪的状态。

韩李的性情论对宋儒有一定的影响，北宋王安石批判李翱的"性善情恶"论，主张性情一体，详见下文分析。而二程似乎并不认为"情"有恶，或至少在情的善恶问题上态度不明朗①。朱熹认为"性"有"天命之性"与"气质之性"之分，那么按照"性体情用"的观点，则气质之性所发出的"情"很难说就是善情，情既为"性"之发，则从本体纯善意义上来说，情亦为善，但现实中情往往有恶的产生。故朱熹对"情"之发为恶仍然有种警觉，这一思想在其学生中论述更详，下文将论及。

如前文所论，王阳明对情感的推崇在明代理学中当属第一人，即便如此，他也认为"性"存在遮蔽的问题，因而"情"有过与不及：

> 性一而已，仁义礼智，性之性也；聪、明、睿、知，性之质也；喜、怒、哀、乐，性之情也；私欲、客气，性之蔽也。质有清浊，故情有过与不及，而蔽有浅深也。私欲、客气，一病两痛，非二物也②。

"情"有过与不及之辨，但总体上看，"情"在阳明心学中的地位非同一般，阳明特别推崇由情到理，认为人情即天理，符合人情的自然是天理。当然这种人情毫无疑问是由内在良知主导所发出来的。

总之，从先秦儒学开始，在性情两分的背景之下，儒学对情进行明确界定的同时伴随着情有善恶的问题，荀子将情界定为"情欲"，以诠释自然之性，因此情明显有恶的倾向。从此之后，儒家对情便开始了种种节制、规范，情不再是一个可以放心的东西。直到阳明心学，情的内涵开始得到一定程度的矫正，合理的情欲以及发自内心的情感开始得到重视，阳明后学甚至将性情合一，倡导种种唯情论、真情论，"情"的地位得到了推崇，恶情说始得到纠正。

---

① 二程是否主张情有善恶，这一点学界仍然存在争议。马育良认为二程所说的情有善有恶，是从"气禀之性""气质之性"的释放而言。但我们认为这种论断缺乏文本的根据，即二程并没有直言情有善恶。参见《中国性情论史》，人民出版社，2010，第191~192页。
② 《王阳明全集》第2卷，吴光、钱明、董平、姚延福编校，上海古籍出版社，1992，第77页。

### 三 儒家性情论的历史演变

性与情的关系是传统儒家着力较多的部分，然而从先秦开始，性与情的关系就一直处在争论之中。新出简帛文献《性自命出》虽然对性情关系有较为清晰的论述，但总体上并不能掩盖这样一个事实，即"在先秦的许多思想家那里，性和情往往分得不是那么清楚。先秦思想到荀子，才把概念分别得比较清楚"①。

#### （一）先秦儒家性情论

孔子极少言及"性""情"，甚至"情"都不是孔子的一个重要概念，但孔子所主张的"仁""敬""畏""乐"等本质上都是属于情感，这是毋庸置疑的，至于这些观念是属于"情"还是属于"性"，孔子并没有区分。因此，早期儒家对性情关系的探讨是模糊的，没有区分的。孟子亦言"性"与"情"，尽管"情"在《孟子》中的解释仍然存在一定的争议，但正如上文所述，"情"在孟子那里明显指向"性"，或曰"性之材质"。总之，孟子并没有对"性"与"情"做特别之界定。

《性自命出》是早期儒家详细讨论性、情关系的重要文献，然而该文献的作者是谁曾经引起学界的探讨，究竟是子思一派作，还是子游，或公孙尼子，或世硕，或其他人②。究竟如何界定《性自命出》的时代与学派归属？通常学界倾向于认定该篇文献作于孔子与思孟学派之间，不少学者甚至认为与思孟学派有直接关系。但有一个不可忽视的问题是，如果《中庸》和《孟子》的作者是我们都能确定的话，那么这两篇文献中并没有对"性"与"情"做区分，甚至"情"根本就不是一个重要的概念，如《中庸》就根本不提"情"，其中的已发、未发之说也是后世儒学从性情两方面进行辨析才有明确之指向，我们切不可简单地认为"已发"为"情""未发"为"性"是《中庸》作者本来的想法③。由此，我们不得不思考：与

---

① 陈来：《郭店楚简之〈性自命出〉篇初探》，《孔子研究》1998 年第 3 期。
② 李天虹详细地考辨了学界的观点，参见《郭店竹简〈性自命出〉研究》，湖北教育出版社，2003，第 107~125 页。
③ 高华平认为，《礼记·中庸》中不仅没有明确地说"喜怒哀乐未发谓之性，已发则谓之情"；更没有将"性""情"相对待而言，没有将"未发""已发"作为区分"性""情"依据的意思。从现有文献来看，以"未发""已发"区分"性""情"，最早也只能追溯到西汉末年的刘向，不可能是先秦的观念。参见《"性""情"论——由新出楚简中"性""情"二字的形义引发的思考》，《华中师范大学学报》（人文社会科学版）2009 年第 9 期。

《中庸》《孟子》相比,"情"的地位在《性自命出》中如此凸显,"性"与思孟所说之"性"之差异,确实让人怀疑这篇文献的作者与思孟学派之间的关系①。

《性自命出》篇之"性"与思孟学派论性有明显不同,这一点学界已经指出。那么《性自命出》所谓之"性"是什么?

> 喜怒哀悲之气,性也。及其见于外,则物取之也……好恶,性也。所好所恶,物也。善不善性也,所善所不善,势也。凡性为主,物取之也。金石之有声,(弗扣不鸣,人之)虽有性,心弗取不出。凡心有志也,无与不(可,性不可)独行,犹口之不可独言也②。
>
> 牛生而长,雁生而伸,其性使然,人而学或使之也③。

这里是以"气"来论性,"见于外"的说法表明"喜怒哀悲之气"是内在的,但这种内在之"性"并不是清晰呈现的,毋宁说是混而为一的,因为"凡人虽有性,心亡奠(定)志,待物而后作,待悦而后行,待习而后奠(定)"。性由外物之引发而呈现,在"心""性""物"几个概念中,"心"主导着人的意志,是性得以呈现的核心,而"物"则是性得以呈现的条件。如果竹简整理者们补上的"性不可"三字可靠的话,那么"性不可独行"可算作一个重要命题,由此表明"性"与"情"、"心"的关系很重要。

"牛生而长,雁生而伸"以牛、雁为例,表明这种"性"是自然之性,是与生俱来的,这种界定很类似《庄子·秋水》的一句话:"牛马四足,是谓天,落马首,穿牛鼻,是谓人。"牛马四足是自然之性,与"牛生而长,雁生而伸"相同,而人只有通过各种"习"才能达到这一点。由此可知,《性自命出》所论的"性"其实是"自然之性",但"情"是什么?《性自命出》并没有明确界定。这也体现了早期儒学在性情辨析上的模糊。《性自命出》本来想表达的很可能是:"喜怒哀悲"是"情",而"喜怒哀悲之气"才是性,这里的"气"让我们很困惑,其实不妨将其理解为本源之气,

---

① 颜炳罡认为《性自命出》作者为子思的可能性最小,而很可能是仲弓一派。参见《郭店楚简〈性自命出〉与荀子的情性哲学》,《中国哲学史》2009年第1期。
② 荆门市博物馆:《性自命出》,载《郭店楚墓竹简》,文物出版社,1998,第179页。
③ 荆门市博物馆:《性自命出》,载《郭店楚墓竹简》,文物出版社,1998,第179页。

引申为根据、基础①。情因外物之引诱而产生，但外物之引诱必须通过心的主导，即心不为外物所诱，则情仍然无法呈现。在性与情的关系上，《性自命出》先后两次明确提出"情生于性"。这一命题在同时出土的竹简文献《语丛》中得到了进一步阐发：

> 爱生于性……亲生于爱。欲生于性……虑生于欲。
> 智生于性……卯生于智。子生于性……易生于子。
> 恶生于性……怒生于恶。喜生于性……乐生于喜。
> 愠生于性……忧生于愠。惧生于性……监生于惧。
> 强生于性……立生于强。弱生于性……疑生于弱②。

喜怒哀乐惧等情感生于性，这是对"情生于性"的进一步阐释，由此表明早期儒家已经开始对"性""情"进行区分，性是各种情感的基础，而各种情感是体现人之本性的。当然值得指出的是，郭店儒家简对性情的区分在总体上还不很精致，《性自命出》虽然讲"情出于性"，但其以好恶及喜怒哀乐之气讲性，在思路上，仍属于以情论性③。这和《孟子》中的以"情"论"性"相似，但和孟子的"情性不分"又有差异。

到了荀子、《礼记》，"性"与"情"的区分才正式清晰起来。首先看荀子对性情关系的探讨。何谓性？

> 性者，天之就也；情者，性之质也；欲者，情之应也。（《荀子·正名》）
>
> 生之所以然者谓之性……不事而自然谓之性，性之好恶喜怒哀乐谓之情，情然而心为之择谓之虑。（《荀子·正名》）
>
> 凡性者，天之就也，不可学，不可事。（《荀子·性恶》）

这里的"性"是指"生理学上的性"④，亦即自然之性，没有人为作用

---

① 颜炳罡认为，《性自命出》认为喜怒哀悲是情而非性，成就喜怒哀悲的材质或生理基础是性。似乎将"气"解读为"材质""生理基础"。参见《郭店楚简〈性自命出〉与荀子的情性哲学》，《中国哲学史》2009年第1期。
② 荆门市博物馆：《语丛二》，载《郭店楚墓竹简》，文物出版社，1998，第203~204页。
③ 陈来：《郭店楚简之〈性自命出〉篇初探》，《孔子研究》1998年第3期。
④ 梁启雄：《荀子简释》，中华书局，1983，第309页。

而自然形成的,这是庄子特别推崇的"天性",庄子多以"天"指代,只是庄子与荀子对这种天生之性做了完全相反的价值判断。何谓情?荀子将本性的外显称为情,即"性之好恶喜怒哀乐谓之情"。本性为外物所感而所发出的"情"与"性"一样,都是自然的:

> 天职既立,天功既成,形具而神生,好恶、喜怒、哀乐臧焉,夫是之谓天情。(《荀子·天论》)

"天情"的说法表明荀子深受庄子之影响,"天情"就是自然之情,与性一样,是"天之就也"。这一思想正好与上述材料"情者,性之质也"保持了一致,表明性与情一体相连。与《性自命出》的性情论相比,荀子对"性"与"情"均有直接和明确的界定,性与情之关系亦更加清晰。并且荀子基本上放弃了以"情"论"性"的做法,而是直接设定"性"为"天之就也",这样就避免性情不分,以情论性①。这是荀子性情论值得注意的地方。

此外,荀子的性情论又有混杂的一面,即他多将"情""性"合用,考察《荀子》文本,其中"情性"出现了19次之多,"性情"出现了1次。这一现象在先秦儒家文献中是较为少见的,而只有道家的《庄子》中才出现了较多的性情连用现象,如"性情""情性"在《庄子》中都分别使用了2次,而"性命之情"则使用了9次,由此可以看出庄子对荀子性情论的影响。荀子对"情"与"性"两个观念既有区别,同时又将它们合在一起探讨,旨在强调性情的统一。考察《荀子》的"情性"概念:

> 夫好利而欲得者,此人之情性也。假之有弟兄资财而分者,且顺情性,好利而欲得,若是,则兄弟相拂夺矣;且化礼义之文理,若是,则让乎国人矣。故顺情性则弟兄争矣,化礼义则让乎国人矣。(《荀子·性恶》)

> 今人之性,饥而欲饱,寒而欲暖,劳而欲休,此人之情性也。(《荀子·性恶》)

---

① 欧阳祯人认为荀子的"性之好恶喜怒哀乐谓之情"与郭店竹简以气论性、孟子心性才情相与为一不同,荀子这个判断是直接用"情"来界定"性"。参见《先秦儒家性情思想研究》,武汉大学出版社,2005,第419页。荀子论性情与郭店竹简、孟子都不一样,但说荀子是"以情界定性"则不妥,正好讲反了。荀子先界定了性,然后才由性来界定"情"。

在荀子的性情论中，情与性既有区别，又有联系。情恶源于本性之恶，因此性情一体，不能分开各自独立。《荀子非十二子》："忍情性，綦溪利跂，苟以分异人为高，不足以合大众，明大分，然而其持之有故，其言之成理，足以欺惑愚众，是陈仲、史鰌也。"这里的"忍情性"，杨倞注曰："忍，谓违矫其性也。"① 可知"情性"一词实偏重于"性"，情性即本性。

《礼记》中的部分文献要早于荀子，如果《中庸》为子思所作的话，而另一部分文献则与荀子同时，而还有些文献很可能稍后，总体来看，《礼记》对性与情的分疏更为细致。

> 人生而静，天之性也。感于物而动，性之欲也。（《礼记·乐记》）
> 何谓人情？喜、怒、哀、惧、爱、恶、欲，七者弗学而能。（《礼记·礼运》）

这是继荀子之后对"情"的明确界定，诚然这里是采用列举的方式，将"喜、怒、哀、惧、爱、恶、欲"归为"情"，同时这种"情"是生而具备的，不学而能。《中庸》原是《礼记》中的一篇，其人性论是后世儒家人性论建构的基础，而已发、未发之说更是宋明理学家们重点探讨的内容。《中庸》开篇即论性之根源曰：

> 天命之谓性，率性之谓道，修道之谓教。

这一说法与《性自命出》所谈及的"性自命出，命自天降"基本一致。既然性源于"天命"，那么性的至善无恶特征就有了形上之根据，因此《中庸》论性可以说是孟子性善论的先声。遵循天命之性则是人道，以人道为修养之目标，由此形成了教化。与首章相对应，"自诚明，谓之性；自明诚，谓之教"。"自诚明"是对"天命之谓性"的一种诠释，也是从主体对"性"的自觉之知而言的。《中庸》对性情关系探讨最为要紧的一段话是：

> 喜怒哀乐之未发，谓之中。发而皆中节，谓之和。中也者，天下之大本也。和也者，天下之达道也。致中和，天地位焉，万物育焉。

---

① 王先谦：《荀子集解》第3卷，沈啸寰、王星贤点校，中华书局，1988，第91页。

宋儒对已发、未发的理解通常是从性与情的角度立论，那么《中庸》文本本身是否呈现未发是性、已发是情呢？笔者认为如果将《中庸》看作《礼记》的一部分，而不单独挑出来，那么《礼记》中其他文献对"情"的界定大致也可以适用于《中庸》，那么《礼运》篇中的"喜、怒、哀、惧、爱、恶、欲"与《中庸》的"喜怒哀乐"是在同一层次的言说，因此喜怒哀乐之"未发"可以视为"人生而静"的状态，而"喜怒哀乐"之"已发"则是因为感于外物而动的状态，如果这种已发没有节制，如《礼运》所说的"好恶无节于内"，即主体内心没有一种理性的规制，那么这极易导致"天理灭矣"。相反，如果喜怒哀乐发而皆中节，那么这就是一种理想的状态"和"。

总之，先秦儒家在性情关系上呈现一个明显的演变过程，由性情不分、性情合而为一的状态到性情分立，这一演变趋势基本反映了哲学观念由含混到清晰的发展过程，也符合人类思维演变的基本规律。早期儒家孔子及其弟子以及孟子并没有将"情"作为一个独立的哲学观念使用，因为孔子所说的"仁"本质上是指人的情感，"仁"范畴本身又涵摄许多表达情感的观念，或曰是许多道德情感的最基本构成要素，如"孝""敬"等，由此"情"这一观念在孔子思想中缺乏独立出来作为特定哲学观念的条件。孟子以"性""心"作为重要的哲学观念，他并没有严格区分性之已发、未发状态，性情合一，性是贯通内外的，彰显为情。

### （二）汉唐儒学的性情论

汉代儒者对性情关系的探讨多受先秦儒家人性论的影响，但在性情关系上仍然有一些新见。

汉代大儒董仲舒在反思先秦人性论的基础上提出了他自己的人性理论。董仲舒对"情"的言说比较复杂，一方面情有情欲的含义，如：

> 天有阴阳禁，身有情欲栣，与天道一也。是以阴之行不得干春夏，而月之魄常厌于日光，乍全乍伤。天之禁阴如此，安得不损其欲而辍其情以应天。天所禁而身禁之，故曰身犹天也，禁天所禁，非禁天也。[1]

"人副天数"是董仲舒人性论的理论前提，在此基础上推论出人在情欲方面上应效法天。在天而言，阳主善，而阴主恶，天禁阴而崇阳，人应效法

---

[1] 苏舆撰《春秋繁露义证》第10卷，钟哲点校，中华书局，1992，第296页。

天道，禁止情欲，这就是"损其欲""辍其情"。另一方面情与性相通，甚至有学者指出董仲舒其实并没有区分性情①，他将性情连用：

> 是正名号者于天地，天地之所生，谓之性情。性情相与为一瞑，情亦性也。谓性已善，奈其情何？故圣人莫谓性善，累其名也。身之有性情也，若天之有阴阳也，言人之质而无其情，犹言天之阳而无其阴也。穷论者，无时受也②。
>
> 董仲舒览孙、孟之书，作性情之说曰："天之大经，一阴一阳；人之大经，一情一性。性生于阳，情生于阴。阴气鄙，阳气仁。曰性善者，是见其阳也；谓恶者，是见其阴者也。"③

这两则材料一出自董仲舒的《春秋繁露》，二出自王充的《论衡》，两则材料中的思想显然有差异。第一则材料表明性情都是天地之所生，两者不可分开言说，两者相与为一，不可分割。性情就如阴阳，性不可谓善，情亦不可谓善。第二则材料则表明性为阳，情为阴，性恶乃是见其阴，实际上是情恶。以阴阳言说性情是汉代儒学的重要特色，如刘向对性情关系的看法亦如此：

> 性，生而然者也，在于身而不发；情，接于物而然者也，出形于外。形外则谓之阳，不发者，则谓之阴。④

以外显的为阳，以内藏不发者为阴，显然刘向对性情与阴阳的关系进行了比附，以阴阳论性情，一方面表明性情的分而不离，不能完全分离开来，另一方面则表明了对情的属性之界定。而同样以阴阳论说性情，董仲舒与刘向截然不同，董仲舒认为"性生于阳，情生于阴"，性善是见其阳，而恶则是见其阴，因为情为阴，代表着恶情说。而刘向显然与此相反，认为外显为情的是阳，而内藏不发的是阴，代表着本性。傅斯年在《性命古训辩证》

---

① 刘振维认为，从王充对董仲舒的批评来看，董仲舒似乎是不区分性情的。参见《董仲舒"性待教而为善"的人性论》，《朝阳人文社会学刊》2006年第4卷第1期。
② 董仲舒：《深察名号第三十五》，载《春秋繁露义证》第10卷，苏舆撰，钟哲点校，中华书局，1992，第299~300页。
③ 王充：《本性篇第十三》，《论衡校释》，黄晖撰，中华书局，1990，第139~140页。
④ 王充：《本性篇第十三》，《论衡校释》，黄晖撰，中华书局，1990，第140页。

中评价汉代人性论时指出:"分性情为二元,以善归之于性,以恶归之于情,简言之虽可以性包情,故亦谓性有善恶犹天之有阴阳,析言之则性情为二事,一为善之本,一为恶所出者,乃是西汉一贯之大宗,经师累世所奉承,世俗所公认,纬书所发扬,可称为汉代性论之正宗说者也。"①

唐代是儒学发展相对平稳的时期,缺乏儒学大家,对性情关系的探讨也多半是在反佛排老的声势中展开。其中尤以韩愈最为突出。韩愈作《原性》一文,批判佛教灭情论:

> 性也者,与生俱生也。情也者,接于物而生也。性之品有三,而其所以为性者五;情之品有三,而其所以为情者七②。

事实上,韩愈对"性"的界定并无新意,这种说法自荀子开始到董仲舒就一直被视为传统的性恶论基础,将"性"看作自然之性。而性三品说也不过是对董仲舒的"圣人之性、中人之性、斗筲之性"解析③:

> 性之品有上中下三。上焉者,善焉而已矣;中焉者,可导而上下也;下焉者,恶焉而已矣④。

> 情之品有上中下三,其所以为情者七:曰喜、曰怒、曰哀、曰惧、曰爱、曰恶、曰欲。上焉者之于七也,动而处其中;中焉者之于七也,有所甚,有所亡,然而求合其中者也;下焉者之于七也,亡与甚,直情而行者也。情之于性视其品⑤。

韩愈认为"性"之上中下三品与"情"之上中下三品相对应,"上品之人,情之发动符合伦理规范;中品之人,情之发动有过、有不及;下品之人,情之发动完全与实践理性相乖离。情之三品与性之三品一一相应,性善则情善,性恶则情恶。"⑥ 李翱在《复性书》中对性情关系的界定:

---

① 傅斯年:《性命古训辨证》,上海古籍出版社,2012,第219页。
② 《韩愈文集汇校笺注》第1卷,刘真伦、岳珍校注,中华书局,2010,第47页。
③ 也有学者指出,韩愈对董仲舒的人性论概括为"性三品说"其实是一种误读。参见曾振宇《董仲舒人性论再认识》,《史学月刊》2002年第3期。
④ 《韩愈文集汇校笺注》第1卷,刘真伦、岳珍校注,中华书局,2010,第47页。
⑤ 《韩愈文集汇校笺注》第1卷,刘真伦、岳珍校注,中华书局,2010,第47~48页。
⑥ 曾振宇:《董仲舒人性论再认识》,《史学月刊》2002年第3期。

> 性与情不相无也。虽然，无性则情无所生矣。是情由性而生，情不自情，因性而情；性不自性，由情以明。性者，天之命也，圣人得之而不惑者也。情者，性之动也，百姓溺之而不能知其本者也①。
>
> 人之所以为圣人者，性也。人之所以惑其性者，情也②。

上文分析李翱的恶情说，尽管李翱认为"性善情恶"，但在性情关系上，他认为性与情一体，缺一不可。这个主张对后世影响比较大，不可忽视。情由性所生，情不能独立存在，必然有内在本性所指使。另外，性也不是纯粹独立隔绝的，必然由情来彰显，由情来明性。从来源上看，性源自天命，圣人秉承天命而不迷惑，故是性善。而百姓沉溺于情不知返本，故因情而迷失了本性，现实中才会有各种恶的出现。

荀子的性恶论思想对汉唐儒学人性论有重要影响，尤其是荀子将"情"界定为情欲、自然之欲望，董仲舒、韩愈、李翱等都深受其影响。将"情"视为情欲有合理的一面，肯定情包含自然性的内容，并且为现实中存在的各种性恶现象提供了解释途径；同时亦有不准确的一面，即很难将"性"与"情"统一起来，董、韩只得将人性分为三品，而李翱则干脆主张灭情复性。在这样一种情势之下，对情与性之关系进行重新考察，并且从形而上的高度进行建构，成了儒家人性论发展中的一个重要议题，而这一主题主要是在宋明理学时期完成的。

### （三）宋明理学的性情论

宋初理学家们都论及性情问题。在性情关系问题上，诸儒看法并不一致，但大都围绕《中庸》已发、未发展开。北宋学者王安石批判世儒将性情分说，不知性情本一，他说：

> 世有论者曰"性善情恶"，是徒识性情之名而不知性情之实也。喜怒哀惧爱恶欲未发于外而存于心，性也；喜怒哀惧爱恶欲发于外而见于行，情也。性者情之本，情者性之用，故吾曰性情一也③。

---

① 《李文公集》第2卷，四部丛刊景明成化本。
② 《李文公集》第2卷，四部丛刊景明成化本。
③ 《王荆公文集笺注》，李之亮笺注，巴蜀书社，2005，第1062页。

## 第二章　儒道情感哲学的义理诠释

"性善情恶"是李翱最先提出来的,王安石批判这种观点,认为"性善情恶"说没有看到性情之实。他认为,性情一体相通,喜怒哀惧爱恶欲七者既是人之性,同时又是人之情,区别的标准主要是"已发""未发",这里仍然是借用了《中庸》的说法。既然性情相通,那么如何解释现实中的各种恶的现象呢?他进一步分析道:"故此七者,人生而有之,接于物而后动焉。动而当于理,则圣也、贤也;不当于理,则小人也。"① 由此可知,王安石从经验层面分析性与情,认为情本于性,发之于外,既可能为物所累而入于恶,也可能为物所感而入于善②。

既然善恶是依据情在经验中的体现来判断,那么性之善恶则必须通过情之善恶加以通导。故他说:"是以知性情之相须,犹弓矢之相待而用,若夫善恶,则犹中与不中也。"③ "如其废情,则性虽善,何以自明哉?"④ 性必须通过情来彰显,既然性可以通过情与外物相接,那么可以导向善,也可以导向恶,因此,善恶的走向关键还在于主体的修养。"盖君子养性之善,故情亦善;小人养性之恶,故情亦恶。"⑤ 君子小人是由道德主体自身来决定的,这就赋予主体以道德修养的自觉性与主动性。

从经验角度来看,由于主体的选择,情可以导向善或恶,因而性有善有恶,在这个意义上,王安石似乎赞同杨雄之性善恶混说,并且亦认为孟子已有类似的思想,如他说:"孟子曰:'养其大体为大人,养其小体为小人。'杨子曰:'人之性善恶混。'是知性可以恶也。"⑥ 显然,他在调和孟子与杨雄的人性论观点,"孟子之言性,曰'性善';杨子之言性,曰'善恶混'……孟杨之道未尝不同,二子之说,非有异也,其所以异者,其所指者异耳。"⑦ 那么所指的差异体现在哪里?王安石认为,"孟子之所谓性者,正性也;杨子之所谓性者,兼性之不正者言之也。"⑧ 王安石对正性与不正性的区分,既为进一步诠释"正性"留下了空间,同时又包含"程伊川分别

---

① 《王荆公文集笺注》,李之亮笺注,巴蜀书社,2005,第1063页。
② 由此可知,王安石"并不认为情本身有善恶,而是认为情之所在有善恶"。参见张祥浩、魏福明《王安石评传》,南京大学出版社,2006,第353页。
③ 《王荆公文集笺注》,李之亮笺注,巴蜀书社,2005,第1063页。
④ 《王荆公文集笺注》,李之亮笺注,巴蜀书社,2005,第1063页。
⑤ 《王荆公文集笺注》,李之亮笺注,巴蜀书社,2005,第1063页。
⑥ 《王荆公文集笺注》,李之亮笺注,巴蜀书社,2005,第1063页。
⑦ 《王荆公文集笺注》,李之亮笺注,巴蜀书社,2005,第979页。
⑧ 《王荆公文集笺注》,李之亮笺注,巴蜀书社,2005,第979页。

义理之性与气质之性的说法了"①。

二程在性情关系上最重要的一个贡献就是引入了天理，以"天理"来解说"性"，提出了"性即理"的命题。

> 性即理也，所谓理，性是也。天下之理，原其所自，未有不善。喜怒哀乐未发，何尝不善？发而中节，则无往而不善②。

既然性即理，则性无有不善，但和其他思想家一样，二程也必然面临现实中的人性恶的问题，那么如何解释这种现象？故二程论性多引"气"这一个概念。

> 性即是理，理则自尧舜至于涂人，一也。才禀于气，气有清浊，禀其清者为贤，禀其浊者为愚③。

人性之中有理的内容，亦有气或材质的内容，前者是普遍的，是"天命之谓性"，是"自然之理"，人皆相同，而后者则有差异，是生来如此，个体差异性比较明显。现实的恶的问题解决后，接下来还得面临"性"与"情"的关系以及"情"的善恶等问题：

> 问："喜怒出于性否？"曰："固是。才有生识，便有性，有性便有情。无性安得情？"又问："喜怒出于外，如何？"曰："非出于外，感于外而发于中也。"问："性之有喜怒，犹水之有波否？"曰："然。湛然平静如镜者，水之性也。及遇沙石，或地势不平，便有湍激；或风行其上，便为波涛汹涌。此岂水之性也哉？人性中只有四端，又岂有许多不善底事？然无水安得波浪，无性安得情也？"④
> 只性为本，情是性之动处，情又几时恶⑤。

---

① 张学智编《贺麟选集》，吉林人民出版社，2005，第 208 页。
② 《河南程氏遗书》第 22 卷（上），王孝鱼点校，中华书局，1981，第 292 页。
③ 《河南程氏遗书》第 18 卷，王孝鱼点校，中华书局，1981，第 204 页。
④ 《河南程氏遗书》第 18 卷，王孝鱼点校，中华书局，1981，第 204 页。
⑤ 《河南程氏遗书》第 2 卷（上），王孝鱼点校，中华书局，1981，第 33 页。

按照这则材料，程颐似乎认为"性"与"情"不可分，性是情的基础，情是性之发。以水与波来比喻性与情的关系，程颐旨在强调性情不可分，情必然有一个内在的根据，这个根据便是性，亦即理，但情是否有善恶之分？程颐的态度不甚明确。正如葛瑞汉所说，"如果情只是性之动，那么情似乎必然应该分享性之善。但在上面所引的两条语录中，对于这一点也有自相矛盾之处。伊川似乎并未下定决心来判断，情是否基本上是善的，或是否是善恶皆可的"①。

由二程到朱熹，理学在性情方面的基本主旨没变，只是朱熹的性情论比较复杂。在注释《孟子》四心时，他对"情"进行界定：

> 恻隐、羞恶、辞让、是非，情也。仁义礼智，性也。心，统性情者也。端，绪也。因七情之发，而性之本然可得而见，犹有物在中而绪见于外也②。

将四端之心解释为"情"，而将四端之心的根据或本质解释为"性"，这是朱熹对性情论最为重要的诠释，当然这种理解也与程颐保持了一致，伊川便曰："恻隐则属爱，乃情也，非性也。"③ 性是情的根据，而情是性之外显。这种外显实际上又可以借用《中庸》的已发未发来分别："情者，性之所发。"④ 当然除此"情"的内涵外，还有传统的"七情"之说，这是从《礼记》开始就一直被传统儒家继承下来的，朱熹亦不例外，认为"七情"是情所包含的。但朱熹所说的"情"有复杂的一面，即除了作为性理直接发见的四端，以及泛指的"七情"外，还包括某些具体思维在其内⑤。在性情关系上，朱熹对前人的性体情用的思想亦有吸收，如他提出：

> "性是根，情是那芽子。"⑥

---

① 葛瑞汉：《中国的两位哲学家——二程两兄弟的新儒学》，程德祥等译，大象出版社，1999，第101页。
② 朱熹：《四书章句集注》，中华书局，1982，第138页。
③ 《河南程氏遗书》第15卷，王孝鱼点校，中华书局，1981，第168页。
④ 黎靖德编《朱子语类》第95卷，，王星贤点校，中华书局，1986，第1380页。
⑤ 陈来：《朱子哲学研究》，华东师范大学出版社，2008，第210页。
⑥ 黎靖德编《朱子语类》第119卷，王星贤点校，中华书局，1986，第2867页。

"性是体，情是用。"①

"情不是反于性，乃性之发处。性是水，情如水之流。"②

在性情关系上，朱熹的基本主张是一贯的，即性为体情为用，性是未发，而情是已发。但《中庸》提出的"未发""已发"借用"中和"来加以限定，按照理学家们的一般理解，"未发之中"才是"性"，"发而皆中节"才是"和"，亦即"情"，但如果现实中的喜怒哀乐之发而不中节是否可以称之为"情"？或曰，那些发而为不善的情是否也是性之体现？如果是，那么性为至善之天理说就存在缺陷，这可以看作朱熹在性情论上的一个矛盾③。朱熹对性情的理解成为程朱理学的正宗，后来朱熹的学生陈淳在《北溪字义》中亦对性情关系进行了更为集中的解释，可以看作程朱理学在性情关系上的代表性观点。首先看性。何谓性？陈淳曰：

性即理也……性是在我之理……性字从生从心，是人生来具是理于心，方名之曰性……天所命于人以是理，本只善而无恶。故人所受以为性，亦本善而无恶……盖人之所以有万殊不齐，只缘气禀不同④。

"性即理"是程子提出的，这一观点是程朱理学的正统。性即理决定了性本善，以气论性旨在表明现实之恶是由禀气不同所致，而本体未尝有别，只是至善不恶之性。在性情关系上，陈淳认为：

情与性相对。情者，性之动也。在心里面未发动底是性，事物触着便发动出来是情。寂然不动是性，感而遂通是情。这动底只是就性中发出来，不是别物，其大目则为喜、怒、哀、惧、爱、恶、欲七者。《中庸》只言喜怒哀乐四个，孟子又指恻隐、羞恶、辞逊、是非四端而言，大抵都是情。性中有仁，动出为恻隐；性中有义，动出为羞恶；性中有礼智，动出为辞逊、是非。端是端绪，里面有这物，其端绪便发出从外来。若

---

① 黎靖德编《朱子语录》第5卷，王星贤点校，中华书局，1986，第91页。
② 黎靖德编《朱子语类》第59卷，王星贤点校，中华书局，1986，第1381页。
③ 陈来：《朱子哲学研究》，华东师范大学出版社，2008，第211页。
④ 陈淳：《北溪字义》（上），熊国祯、高流水点校，中华书局，1983，第6~7页。

内无仁义礼智，则其发也，安得有此四端？大概心是个物，贮此性，发出底便是情①。

陈淳的这种理解与朱熹基本保持了一致，未发是性，已发是情，《中庸》与孟子都提及这几种情感，那么"情"是否必定是对"性"的完整体现？换言之，"情"是否有不善？朱熹认为情有善恶，但陈淳似乎略有不同：

情者心之用，人之所不能无，不是个不好底物。但其所以为情者，各有个当然之则。如当喜而喜，当怒而怒，当哀而哀，当乐而乐，当恻隐而恻隐，当羞恶而羞恶，当辞逊而辞逊，当是非而是非，便合个当然之则，便是发而中节，便是其中性体流行，着见于此，即此便谓之达道。若不当然而然，则达其则，失其节，只是个私意人欲之行，是乃流于不善，遂成不好底物，非本来便不好也②。

陈淳认为"情"是心之用，由人的认知心来主导，其本体是性，故本无不善。但情之发必须有个当然之则，违此则失节，乃成为不善。这是陈淳对现实人性的一种解释，尽管他不是简单地认定"情恶"，但显然"情"存在导向"恶"的可能性。陈淳对性情关系的这种解读基本上与传统儒家对性情关系的探讨相符合，代表了宋明理学在性情关系上的一贯主张。既然承认情以性为体，是性之所发，则朱熹也好，陈淳也罢，都不得不反对彻底的禁欲主义，而在一定程度上肯定"情"的地位③。因此，朱熹和陈淳等人都明确反对"灭情"说。

情之中节，是从本性发来便是善，更无不善。其不中节是感物欲而动，不从本性发来，便有个不善。孟子论情，全把做善者，是专指其本于性之发者言之。禅家不合便指情都做恶底物，却欲灭情以复性。不知情如何灭得？情既灭了，性便是个死底性，于我更何用④？

---

① 陈淳：《北溪字义》（上），熊国祯、高流水点校，中华书局，1983，第14页。
② 陈淳：《北溪字义》（上），熊国祯、高流水点校，中华书局，1983，第14页。
③ 陈来：《朱子哲学研究》，华东师范大学出版社，2008，第212页。
④ 陈淳：《北溪字义》（上），熊国祯、高流水点校，中华书局，1983，第14页。

性必须通过情来彰显，离却了情，性便是一个死物，从情之本源来看，是善的。只是因为外物的引诱才致使恶的产生，所以和情本身并无关系，灭情说在陈淳这里遭到了批判。

理学发展到明代，心学的崛起代表宋明新儒学发展的新高度。王阳明基本遵循了传统儒家对性与情的分别，主张性体情用，但同时结合心体与性体对性情进行辨析，从而与程朱理学的性情论存在差异：

> 夫喜怒哀乐，情也，既曰不可谓未发矣，喜怒哀乐之未发则是指其本体而言性也。斯言自子思，非程子而始有……喜怒哀乐之与思与知觉，皆心之所发。心统性情，性，心体也；情，心用也①。

喜怒哀乐为情，既然已经确定为"喜怒哀乐"，因此就不能说是未发，一提及这几种情感，就必然是已发了。而"未发"是指本体而言。王阳明认为喜怒哀乐之情与人的思虑、知觉，都全部由"心"来主导，心统帅性情，性为心之本体，即"心体"，而情是心之作用。应该说"性体情用"的说法也是渊源有自来的，朱熹就主张"性体情用"。"心统性情"的说法最早来自张载，朱熹十分看重这种说法，认为将心与性、情的关系说得最明朗。王阳明强调"一念发动处便是行"，因而对"已发未发"做了更为详细的辨析：

> 夫谓"自朝至暮未尝有寂然不动之时"者，是见其用而不得其所谓体也。君子之于学也，因用以求其体。凡程子所谓"既思"，即是已发；既有知觉，即是动者。皆为求中于喜怒哀乐未发之时者言也，非谓其无未发者也②。

在他看来，未发只是心体，是一种理想的状态，而从现实角度来看，人心总是处在一个活泼的已发状态中，但我们绝不能否认未发之心体的真实性，相反，程颐的"既思即是已发、既有知觉即是动者"都不过是强调由用见体，并非否认未发之心体的存在。同时，他认为未发未必是"中"，即

---

① 《王阳明全集》第4卷，吴光、钱明、董平、姚延福编校，上海古籍出版社，1992，第146页。
② 《王阳明全集》第4卷，吴光、钱明、董平、姚延福编校，上海古籍出版社，1992，第147页。

喜怒哀乐之情未发之时未必是善的，因为未发之时的良知还没有得到主体的意识加以呈现：

> 不可谓未发之中常人俱有。盖体用一源，有是体即有是用，有未发之中即有发而皆中节之和。今人未能有发而皆中节之和，须知是他未发之中亦未能全得①。

情感是良知的主体，同时良知又不是完全没内容的，而是体现在人的情感之中。如果不通过情感，则人的良知实在无法呈现。

面对现实的恶，王阳明认为主要是良知丧失，或曰良知没有真实呈现的缘故。

> 或曰："人皆有是心，心即理，何以有为善有为不善？"先生曰："恶人之心，失其本体。"②

那么良知究竟是什么？是一种理性的道德律令？还是一种情感本体？很多学者都对王阳明的良知进行过考察，牟宗三就将王阳明的"良知"说成"智的直觉"③。我们认为，良知固然是一种"知"，但绝不是知识性的"知"，也不是绝对的实体性存在，良知主要是主体内在的情感本体，是"本体之知"④。在阳明的各种著述中，我们不难发现，他总是通过各种情感来述说良知，如"知是心之本体，心自然会知。见父自然知孝，见兄自然知悌，见孺子入井自然知恻隐，此便是良知，不假外求。"⑤ 良知往往是通过情感的流露来呈现的，"孝""悌""恻隐"等无不是人的情感，良知与情感究竟是什么关系呢？王阳明认为：

> 盖良知虽不滞于喜、怒、忧、惧，而喜、怒、忧、惧亦不外于良知⑥。

---

① 《王阳明全集》第1卷，吴光、钱明、董平、姚延福编校，上海古籍出版社，1992，第17页。
② 《王阳明全集》第1卷，吴光、钱明、董平、姚延福编校，上海古籍出版社，1992，第15页。
③ 牟宗三：《从陆象山到刘蕺山》，台湾学生书局，1979，第25页。
④ 蒙培元：《情感与理性》，中国社会科学出版社，2002，第61页。
⑤ 《王阳明全集》第1卷，吴光、钱明、董平、姚延福编校，上海古籍出版社，1992，第6页。
⑥ 《王阳明全集》第2卷，吴光、钱明、董平、姚延福编校，上海古籍出版社，1992，第65页。

良知就是通过七情来体现，除七情之外，如何来呈现良知？由此不难看出，王阳明实有将良知情感化的倾向①。王阳明的性情论对其后学影响较大，尤其是他将良知情感化的倾向体现出良知不外乎情感，与孟子的以情善论性善一脉相承，接续了孟子的传统，遵循本心所发之情，这一思想直接导致阳明后学发展成"以情为性""即情即性"②。

### （四）明清之际儒学的性情论

晚明刘宗周对性情有一些颇为独到的看法，首先他对性情本身重新进行界定：

> 心与意为定名，性与情为虚位。喜怒哀乐心之情，生而有此喜怒哀乐之谓心之性；好恶意之情，生而有此好恶之谓意之性。盖性情之名，无往而不在也。即云"意性""意情"亦得，意者心之意也。情者性之情也③。

传统儒学对性情关系的探讨，多以"性"为虚，而"情"为实，因为从战国中后期开始，性情两分成为一种趋势，伴随着儒家形上之学的建构冲动日益强烈，儒学逐渐将"性"视为形而上的概念，上通"天命""天道"，而将"情"看作形而下的概念，通过喜怒哀乐等具体情感来体现。而到了刘宗周这里，他将"情"提升为形而上的概念④，由此性与情的关系发生了

---

① 叶青春认为，阳明把良知情感化是对孟子以四端之情善言性善思想的发展，而情感良知化则是王阳明的孤明先发。后者更能凸显其性情思想的特质。参见《"性"的失语与"情"的独语——阳明学性情思想及影响考察》，《延边大学学报》（社会科学版）2012年第4期。

② 叶青春认为，情感良知化的趋势必然导致以情为性，情性不分甚至以情代性、以情去性。参见《"性"的失语与"情"的独语——阳明学性情思想及影响考察》，《延边大学学报》（社会科学版）2012年第4期。

③ 刘宗周：《商疑十则答史子复》，《刘宗周全集》第3册，吴光主编，何俊点校，吴光、钟彩钧审校，浙江古籍出版社，2012，第310页。

④ 台湾学者林月惠认为："就义理上说，'情'作为一个独立的概念，在蕺山的思考中，并不是一般而言可以任意列举的感性之情，而是意谓：性之情（喜怒哀乐）、心之情（恻隐、羞恶、辞让、是非）、意之情（好恶）。如此界定的'情'，俱是'上提'的'形而上'之'情'……蕺山思想中的'情'，首出的意义，是紧扣形而上实体（性体、心体、意体、独体）而言，刘蕺山特以'性之情'称之，实指'喜怒哀乐'，此乃'第一义'之'情'，它具有独立的意义与独特的意涵，可称之为'根源性之情'或'先天之情'。在这个意义下，'性'与'情'同质同层，不可离析而分言。至于一般而言的'感性'之'情'（如'七情'），已是'第二义'的'后天之情'。"参见《从宋明理学的"性情论"考察刘蕺山对〈中庸〉"喜怒哀乐"的诠释》，《中国文哲研究集刊》2004年第25期，第191~192页。

改变。刘宗周反对传统儒学的性体情用之说,而提出"指情言性":

> 指情言性,非因情见性也。即心言性,非离心言善也。后之解者曰:"因所发之情,而见所存之性;因以情之善,而见所性之善,岂不毫厘而千里乎?"凡所云性,只是心之性,决不得心与性相对;所云情,可云性之情,决不得性与情对①。

刘宗周批评"因情见性"说,因为这种主张仍然是在性体情用的框架内,主张行为体,情为用,没能看到情的形上地位。情是性之情,性并不与情相对。在性情关系上,他认为:"即情即性也,并未尝以已发为情,与性字对也。"② 这就是说,喜怒哀乐是情,同时也是性,仁义礼智不过是他的表义,而不是相与为对,更不是仁义礼智之性生出喜怒哀乐之情,当然也就无所谓"未发"为性,"已发"为情的问题。不管是已发还是未发,都是一个性,一个情③。

刘宗周的学生黄宗羲继承了他的性情论,认为"情贯于动静,性亦贯于动静,故喜怒哀乐,不论已发未发,皆情也,其中和则性也"④。这是对宋儒分"已发""未发"为"情"与"性"的彻底批判,主张将性情统一在一起,情成为贯通内外的存在,而不是作为内在本性的一种外在表现而已。

明清之际的大家王夫之对传统儒家的性情论采取了批判接受的态度,首先对朱熹的"四端皆情"提出反驳:

> 恻隐即仁,岂恻隐之可以为仁乎?(自注:有扩充,无造作。)若云恻隐可以为仁,则是恻隐内而仁外矣……故以知恻隐、羞恶、恭敬、是非之心,性也,而非情也。夫情,则喜、怒、哀、惧、爱、恶、欲是已⑤。

---

① 吴光主编《刘宗周全集》第 3 册,何俊点校,吴光、钟彩钧审校,浙江古籍出版社,2012,第 418 页。
② 吴光主编《刘宗周全集》第 3 册,何俊点校,吴光、钟彩钧审校,浙江古籍出版社,2012,第 311 页。
③ 蒙培元:《情感与理性》,中国社会科学出版社,2002,第 160 页。
④ 黄宗羲:《明儒学案》第 47 卷,沈芝盈点校,中华书局,2008,第 1107 页。
⑤ 《船山全书》第 6 册,岳麓书社,2011,第 1067 页。

按照王夫之的逻辑，恻隐是仁，是内在的，如果将恻隐等解释为情感，则仁不再是内在的，而是外在，这与孟子的"君子所性，仁义礼智根于心"的主张相反。基于此，王夫之主张恻隐、羞恶、恭敬、是非之心为性，而不是情。而"情"主要是指《荀子》以及《礼记》中所确认的"喜、怒、哀、惧、爱、恶、欲"。将性与情解释为相对的两种不同的物事，王夫之进一步在"情"与"性"相别的基础上区分为"人心"与"道心"：

> 情便是人心，性便是道心。道心微而不易见，人之不以人心为吾俱生之本者鲜矣。故普天下人只识得个情，不识得性，却于情上用工夫，则愈为之而愈妄①。

> 喜、怒、哀、乐之与性，一合一离者是也。故恻隐、羞恶、辞让、是非，但可以心言而不可谓之情，以其与未发时之所存者，只是一个物事也。性，道心也；情，人心也。恻隐、羞恶、辞让、是非，道心也；喜、怒、哀、乐，人心也②。

人心道心之分是宋明理学的重要话题，但从性与情的角度来考察人心道心则始于王夫之。显然，王夫之表现出对情的极为不放心③，情是人心，是必须时刻加以防范的对象，而性才是幽微之本性，是纯善之天理。那么性与情究竟是什么关系？从"喜、怒、哀、乐之与性，一合一离者是也"似乎可以看出，王夫之主张性情一体，喜怒哀乐等情如能合于性，则为善，背离性，则为恶。他认为："性自行于情之中，而非性之生情，亦非性之感物而动则化而为情也。"④《性自命出》中的"情生于性"命题是王夫之所反对的，尽管他很有可能并没有看到这一命题，但传统儒家其实在一定程度上演化了该命题。此外，他对《礼记》中的感于外物而动则为情的传统说法也表示不赞同。"性自行于情之中"的说法，与王安石的性情论颇为相似，即性情不可分，是一体的存在，因此有学者将王夫之的性情论概括为"性情合一"⑤，是有一定的道理的。

---

① 《船山全书》第 6 册，岳麓书社，2011，第 1068 页。
② 《船山全书》第 6 册，岳麓书社，2011，第 966 页。
③ 郭齐勇：《朱熹与王夫之的性情论之比较》，《文史哲》2001 年第 3 期。
④ 《船山全书》第 6 册，岳麓书社，2011，第 1068 页。
⑤ 万里：《王夫之的"性情合一"论及其理论贡献》，《哲学研究》2009 年第 12 期。

由性情合一到性情两分，再到明清之际的即性即情，儒家在性情关系上的发展趋势的原因主要有以下几点。

其一，传统儒家性善论思想的影响。孔子的人性论思想不可详知，然而从孟子开始，人性善的思想得以广泛传播，尽管荀子作为先秦儒学之殿军，提出性恶论，反驳孟子的性善论思想，但并没有从根本上动摇儒家性善论思想的地位。如果人性本善，那么考验所有思想家的一个问题便是：既然性为善，那么情为何有不善？既然本性为善，那么现实中为何会有恶的现象产生？因此，传统的性情合一说并不能真正解决这些问题，因此必然要对性情进行区分，而不能简单地以情论性或以性论情，甚至性情合用，塑造出"性情""情性"这种概念。

汉代儒学对人性问题的探讨则徘徊在孟荀之间，如董仲舒不对性本身的善恶进行定性，而是提出性的本质是上天所赋予，具有向善和向恶的可能性，其提出的"性三品说"，是对先秦三种人性学说的综合[1]。唐代李翱进一步主张性善情恶，情仍然处于被防备的状态。宋明理学尽管对情做了审慎分析，认为情有善有恶，但在道德实践中，情恶说仍是主流，以礼制情成为主流思想，"存天理，灭人欲"的主张也在一定程度上抑制了情的作用。直到阳明后学，长期的道德理性主义压抑了人性，情感终于得到了应有的承认，性情两分得到矫正。

其二，道家形上思维的影响，促使儒学建构自己的形上体系，尤其体现在道德形上学上。战国中期的思想家们开始以性为形上之基，而以情为形而下者，形而下者有善有恶，而本体则纯善不恶，这一趋向影响了整个儒学性情论的发展。究竟性情是否应被视作形上形下的两者？儒学自身也有一段漫长的反思，直到理学发展的末期，才在道家以及佛教影响下发展出性情合一，即性即情，这种发展趋势实际上又是对早期儒学的回归。

## 四　儒家情理关系论

正如第一章所论，儒家所主张的情感显然不是非理性的，情感本身包含理性的精神在内，传统儒家认为情感与理性是可以统一的。从战国中后期开始，性情两分成为儒家在心性论上的一个重要特征，性情的辨析实际上也彰显了理性与情感的关系，因为儒家所说的"性"多被赋予形上的品格，本

---

[1] 曹影：《性三品：董仲舒社会教化的理论根据》，《社会科学战线》2008年第8期。

源于天道、天命，具有先验的理性特征，而"情"则多被视为本性的呈现，故性情论实际上也体现了儒家在情感与理性关系上的立场。为了避免与前文性情论内容重复，本部分主要以"心""礼"等概念为核心，围绕"心"与"性情"、"礼"或"刑"与"情感"的关系来考察儒家在情感与理性关系上的立场。

### （一）先秦儒家情理关系——由"情理融合"到"以礼制情"

孔子注重道德情感，但道德情感并非简单的情感，而是包含理性的思考，是理性的沉淀与内化。"仁"作为最高的德性，本质上是一种道德情感，是人的内心真实情感的体现，而不是理性的发展或规律。换言之，"仁"并不是一个"理智"范畴，而是属于情感范畴[①]。而通常所说的理性往往体现为人类对社会人伦秩序的设计与思考，代表着规范与制约，是一种客观的、冰冷的法则。在人类社会中，理性自然不可或缺，但儒家认为理性必须建立在情感基础上，不能违背情感，因此，儒家强调的"情理"，即以人情为基础的天理，是建立在情感基础上的理性思考。然而早期儒家也承认存在单纯理性主导的制度与法则，因此也始终面临情感与理性之间的冲突与紧张。在《论语》中有这么一段材料，表明了孔子在情理关系上的主张。

> 叶公语孔子曰："吾党有直躬者，其父攘羊，而子证之。"孔子曰："吾党之直者异于是。父为子隐，子为父隐，直在其中矣。"（《论语·子路》）

何谓正直？孔子并没有对"直"下一个定义，而是通过讲故事的方式来阐述他心中的"直"。在叶公看来，所谓正直就应该是理性的思考，遵循客观的规则与秩序，绝不容违背。所以他说我们乡下有一个正直的人，他的父亲偷了羊，他能去告发。而孔子对这种正直显然不认可，甚至直接否认这是道德上的"正直"，因为叶公所说的这种理性的正直是完全不顾情感，甚至违背人的真实情感的。他举了一个反例来说明这一问题：我们乡下正直的人与此不同，儿子犯了错，父亲为儿子隐瞒，父亲犯了罪，儿子为父亲隐瞒。于是情感与理性的冲突爆发出来了，儒家面对这种亲情与法律之间的冲突，如何抉择？按照现代人的所谓理性法则，则父亲犯罪，儿子大义灭亲，

---

[①] 蒙培元：《理性与情感》，中国社会科学出版社，2002，第72页。

去告官，这才叫作正直，体现了人的理性精神。但孔子显然反对这种做法，这不是道德上的正直，因为这种正直违背了人的真实情感：谁真心情愿自己的父亲或儿子犯罪被杀或被治罪？从情感上看，这种正直很难为人接受。法律讲究理性，只对客观的事实进行判断是非曲直，故叶公的"正直"体现了客观的理性精神，是法律上的正直，但当这种正直建立在损害亲情基础上时，它就变了味。这种正直只会伤害人的天然情感，使得人成为冷漠的动物，完全不顾任何情感。所以孔子绝不会否定偷羊这件"事实"，但恰恰相反，他正要通过偷羊这件"事实"本身，说明情感的真实性和重要性，说明人的最本真的存在就是情感的存在[①]。《论语》中的这个故事其实恰好彰显了情感与理性的冲突，尽管孔子并没有对叶公的观点进行批判，而只是采取举反例的方式，表明另外一种"理性精神"的存在，那就是建立在情感基础上的理性，由此我们似乎可以得出，儒家的理性是以情感为内核的理性，而非单纯的理性。

"仁"作为一种德性，本质上是一种情感，但这种情感显然也带有理性的内容，首先"仁"是一种普遍的情感，共同的情感，而不是一己之私情。孔子同时将"仁"视为"礼"的内核，提出"克己复礼为仁"。"礼云礼云，玉帛云乎哉？乐云乐云，钟鼓云乎哉？"（《论语·阳货》）礼与乐作为人类理性创制的东西，当然体现了理性的精神，但是这种理性的名物制度背后其实是有深厚的情感基础的，而不是仅仅指那些形式上的器乐或仪式。"仁"与"礼"、"乐"的关系表明早期儒家宣扬的道德情感是带有理性精神的，或曰"仁"等属于情感范畴的概念本身又带有理性特征。这与《性自命出》中所讲的"礼作于情""乐作于情"是完全一致的。然而现实中毕竟存在一些以理性为主导的社会制度，这些制度集中体现为"政令""刑法"，那么孔子对那些理性的法则与规范是什么态度呢？孔子曰："道之以政，齐之以刑，民免而无耻；道之以德，齐之以礼，有耻且格。"（《论语·为政》）以严格的政令、刑法来治理天下，则老百姓固然可以做到免于罪过，但内心没有廉耻之心，如果以道德来引导他们，以礼来规范他们，则老百姓不但有羞耻之感，而且心甘情愿归附。"政""刑"无疑都是一种刚性的制度或政策，基本上不考虑人的感受，杜绝情感的掺杂，因此老百姓固然可以免罪，但内在的情感被忽视了，天生的同情心以及其他各种情感被埋没了。

---

[①] 蒙培元：《情感与理性》，中国社会科学出版社，2002，第32页。

这里的"耻"即孟子所说的"羞恶之心",显然是一种情感。如果以道德来教化,以礼制来规范,则老百姓感受不到外在的压迫,能够自主地释放内心情感,并且保持天生的道德情感,同时又达到秩序的稳定。值得注意的是,早期儒家所讲的"礼"显然不是单纯的理性创制物,而是建立在情感基础上的,或曰礼是符合人的情感的,这一点我们可以从《性自命出》以及《礼记》等诸多文献看出来,前文论之甚详,此不赘述。

尽管自孔子开始就倡导包含道德理性的各种情感,反对单纯的不合人情的理性制度,但情感与理性的冲突仍然时有发生,儒家的道德情感始终面临理性规范与法则的挑战,亚圣孟子也遭到了类似的诘问:

> 桃应问曰:"舜为天子,皋陶为士,瞽瞍杀人,则如之何?"孟子曰:"执之而已矣。""然则舜不禁与?"曰:"夫舜恶得而禁之?夫有所受之也。""然则舜如之何?"曰:"舜视弃天下犹弃敝屣也。窃负而逃,遵海滨而处,终身䜣然,乐而忘天下。"(《孟子·尽心上》)

这个案例是一直被用来探讨儒家伦理的重要材料,这个案例的特殊性就在于面临情与理("法")的冲突,儒家将采取什么样的立场?舜是儒家塑造的一个孝子典型,是儒家道德的楷模,面对自己的父亲杀人,舜贵为天子,应当如何去做?首先,孟子设计了皋陶的存在。皋陶作为理性精神的代表,是法律的执行者,是社会公义的践行者,对于维护社会秩序与公正十分重要,因此,孟子认为皋陶应该正常执法,去拘捕瞽瞍。孟子设计的第一步表明儒家并非反对理性精神,亦不是出于私情,相反,儒家是尊重法律,对客观的规则与秩序予以认可。其次,舜作为天子,拥有权力,是否要去干涉皋陶的执法呢?如果舜罔顾王法,直接动用权力去干涉皋陶的执法,那么儒家的道德楷模形象也会受到影响,即舜成为一个徇私枉法的天子,显然儒家始终没有将个人情感置于普遍有效的法律之上。舜怎么能去禁止皋陶的做法呢?舜受命治理天下,天下显然不是舜一人之天下,自然不能动用天下人之权力维护一己之私欲,这里再次表明儒家是尊重理性法则的,不会主动去违反。最后,舜将采取什么举动呢?如果舜完全不作为,好像没有发生任何事一样,那么舜也难成为儒家的圣人,舜必须要有所作为,并且这个作为必须是在尊重法律的基础上实施。舜自动放弃天子之位,出于爱父的情感,不忍心父亲被逮捕处死,而愿意保全父子之天伦,由此而窃负而逃,居住于简陋的偏僻之所，终身不后悔。尽管这个案例从现代文明的角度进行审视，现代人会提出诸多的挑战与质疑，其一，舜放弃天下是不忠的行为，是对治理天下之大任的背弃，不负责任，因此谈不上是儒家的道德楷模。其实这个似乎有点苛求于古人了，即便是今天，一个国家的元首也是有权利因私人事务请辞元首之职的，天下从来就不是某一个人的专属之位，因此"舜视弃天下犹弃敝屣也"是舜的自由选择，何来不忠之责？其二，舜的"窃负而逃"是触犯了包庇罪，这也是完全以现代人的法制观念来权衡古人。舜的此举在现代法制社会固然是一种包庇，我们也要注意，法制是一个不断演变的过程，舜的此举在古代则未必触犯包庇罪，相反体现了孝的德性，被法律所豁免，这就是现代法律制度上也存在的容隐制[①]。

从这个案例可以看出，儒家的情理关系比较复杂，一方面儒家宣扬道德情感包含理性精神，而不是简单的动物式情感，或狭隘的私情。在这个案例中，舜对于父亲的爱绝对不能简单地认为是一种私情——尽管在案例中这种爱父之情确实发生在独特的个体——舜的身上，但因为这种情感同时又是普遍的，即凡是父子之间，都必然有此种情感的产生。如此，看似舜这个特殊人物（个体）的救父行为，其实蕴含普遍的原则，这正是儒家情感伦理中必须关注的一个问题。另一方面，当道德情感面临客观的理性法则时，这又体现出一种尴尬的处境，即鱼和熊掌不可兼得的处境。一旦将人的各种情感被视为道德情感，就必然面临这种问题，孔子孟子都对这种问题进行了解答，表明了早期儒家对情理关系的立场。但正如牟宗鉴先生所说，"孟子虽承认声色滋味安逸为人之本能趋向，但决不把生理情欲归属于人性，因为它们同于或近于禽兽之本能，只有道德属性才是人之异于禽兽并仅仅属于人性的东西。这样，孟子的学说就具有了重理性轻情欲的倾向"[②]。而到了荀子那里，他将人的这种情感视为自然情感，因而主张情感与理性的对立，以理性精神来规范、制约人的情感，这就是荀子的"以礼制情"。

正如前文所述，荀子主张性恶论，将情解释为"情欲"，确立了自然人性论。既然人情中包含欲望、欲求方面的内容，那么这种人情显然不值得提

---

[①] 范忠信：《容隐制的本质与利弊：中外共同选择的意义》《"亲亲尊尊"与亲属相犯：中西刑法的暗合》，参见郭齐勇《儒家伦理争鸣集——以"亲亲互隐"为中心》，湖北教育出版社，2004，第636~713页。

[②] 牟宗鉴：《儒家价值的新探索》，齐鲁书社，2001，第24页。

倡，反而应该适当去控制。荀子在论述"礼"与"乐"的起源时就体现出典型的理性精神。

> 礼起于何也？曰：人生而有欲，欲而不得，则不能无求，求而无度量分界，则不能不争。争则乱，乱则穷。先王恶其乱也，故制礼义以分之，以养人之欲，给人之求。使欲必不穷乎物，物必不屈于欲。两者相持而长，是礼之所起也。（《荀子·礼论》）

> 夫乐者，乐也，人情之所必不免也。故人不能无乐，乐则必发于声音，形于动静；而人之道，声音动静，性术之变尽是矣。故人不能不乐；乐则不能无形；形而不为道，则不能无乱。先王恶其乱也，故制雅颂之声以道之，使其声足以乐而不流，使其文足以辨而不諰。使其曲直繁省廉肉节奏足以感动人之善心，使夫邪污之气无由得接焉。（《荀子·乐论》）

在《王制》等篇目中，荀子亦提出了相类似的观念。荀子的论证有典型的历史主义色彩，很显然，"礼"是先王为了节制人的私欲，维护一定的秩序而创制的，显然是出于人的理性创制，是对情感欲望的控制，使得人的情感能够符合群居生活的需要，从而避免乱穷纷争。如果说"礼""乐"都是一种外在的规范，从而保证情感的释放符合一定的要求的话，那么荀子还提倡主体依靠自身的认知能力来节制情感与欲望，这就是荀子的"心"与"知"的概念。何谓心？"心者，形之君也，而神明之主也，出令而无所受令。"（《荀子·解蔽》）荀子认为"心"代表着人的理智，是神明之主，是发布命令的主导者。各种情感欲望最终都可以由"心"来控制，以"心"来认知事物体现了人的理性，故曰："凡以知，人之性也；可以知，物之理也。"（《荀子·解蔽》）如果人心不去主导情感的流露，而是放纵人性，就会导致各种盲目的现状："心不使焉，则白黑在前而目不见，雷鼓在侧而耳不闻，况于使者乎？"（《荀子·解蔽》）礼乐的制作都是出自人的理性创造，在个体情感的控制上，心也起着重要的作用，依靠理智去节制、控制自然的情感欲望，这样才能维护秩序的稳定。

可以说，孔孟并没有将情感与理性完全对立，基本上都认为各种道德情感包含理性的精神，理性的制度必须建立在情感的基础上，由此他们一方面主张遵循理性的法则、秩序，不去轻易破坏这种理性制度；但另一方面又反对以单一的理性法则来治理天下、来控制人的情感,而是主张尊重人的真情实感。为何人的情感中包含理性?儒家从来都没有放弃对此进行论证。孔子曰"天生德于予",表明个体内在道德情感的根源有"天"这个道德理性的根据存在,《性自命出》和《中庸》都探讨了人性的来源,前者提出"性自命出,命从天降","情生于性","道始于情",从而将人的情感之根源建立在性命与天道之上。《中庸》虽然没有直接论及"情",但其对"性"之来源有详细探讨,"天命之谓性"也表明人性的形上来源,作为人性之具体体现或曰已发的"喜怒哀乐"显然也就有了一种基础。自荀子将"情"作为一个重要的观念独立出来后,"情"与"理"之间的紧张就成为后世儒家不得不面对的问题。荀子的情理之分主要还在于他并不否定"情"的真实存在,以及承认情的合理性。他认为"情"涵盖欲望,放纵这种情欲会导致秩序失衡,礼制陵夷,因此必须要适度地控制这种自然情感,由此才有他的"以礼制情","以礼节情"。尽管荀子的性恶论思想并没有成为后世儒学发展的主流,但他毕竟揭开了一个盖子,即人情有恶的可能性,由此人的理性是不可或缺的。而《礼记·仲尼燕居》中亦明确提出:"礼者,理也。"《礼记·乐记》中说:"礼也者,理之不可易者也。"这些与荀子的"以礼制情"思想完全相应。至于《礼记·乐记》,更是将"天理"与"人欲"对言:

> 人生而静,天之性也;感于物而动,性之欲也。物至知知,然后好恶形焉,好恶无节于内,知诱于外,不能反躬,天理灭矣。夫物之感人无穷,而人之好恶无节,则是物至而人化物也。人化物也者,灭天理而穷人欲者也。

宋儒所倡导的"存天理、灭人欲"即出于此。这里的思想与荀子中对礼乐之起源的探讨如出一辙。"天理"意味着天道秩序,天理的内容正是天道与天命,这是万物皆得其和的理想状态,而人情欲望的膨胀,往往破坏了这种天理,礼乐的创制恰恰是在满足人的适度欲望的基础上,节制人的欲望,避免人陷入"役物"甚至"役于物"的状态,那样人便丧失了为人的本质,与动物无异。

综上所论,不难看出,先秦儒家对情的界定直接影响到情理关系。综合前文对儒家性情关系的分析可知,因为对"性"与"情"的严格区分,"情"逐渐吸收了情欲的内容,因此情也成为儒家不断提防的对象。

## (二) 汉唐儒学情理论——从人赋天数到天命之性

伴随着性情分立,儒家的情理关系亦日益清晰,荀子"以礼制情"的思想在汉代经学家那里得到进一步发展,董仲舒继承了荀子对"情"的界定,亦主张以礼来"体情防乱":

> 大富则骄,大贫则忧,忧则为盗,骄则为暴,此众人之情也。圣者则于众人之情,见乱之所从生,故其制人道而差上下也,使富者足以示贵而不至于骄,贫者足以养生而不至于忧。以此为度而调均之,是以财不匮而上下相安,故易治也①。
>
> 夫礼,体情而防乱者也。民之情,不能制其欲,使之度礼,目视正色,耳听正声,口食正味,身行正道,非夺之情也,所以安其情也。变谓之情,虽待异物,性亦然者,故曰内也。变情之变,谓之外。故虽以情,然不为性说,故曰外物之动性,若神之不守也,积习渐靡,物之微者也,其入人不知,习忘乃为,常然若性,不可不察也②。

众人之情极易为恶,故圣人才制礼乐而节制之,礼的作用一方面是"体情""安情",即适当地满足人的情欲,安定人心;另一方面就是"防乱",防止因为情欲失控而导致纷争、祸乱。面对各种现实之恶,董仲舒明确主张人依靠理性措施来控制情感的泛滥成灾,圣人创制礼乐就是为了达到这个目的。那么能够采取这种理性措施的是什么呢?在董仲舒的哲学中,最重要的当属其天人之论。人之性命秉承自天:

> 正也者,正于天之为人性命也。天之为人性命,使行仁义而羞可耻,非若鸟兽然,苟为生、苟为利而已③。

人之所以能够以仁义为道德,理性约束自己的行为,而不像动物那样一味地逐生逐利,主要是由"天"赋予的"性命",他说:

---

① 苏舆:《春秋繁露义证》第8卷,钟哲点校,中华书局,1992,第227~228页。
② 苏舆:《春秋繁露义证》第17卷,钟哲点校,中华书局,1992,第469~470页。
③ 苏舆:《春秋繁露义证》第2卷,钟哲点校,中华书局,1992,第61页。

人受命于天，有善善恶恶之性①。
今善善恶恶，好荣憎辱，非人能自生，此天施之在人者也②。

人性中蕴含着天命，这里的"天"代表着最高的道德理性，同时也具有一定的人格意志。人之行为必须符合天之征兆：

喜，春之答也；怒，秋之答也；乐，夏之答也；哀，冬之答也。天之副在乎人。人之情性有由天者矣。故曰受，由天之号也③。

喜怒哀乐等人的情感之所以必须有所节制，主要是因为人的情形受之于天，天以四情"答"四时，人之四情也应该有一定的匹配，而不是放纵。理性对情感的主导，与他说的"极理以尽情性之宜"是同一个意思，表明要循天理以制人情。最终主导着人的各种情感，不至于为恶的还是"心"：

栣众恶于内，弗使得发于外者，心也。故心之为名栣也。人之受气苟无恶者，心何栣哉？吾以心之名，得人之诚④。

在现实人类社会中，人心之所以具有主导作用，主要是因为人受气而生，具备了善善恶恶之材质，但性并非善，是否成善关键还在于后天的教化，尤其体现为主体的理性主导，由此心的禁恶作用十分重要。

儒家的性情二分与以礼制情成为一个重要的观点，李翱的"灭情复性"思想正是这一传统的产物，所要灭的情即荀子之后儒家所认定的情欲，自然的欲望，而所要复的"性"是《中庸》所塑造的"天命之性"，亦是孟子所谓的纯善之性，即形而上的天道，代表着理性的道德规则，是对孔子的"性与天道"以及《礼记》中的"天理"的继承，这种复性思想对宋明理学影响较大，尤其是对程朱理学的天理学说影响尤为重大。

**（三）宋明理学的情理论——由"性即理"到"心即理"**

儒学发展到宋明理学时期，情理关系得到进一步深化。二程提出"天

---

① 苏舆：《春秋繁露义证》第1卷，钟哲点校，中华书局，1992，第34页。
② 苏舆：《春秋繁露义证》第2卷，钟哲点校，中华书局，1992，第63页。
③ 苏舆：《春秋繁露义证》第11卷，钟哲点校，中华书局，1992，第319页。
④ 苏舆：《春秋繁露义证》第10卷，钟哲点校，中华书局，1992，第293~294页。

理"概念，二程自认为"天理"二字是自家先提出来的，其实从观念的根源来看，在二程提出"天理"之前，这一观念已经在儒家文献中多处可见，《礼记·乐记》最早提出"天理人欲"之说，当然这里的"天理"还缺乏自觉的形上建构。《春秋繁露》中亦提及"天理"，已经含有客观的理则之义。二程的贡献在于将天理正式纳入儒家心性论中，明确提出"性即理"的命题，确立"理"为道德的形上之基，其本质是客观的当然之则。

> "生之谓性"与"天命之谓性"，同乎？性字不可一概论。"生之谓性"，止训所禀受也。"天命之谓性"，此言性之理也。今人言天性柔缓，天性刚急，俗言天成，皆生来如此，此训所禀受也。若性之理也则无不善，曰天者，自然之理也①。

程颐区分了"生之谓性"与"天命之谓性"之间的差异。"生之谓性"的说法来源自荀子，荀子持性恶论观点，如果将性简单认定为自然之性，生来与俱，那么就有可能陷入荀子所说的"性恶论"，"情恶论"，理性与情感对立，必须通过理性来控制情感。但程颐认为这种说法只论及禀赋问题，没有从根源上看到性之本质。天命之谓性则是从本源本根上讲性，性即理，无不善。之所以言"天"，正是强调这种理是自然之理，是天理。程颐对两种"性"的说法的辨析是对"性即理"命题的深入探讨，恰好表明性中的理性之源，由程颐提出的性情关系亦可知，情亦非单纯的情感，而是含有理性的因子。"生之谓性"与"天命之谓性"的区别，本质上是气质之性与天命之性的对立，这一人性论架构贯穿了程朱理学发展的始终。在这种区别之下，以"性即理"为中心，程朱理学强调提炼气质之性，以纯天理之性，亦即天命之性来控制气质之性，消除各种情感欲望的因素，从而实现理想的人性状态。朱熹继承了程颐的基本思想，进一步对情理关系展开了论述。

朱熹在情理关系上的主要命题是继承自张载的"心统性情"。所谓"心统性情"，就是指"心"主宰、统摄性情。心在朱熹那里指人的理性之心，朱熹说："心，主宰之谓也。动静皆主宰，非是静时无所用，及至动时方有主宰也。"② 按照朱子的性情论，性体情用，性即理，按理说情之发用处无

---

① 《河南程氏遗书》第 24 卷，王孝鱼点校，中华书局，1981，第 313 页。
② 黎靖德编《朱子语类》第 5 卷，王星贤点校，中华书局，1986，第 94 页。

不善，但因为有气质之性以及外物之诱导，已发之处便有善与不善之别。朱熹赞同张载的"心统性情"说，主要是看到了"心"作为理性精神的代表，可以主乎性而行乎情。此"心"是"心之体"，是道德本心，而不是指人的思虑营营的自然之心，但又离不开自然之心。这种道德本心未发动、未表现出来时，不过是人心所先验地具有的应当如此做的道德律则、命令，这就是"性"或"理"①。心统性情说的意义还在于，本心中的道德理性与道德情感是不离不弃的。道德理性是道德行为的根据，没有道德理性（性、理），道德情感（情）就无从发生。反之，没有道德情感，道德理性就没有挂搭处；没有道德情感的能动性冲力，道德理性也无从抒发、实践出来，也就不可能有什么道德行为②。

王阳明一反程朱理学的"性即理"之说，提出"心即理"，将天理内化为主体的良知，认为良知即天理。由良知所主导的情感已经蕴含内在的理性，并不是由外在的天理来规范人情。在《传习录》中有一段材料，涉及王阳明对孔子正名思想的解读问题，其中最能彰显王阳明对情理关系的立场。

> 问："孔子正名，先儒说'上告天子，下告方伯，废辄立郢'。此意如何"？先生曰："恐难如此。岂有一人致敬尽礼，待我而为政，我就先去废他，岂人情天理？孔子既肯与辄为政，必已是他能倾心委国而听。圣人盛德至诚，必已感化卫辄，使知无父之不可以为人，必将痛哭奔走，往迎其父。父子之爱，本于天性，辄能悔痛真切如此，蒯聩岂不感动底豫？蒯聩既还，辄乃致国请戮。聩已见化于子，又有夫子至诚调和其间，当亦决不肯受，仍以命辄。群臣百姓又必欲得辄为君，辄乃自暴其罪恶，请于天子，告于方伯诸侯，而必欲致国于父。聩与群臣百姓，亦皆表辄悔悟仁孝之美，请于天子，告于方伯诸侯，必欲得辄而为之君。于是集命于辄，使之复君卫国。辄不得已，乃如后世上皇故事，率群臣百姓尊聩为太公，备物致养，而始退复其位焉。则君君、臣臣、父父、子子，名正言顺，一举而可为政于天下矣！孔子正名，或是如此。"③

---

① 郭齐勇：《朱熹与王夫之的性情论之比较》，《文史哲》2001年第3期。
② 郭齐勇：《朱熹与王夫之的性情论之比较》，《文史哲》2001年第3期。
③ 《王阳明全集》第1卷，吴光、钱明、董平、姚延福编校，上海古籍出版社，1992，第16~17页。

春秋时期的卫国出现了父子争国的风波，孔子由此明确提出了"正名"，旨在端正君臣父子之名。宋明时期，程朱理学与王阳明分别对正名进行解读，提出了不同的解决方案①，彰显了理学与心学在道德本体上的分歧。从以上文字不难看出，程朱理学与王阳明的主要差异在于"从人情到天理"还是"从天理到人情"。程朱理学主张"性即理"，以普遍存在的天理来规范人情，强调国家政治关系中君位的正义性，因而主张"无父不可以有国"。程朱理学的解读显然强调了天理的不可违背性，甚至天理的外在超越性，这种倾向在处理国家政治事务上，则明显体现为对个体情感的忽视，对国家政治秩序的偏重，政治中的正义理性超越于个人的情感理性。王阳明则以人情来诠释天理，强调个体"成人"的先在性，因而主张"无父不可以为人"。阳明显然突出了父子之情对于"成人"的重要性。按照"心即理"的逻辑，人的各种情感无不是本心所发，由人的良知所主导的基本情感即是天理，天理不外乎人情。在王阳明看来，父子之爱是人之真实情感，即"父子兄弟之爱，便是人心生意发端处"②，"知是心之本体，心自然会知：见父自然知孝，见兄自然知弟，见孺子入井，自然知恻隐，此便是良知，不假外求。"③良知是本体，一切活动只要按照内在的良知去做即可，七情只需任本心之自然即可。良知就是通过情感的外显来透出天理，除此之外，哪里还有天理？应该说王阳明对情感的重视接续孟子四端之说，是对道德主体内在良知的发掘。

心之本体是良知，心即理，循此逻辑，良知即天理，天理不外于人心。但良知同时又不是纯粹的理性天理，而是建立在情感基础上，依靠情感来彰显。因此，正如前文所述，我们认为良知固然是一种"知"，但绝不是知性的本体，无法以逻辑论证其存在，良知是主体内在的情感本体，只能靠主体的内在觉悟、体证，而无法以知性方式来分析。由此，考察先秦孔孟儒学到阳明心学，我们惊异地发现，孔孟所主张的那些道德概念都是情理交融的，情性不分的，只是到了荀子之后，"情"独立出来，"情""理"之冲突才日益彰显。而阳明心学将内在良知重新设计成理性的存在，由此，各种由良知主导的道德情感便不再只是单纯的情感，而是带有道德理性的情感，情与理

---

① 程朱理学的具体解决方案详见萧无陂《情理与义理——论王阳明与程朱理学解读孔子正名观念的差异》，《伦理学研究》2012年第5期。
② 《王阳明全集》第1卷，吴光、钱明、董平、姚延福编校，上海古籍出版社，1992，第26页。
③ 《王阳明全集》第1卷，吴光、钱明、董平、姚延福编校，上海古籍出版社，1992，第26页。

之间再次实现了交融。

阳明心学致良知之学对晚明情感哲学的发展起了十分重要的推动作用，阳明后学中的泰州学派最重情感，最排斥程朱理学的"天理"。王艮王襞父子在自然人性论上发展了情感，将情理解为符合人性的自然情欲，人的自然欲求、自然情感是最真诚的，是"自然之则"，即天理，不是"人欲"。相反，各种对自然人性的束缚、压制反而是"人欲"。这是对正统天理人欲观的彻底颠倒，由此以天理灭人欲的传统情理观亦遭到天翻地覆的改变。

事实上，程朱理学所宣扬的"存天理、灭人欲"，在明代程朱理学的继承者那里得到了一定程度的矫正，即严格的禁欲主义遭到挑战。罗钦顺是明代程朱理学的大家，他对传统的情理关系显然有改变：

> 盖天命之性，无形象可睹，无方体可求，学者猝难理会，故即喜怒哀乐以明之。夫喜怒哀乐，人人所有而易见者，但不知其所谓"中"，不知其为"天下之大本"，故特指以示人，使知性命即此而在也①。

天命之性就寄寓在喜怒哀乐等情感之中，这仍然是性体情用的思想，只是天命之性本身就代表着一种道德理性，只有当喜怒哀乐之发达到"中"的状态，天命之性才得以呈现。罗钦顺进一步将喜怒哀乐之情与欲望相提并论：

> 夫人之有欲，固出于天，盖有必然而不容已，且有当然而不可易者。于其所不容已者而皆合乎当然之则，夫安往而非善乎？惟其恣情纵欲而不知反，斯为恶尔。先儒多以"去人欲""遏人欲"为言，盖所以防其流者，不得不严，但语意似乎偏重。夫欲与喜怒哀乐，皆性之所有者，喜怒哀乐又可去乎？②

尽管罗氏并没有将情诠释为情欲，但将喜怒哀乐与情并提，实际上同时承认人的欲望、情感的合理性，"夫性必有欲，非人也，天也"。虽然不可完全禁止人欲，但人欲亦不可完全放纵，否则极易导致恶的状态。先儒

---

① 罗钦顺：《困知记》（上），阎韬点校，中华书局，2013，第12页。
② 罗钦顺：《困知记》（下），阎韬点校，中华书局，2013，第36页。

讲"去人欲""遏人欲"多是防止其流变成恶,因而具有一定的合理性,但话说得太严格。其实欲望与喜怒哀乐等情感都是人性所具有的,不可去除。

晚明唯情论思想中亦包含对情感与理性之关系的探讨,李贽在《焚书·读律肤说》中说:"盖声色之来,发于情性,由乎自然,是可以牵合矫强而致乎?故自然发于情性,则自然止乎礼义,非情性之外复有礼义可止也。"①显然这是与《性自命出》中"礼作于情"思想紧密相关,人的感情自然而发,自然之道止乎礼义,礼仪本身就是源于情感,不是在情感之外另有外在的规范之礼来制约情感,李贽的自然性情论其实正是对传统"以礼制情"思想的批判,主张情感与理性的统一。

汤显祖是晚明重要的戏曲家、文论家,他在《沈氏弋说序》中明确指出:"是非者理也。""爱恶者情也。"这一思想其实与孟子将"是非之心"视为情感显然不同,汤显祖有将情理视为不可交融的两种存在,如他说:"情有者理必无,理有者情必无。"②"第云理之所必无,安知情之所必有邪。"③显然,情感与理性之间的冲突在晚明引起了对理性主义道德学说的反感与排斥,这种思想固然体现了汤显祖"反对传统的以理制情论,提出以情抗理、以情胜理,以本体化、超越化的情感来反对权威化、先验化的伦理理性和强制性的法制"④,但这一思想显然又有其局限性。故晚明学人中极端的唯情论者完全否认道德规范的价值,对天理学说深恶痛绝,主张以个体之情感作为唯一真实的存在。

较汤显祖稍后的袁宏道在阳明后学的影响下,对情理关系的探讨达到了一个新的高度,主张"理在情内"。

> 孔子所言絜矩,正是因,正是自然。后儒将矩字看作理字,便不因,不自然。夫民之所好好之,民之所恶恶之,是以民之情为矩,安得不平?今人只从理上絜去,必至内欺己心,外拂人情,如何得平?夫非理之为害也,不知理在情内,而欲拂情以为理,故去治弥远⑤。

---

① 张建业主编《李贽文集》第1卷,,社会科学文献出版社,2000,第123页。
② 《汤显祖诗文集》第45卷,徐朔方笺校,上海古籍出版社,1982,第1268页。
③ 《汤显祖诗文集》第33卷,徐朔方笺校,上海古籍出版社,1982,第1093页。
④ 欧阳询、向知燕:《情本主义:明清之际的中国式启蒙》,《怀化学院学报》2009年第3期。
⑤ 《袁宏道集笺校》第44卷,钱伯城笺校,上海古籍出版社,2008,第1290页。

所谓"絜矩",出自《大学》:"所谓平天下在治其国者,上老老而民兴孝;上长长而民兴弟;上恤孤而民不倍。是以君子有絜矩之道也。""絜矩之道"就是儒家的道德规范,但这种规范是外在的天理吗?程朱理学将道德规范视为天理,实有将天理外在客观化的倾向,而阳明心学则主张"心即理",赋予主体以道德能动性,天理内化为良知,良知则以情感来呈现。袁宏道正是在阳明心学的这种理论背景下展开其情理论的。在他看来,"絜矩"就是因人之本性,因自然之性。以人的情感为尺度,才是真正的道德规范。如果只从理上来规范人情,就会造成对内欺骗了本心,对外抑制了人的情感,这是将情感与理性分割所致。但袁宏道也指出,这并不是"理"的原因,理仍然要得到尊重,只是必须看清这个"理"就在"情"内,不是说在情感之外还有一种所谓的理来规范情感。

最后不得不提及的是刘宗周,作为心学殿军,他对传统儒家的性情论有截然不同的看法,前文所述,刘宗周主张"即性即情"。如果说朱熹在情理关系上以"心统性情"为代表性观点的话,那么刘宗周显然对这一观点持批判态度:"心主性情,张说为近,终是二物,曷不曰,心之性情?"[①] 心统性情的弊端在刘氏看来主要是分性情为二,但他仍然看中"心"的作用,心体即代表着道德理性精神,心体包含情性,于是刘宗周进一步提出"指情言性"。"指情言性"的意思正如蒙培元先生所指出的,是说人是情感的存在,在情感之中,便有道德理性,情感本身就具有理性特征[②]。

总之,儒家在情理关系上存在内在的张力,这一点学界多有考察,从先秦儒家开始,对情与理(礼)的不同重视程度成为历代儒学发展形态的重要特征。儒学内部往往存在不同的派别,对情与理的看法亦有不同。有的过于强调"情",而忽视对"情"进行适度节制,从而导致放浪形骸,不拘礼制,最终陷入欲望之境。有的过于强调"理",主张节制情,这本无可厚非,但走到极端,往往将"理"设置为一种理想的道德规范,不顾现实与理想的差距,从而导致不近人情,"理"近乎"刑",最终以强制的道德律令杀人[③]。儒家在

---

[①] 吴光主编《刘宗周全集》第3册,何俊点校,吴光、钟彩钧审校,浙江古籍出版社,2012,第424页。
[②] 蒙培元:《情感与理性》,中国社会科学出版社,2002,第156页。
[③] 牟宗鉴先生指出,事实上情与理也必须统一,纵情而不顺理,人情流于放逸;从理而不近情,事理变得残忍。远人情的"理"相当可怕,其酷烈甚于刑法。参见《儒家价值的新探索》,齐鲁书社,2001,第27页。

情理关系上的发展给现代人的道德践履带来重要启示。从现实角度来看，在各种道德实践活动中，我们绝不能排斥情感，不能将道德的作用与功能过分夸大，亦不能将法律道德化。考究道德的基础，我们认为，情感始终是一个十分重要的因素，当然这里所说的情感绝非个体私情，而是一种普遍的情感，建立在这种普遍情感基础上的道德才有可能真正在社会实践中发挥其功能。

## 第二节　道家的情感哲学

道家哲学对情感也十分重视，但道家的情感哲学显然与儒家的情感哲学有较大的区别。徐复观先生曾辨析了《庄子》中的"情"字，大致分为三类：第一类是情实之情，第二类与性字一样，第三类包括一般所说的情欲之情[①]。其实这三层含义正好体现了道家在情感哲学上的重要特征。"情"作为"真""实"解时，表达的是真情说，道家倡导真情说，反对将各种人为设置的仁义礼智等带有道德属性的范畴掺杂到人性中去；"情"作"性"解，道家并没有严格区分性情，性情相通，性情如一。情在道家哲学中亦有情欲的含义，这一层含义的情是道家明确反对的，道家主张无情说，即针对是非等欲望而言。

### 一　真情说

道家诸子基本上无意于对情作善与不善、恶与不恶、美与不美的道德判断，战国中后期，人性论成为一个重要话题，然而道家在这方面似乎保持一种超脱，即不主张性善或性恶，张岱年先生将道家的人性论称之为"超善恶论"[②]。但道家对人性仍然有其看法，他们批判儒家的人性论，尤其反对将仁义看作人性的固有内容，与孟子性善论正好对立。老子极少言性，"性"字在《道德经》中不曾一见，大概孔老时期人性论还没有成为重要的话题。但到了战国中期，人性论成为一个核心议题，《庄子》一书多处谈论人性问题。外篇还有《缮性》一篇。但道家谈人性论有一个重要的特点，就是"性"字使用较少，而"德"字使用较多。道家所认为"性"

---

[①] 徐复观：《中国人性论史（先秦篇）》，上海三联书店，2001，第329页。
[②] 张岱年：《中国哲学大纲》，中国社会科学出版社，2004，第194页。

者，是自然朴素的，乃所谓"德"之显见。宇宙本根是道，人物所得于道以生者是德，既生而德之表见于形体者为性①。徐复观先生亦认为，内篇的德字，实际便是性字②。既然人生而具有的内在之"德"就是性，那么人的各种形体相貌都是天所赋予，无不正常，但仁义是否天赋呢？在《骈拇》篇中，庄子进行了深刻的反思：

> 骈拇枝指出乎性哉，而侈于德；附赘县疣出乎形哉，而侈于性；多方乎仁义而用之者，列于五藏哉，而非道德之正也。是故骈于足者，连无用之肉也；枝于手者，树无用之指也；多方骈枝于五藏之情者，淫僻于仁义之行，而多方于聪明之用也。

骈拇和枝指在通常人看来都是不正常的，不是人性天生所固有的，庄子借用俗世的这种观点，进一步批判仁义，那些主张仁义是人之本性者，与俗世看待骈拇和枝指一样，其实都是将无用之肉、无用之指添加到人性中，仁义是人的本性吗？庄子提出了尖锐的批评：

> 意仁义其非人情乎！彼仁人何其多忧也。且夫骈于拇者，决之则泣；枝于手者，龁之则啼。二者或有余于数，或不足于数，其于忧一也。今世之仁人，蒿目而忧世之患；不仁之人，决性命之情而饕贵富。故意仁义其非人情乎！自三代以下者，天下何其嚣嚣也。（《庄子·骈拇》）

骈拇和枝指如果人为分开，则必然带来巨大的痛苦，而与庄子同时的仁人——主要是儒家学者，其对天下人性状态，就如同要断弃骈拇和枝指一样忧虑，而那些不仁之人则放弃其生命本真之情，而浸淫于物欲之中。庄子在这里提出了"性命之情"的观念，这里的性命之情是什么意思？张岱年先生认为，人之本性，道家亦名之曰"性命之情"。情者真实之义，性命之情即性命之真。其中不含仁义，亦不含情欲③。道家的真情说体现了情与真的统一，性命之情表明这种情是人的生命天生所具备的，而非人为添加所成。

---

① 张岱年：《中国哲学大纲》，中国社会科学出版社，2004，第194页。
② 徐复观：《中国人性论史（先秦篇）》，上海三联书店，2001，第331页。
③ 张岱年：《中国哲学大纲》，中国社会科学出版社，2004，第194页。

在《天道》篇，庄子设计了孔子与老子对话，探讨仁义问题：

> 老聃曰："请问，仁义，人之性邪？"孔子曰："然。君子不仁则不成，不义则不生。仁义，真人之性也，又将奚为矣？"老聃曰："请问，何谓仁义？"孔子曰："中心物恺，兼爱无私，此仁义之情也。"老聃曰："意，幾乎后言！夫兼爱，不亦迂乎！无私焉，乃私也。夫子若欲使天下无失其牧乎？则天地固有常矣，日月固有明矣，星辰固有列矣，禽兽固有群矣，树木固有立矣。夫子亦放德而行，循道而趋，已至矣；又何偈偈乎揭仁义，若击鼓而求亡子焉？意，夫子乱人之性也！"

老子主张"大道废，有仁义"，仁义乃起于大道废弛。在这篇对话中，孔子所主张的仁义为兼爱无私，而在老子看来，这种标榜名号上的仁义其实正是一种"私"，扰乱了事物自身固有的本性，而以人为的方式去改变天地万物以及人类的本性，因此以仁义来晓谕天下，只会导致天下纷争不已。仁义是乱人之性，而非人之本性。

总之，庄子多将"性命"与"情"并提，所谓"任性命之情"，"安性命之情"都是指性命之真，庄学派所谓"贵真"亦指人情之真。由此可见"真"这一观念在庄子哲学中与人性、情感的主题紧密相关。"真"字在《庄子》书中出现多次，已经正式成为一个具有重要意义的哲学观念。从字源上看，甲骨文中已经出现了"真"字。《说文解字》曰："真，仙人变形而登天也。"段玉裁注："此真之本义也。"从字形上看这种解释大致不错，但我还是有点怀疑：甲骨文中出现的这个字难道就已经包含仙人变形升天的观念？事实上我们很难进一步考证，因为除《老子》外，《庄子》之前的很多经典《易》《诗经》《尚书》《论语》《左传》以及与庄子基本同时的《孟子》中都没有出现"真"字，这确实是一个很值得注意的现象。段玉裁所言"经典但言诚实，无言真实者。诸子百家乃有真字耳，然其字古矣""引申为真诚""多取充实之意"大致不错，但从甲骨文到诸子学的演变过程中，"真"这个观念具体发生了哪些改变不得而知。

通常"真"给人的第一印象就是与"伪"相对立。其实"真""伪"对立的观念究竟形成于何时很难定论。我们认为在"真"出现的初期，它并不表示一个与"伪"相对应的观念。而只有在《老子》提出"道"的观念后，"真"与"伪"相对应。《老子》中的"真"主要有以下三处：

## 第二章  儒道情感哲学的义理诠释

> 道之为物，惟恍惟惚。惚兮恍兮，其中有象；恍兮惚兮，其中有物。窈兮冥兮，其中有精；其精甚真，其中有信。(《道德经》第二十一章)
>
> 质真若渝。(《道德经》第四十一章)
>
> 修之于身，其德乃真。(《道德经》第五十四章)

这里的"真"都只表示一种对实存之性状、来源的描摹与肯定①。正是由于设定了一个"道"，"真"才显示出意义，即凡是根源于道的性状或实存即为"真"。换言之，"真"本身并不是一个实体性存在，而是对实体或性状之根源、价值所作的判定。正是由于"真"的这种判断性评价功能，故常常作形容词，与其他词结合构成合成词，表达根源性、本然性的观念，如"真人""真性""真知"等，其中又以"真人"出现次数最多，达18次。当然也有单独出现的名词性的"真"，如"贵真"。不过这个名词性的"真"本身并非表示实体性的存在，而是指代各种根源于"道"的性状、实体，如"德""性""性命之情""身"等②。关于这个"真"，《渔父》中有重要的论述：

> 真者，精诚之至也。不精不诚，不能动人。故强哭者，虽悲不哀，强怒者，虽严不威，强亲者，虽笑不和。真悲无声而哀，真怒未发而威，真亲未笑而和。真在内者，神动于外，是所以贵真也。其用于人理也，事亲则慈孝，事君则忠贞，饮酒则欢乐，处丧则悲哀。忠贞以功为主，饮酒以乐为主，处丧以哀为主，事亲以适为主。功成之美，无一其迹矣；事亲以适，不论所以矣；饮酒以乐，不选其具矣；处丧以哀，无问其礼矣。礼者，世俗之所为也；真者，所以受于天也，自然不可易也。故圣人法天贵真，不拘于俗。愚者反此。不能法天而恤于人，不知贵真，禄禄而受变于俗，故不足。惜哉，子之蚤湛于人伪而晚闻大道也！

---

① 陈静认为《老子》中的"真"有二层含义：其一是断定物之实在为"真"；其二是肯定质之淳朴为"真"。参见《自由与秩序的困惑：〈淮南子〉研究》，云南人民出版社，2004，第252页。

② 钱穆认为："庄周乃本此见解（指独化）而落实及于人生界，其由天言之则曰道，其由人言之则曰神，其由确有诸己而言之则曰德。此三者，皆可谓之真。"参见《庄老通辨》，生活·读书·新知三联书店，2005，第155页。

"真"这一观念代表着生命的本源存在状态,"真"根源于"道",所谓"精诚之至"也不过是对来源于"道"之性状的描述,也是对"真"的诠释。强哭、强怒、强亲都不自然,因为不是人对本性的呈现,不是自然。反之,如果哭、怒、亲等情感源于本真之道,无任何的伪饰与雕琢,那么必然达到真正的哀、威、和。世俗的各种活动都乖离了"道",也就"不真",而纯然不杂的性情之流露是不必拘泥于任何外在的世俗之礼乐制度,即无迹,亦不留迹。从来源上看,"真"禀受自"道",凡真性、真德、真情皆自然而成,不可改变。这里的"自然"强调"真"的根源性,即根源性自然,亦即自然本性。"道"的敞开与呈现就是"真",换言之,天地万物等一切生命存在的绽放、延续、持存就是"真"。在《马蹄》篇中,庄子批判了世俗社会对"真"的矫正:

> 马,蹄可以践霜雪,毛可以御风寒,龁草饮水,翘足而陆,此马之真性也。虽有义台路寝,无所用之。及至伯乐,曰:"我善治马。"烧之,剔之,刻之,雒之。连之以羁絷,编之以皂栈,马之死者十二三矣;饥之,渴之,驰之,骤之,整之齐之,前有橛饰之患,而后有鞭筴之威,而马之死者已过半矣!

马有其真性,即自然本性,这种本性就在马的存续状态中。如人为地加以改造,则马之真性就会丧失,世俗社会的弊端就在于完全以人的需求为核心,忽视物之真性。然而庄子这个寓言的目的并非在于说马,而是以马为喻,其真实的意蕴在于说明人被制度奴役化后,个体自我精神丧失,不能自觉地保持源于道的自然本性。圣人能保持"真",实际上就是保持个体的独立性与自我意识。在《庄子》中,"圣人"一词出现频率最高,然后是"至人",紧接着就是"真人"。"真人"和上文所说的"圣人""神人""至人"一样,都是强调保守住内在的、源于道的"性""德",而"真人"与此相同,"真"涵盖了"德""性"等根源于"道"的性状,凡保有这种"真"则属于"真人"。真人也和至人、神人一样,"登高不栗,入水不濡,入火不热","不知说生,不知恶死"。

综上所述,建基于"道"这个根源性的观念之上,是一切事物之本性的来源,即自然本性。道家的真情说旨在强调人性真实呈现,情感的真实流露,反对各种虚伪的、矫情的状态。早期道家对"真"这个观念的发掘直接促成了道家在情感哲学上主张真情论，真情论对后世影响深远，尤其是在明清之际，阳明后学的泰州学派多倡导自然人性论，如王襞的自然人性论，主张"真情说"，不能说与道家没有关系。

## 二 无情说

如前文所述，道家的情在某些情境中指情欲、是非等情感，那么这种是非之情、欲望之情是道家所反对的。这一点集中体现在庄子与惠施关于有情无情的对话中。

> 惠子谓庄子曰："人故无情乎？"庄子曰："然。"惠子曰："人而无情，何以谓之人？"庄子曰："道与之貌，天与之形，恶得不谓之人？"惠子曰："既谓之人，恶得无情？"庄子曰："是非吾所谓情也。吾所谓无情者，言人之不以好恶内伤其身，常因自然而不益生也。"惠子曰："不益生，何以有其身？"庄子曰："道与之貌，天与之形，无以好恶内伤其身。今子外乎子之神，劳乎子之精，倚树而吟，据槁梧而瞑。天选子之形，子以坚白鸣。"（《庄子·德充符》）

惠施认为人必有情，他对"情"的理解大致指人的各种情感，当然也可能包括各种情欲、情志、意念等，惠施认为如果不将这些包含在内，则不能称之为"人"。这是纯粹从实然的角度来界定人，人必然有一定的情感情欲。而庄子并不否认人有各种真实情感，所以庄惠对话一开始就存在分歧，即对"情"的界定明显不同。庄子所认定的"情"乃是非之情，好恶之情，情欲之情，这种"情"只会伤身损性，是应该排斥的，因为这不是人内在本性所包含的内容。人的完整界定是精神灵魂的超越与独立，而各种形体相貌等都不是整齐划一的，形体相貌受之于天、道，与万物相比，这一点本质上是相通的。因为人能够拥有独立的精神，超越物我对待，不以俗世的各种是非之情、情欲来损害这个超绝的精神，故庄子主张"常因自然而不益生"，即顺从天与道所赋予之生命，不积极地增益生命本真之外的东西于其上。而惠施仍然不解庄子之情，认为不增益则无法保全己身，始终认为情感是肉身必须具备的，而庄子则指出惠施沉浸于是非坚白之辩中不知返，已经因为情欲而损害了生命。

> 且夫失性有五：一曰五色乱目，使目不明；二曰五声乱耳，使耳不聪；三曰五臭熏鼻，困惾中颡；四曰五味浊口，使口厉爽；五曰趣舍滑心，使性飞扬。此五者，皆生之害也。而杨、墨乃始离跂自以为得，非吾所谓得也。（《庄子·天地》）

"失性"亦即因为各种情欲而损伤了本性，老子曰："五色令人目盲；五音令人耳聋；五味令人口爽；驰骋畋猎，令人心发狂；难得之货，令人行妨。"（《道德经》第十二章）庄子所说的损性伤身的五者正是对老子这一思想的发挥，满足一己之私欲，在各种感性生活中寻求刺激，在杨墨看来则是全生，而庄子批判为损性，不是真正的"得"——"德"。由此可知，以老子、庄子为中心的道家，根本不曾有任情纵欲的思想①。

道家的无情，应该从三个方面来理解：其一，无情是指摒弃各种私情、情欲，因为道家认为情欲的追逐只会伤害人的本性，使人迷失。庄子惠施关于无情的对话正是在这一语境中展开的。故道家的无情排斥情欲，无情即是无情欲。其二，无情是指没有私情，恰好彰显了道家的至公之情。老子的"圣人不仁以百姓为刍狗"即是这一观念的表达。圣人不偏私于任何一个人或群体，对宇宙万物有一种普遍之情。由此可知，无情反对私情，是至公之情。这种至公之情在庄子那里往往又表现为对现实的冷漠与超脱，庄子哲学中的"消极是对现实的冷漠之情"②，庄子的"无情"大概也体现在这里。其三，无情不是绝对没有感情，或摒弃、压抑任何情感，相反，无情的内涵之义是推崇真实情感，但真实情感的流露最终也建立在宇宙万物一体的基础上，由此达到上述第二层次的无情。故道家的无情恰好彰显了人的真情。最好的例证便是庄子妻死鼓盆而歌。

> 庄子妻死，惠子吊之，庄子则方箕踞鼓盆而歌。惠子曰："与人居，长子老身，死不哭亦足矣，又鼓盆而歌，不亦甚乎！"庄子曰："不然。是其始死也，我独何能无概！然察其始而本无生，非徒无生也而本无形；非徒无形也，而本无气。杂乎芒芴之间，变而有气，气变而有形，形变而有生，今又变而之死，是相与为春秋冬夏四时行也。人且偃然寝

---

① 徐复观：《中国人性论史（先秦篇）》，上海三联书店，2001，第330页。
② 刘笑敢：《庄子哲学及其演变》，中国人民大学出版社，2010，第193页。

于巨室，而我嗷嗷然随而哭之，自以为不通乎命，故止也。"（《庄子·至乐》）

通常我们只看到庄子的鼓盆而歌，为其气概和超迈折服，却忽视了庄子的"我独何能无概"之说。其实庄子仍然有很真实的情感，妻子死时，他首先是哭，这才是真实的庄子，是活生生的作为人的庄子，而不是作为神人的庄子。换言之，"嗷嗷而哭者，人之常情也；止而不哭，则通乎性命之情也；鼓盆而歌者，达乎天地人我生死之情也。在惠施看来，庄子无义无情，其实庄子非无情；他是从生喜死惧的人之常情的'小情'跃升到了与宇宙乾坤同其悠久的宇宙'大情'、'至情'。"① 但庄子这种至真的情感流露并没有一泻千里，不可收拾，而是最终入于"理"②，可以说是"以情入理"，知"得"是"时"，"失"是"顺"，一切人事变化都是"命之行"，即知其为理之必然，于是不动于情，而哀乐不入③。道家的无情说不能偏离这三个层次，否则将导致绝对无情说，反而误解了道家的无情。这一点在魏晋时期曾体现得十分明显。

道家的"无情说"在魏晋时期曾一度兴盛，围绕着"圣人无情"曾展开了辩论。何晏主张"无情说"，据何劭作《王弼传》记载：

何晏以为圣人无喜怒哀乐其论甚精。钟会等述之。弼与不同，以为圣人茂于人者，神明也。同于人者，五情也。神明茂，故能体冲和以通无；五情同，故不能无哀乐以应物，然则圣人之情，应物而无累于物者也。今以其无累，便谓不复应物，失之多矣④。

"圣人无喜怒哀乐"其实就是玄学家们所宣扬的"圣人无情"，这一主张在当时得到了普遍的赞同。圣人是否真的无情？玄学家们的基本理路是不否定儒家圣人的至高无上的地位，但又把儒家圣人道家化，以道家的思想改造儒家圣人的品格。何晏把圣人理解为"体无"或"无情"，就是这一理论

---

① 朱哲：《先秦道家哲学研究》，上海人民出版社，2000，第195页。
② 从这个角度来看，学界曾有庄子近儒之说，不无道理。只是庄子之理非外在礼乐制度之规范，而是源自对宇宙万物之本体的领悟与通达。
③ 张岱年：《中国哲学大纲》，中国社会科学出版社，2004，第473页。
④ 《三国志》第28卷，裴松之注，中华书局编辑部点校，中华书局，1982，第795页。

倾向的表现①。但何晏对道家之无情说的理解显然还停留在文字表面②，未能如王弼深刻。王弼毫无疑问对道家哲学有着更为深刻的了解，道家的无情说并非绝对的无情。王弼认为，圣人与众人不同之处在于神明，也就是在于精神层面，至于情感方面，与众人并无不同。精神超绝众人，故能体悟本体之无，而在情感经验层面来看，圣人也有喜怒哀乐之情，也要应于外物。但圣人之情在于不累于外物，不执著于外物，从这个角度来看，圣人确实可以说是无情。何晏王弼在圣人有情无情问题上的争辩其实恰好反映了魏晋时期的哲学主题：有无之辨，可是问题在于，王弼主张"圣人体无"，以本无立论，按理说更应该主张何晏的"圣人无情"说。为何会反对"圣人无情"呢？这一点正如汤用彤先生所说：

  何晏对于体用之关系未能如王弼所体会之亲切，何氏似犹未脱汉代之宇宙论，未有本无分为两橛，故动静亦遂对立……平叔言圣人无情，废动言静，大乘体用一如之理，辅嗣所论天道人事以及性情契合一贯，自较平叔为精密。③

  由此，我们似乎可以得出结论，王弼并非简单地主张"圣人有情"④，实质是主张圣人"有情而无情"⑤。有情是有真实的情感，即五情皆备，无情是指不因情欲而扰乱神明，保持超然物外，不累于物。"无累之本在乎循理，循理在乎智慧之朗照。"⑥ 这与何晏只主张圣人绝对的无情说不同。王弼的观点十分接近于程明道的"圣人之常，以其情顺万事而无情"⑦，表明

---

① 高晨阳：《儒道会通与正始玄学》，齐鲁书社，2000，第175页。
② 张岱年先生认为"何晏等之说，即庄子思想，以无情为修养最高境界"。其实庄子以及整个道家的无情说并非绝对排斥感情，而是情调真情，只看到庄子的无情说，却不理解无情说的具体内涵，恐不符合庄子思想。参见《中国哲学大纲》，中国社会科学出版社，2004，第473页。
③ 《汤用彤全集》第4卷，河北人民出版社，2000，第71页。
④ 何善蒙认为王弼主张"圣人有情"，我们认为这只是研究者的概括，不是王弼的原话，因此只讲圣人有情，显然缺乏文本根据。详见《魏晋情论》，光明日报出版社，2007，第93~94页。
⑤ 这一点张岱年先生实最先窥透，儒家注重情之发而中节，道家主无情，王弼之说则是讲有情而不累于情，亦即是有情而无情。参见《中国哲学大纲》，中国社会科学出版社，2004，第474页。
⑥ 《汤用彤全集》第4卷，河北人民出版社，2000，第68页。
⑦ 《河南程氏遗书》第2卷，中华书局，1981，第460页。

道家无情说的真实意蕴对儒家性情说有重要影响。

嵇康是另一位持无情论者，据《世说新语》记载："王戎云：'与嵇康居二十年，未尝见其喜愠之色。'"① 但嵇康所说的无情是无私情，据《晋书·嵇康传》记载，嵇康主张君子无私：

> 夫称君子者，心不措乎是非，而行不违乎道者也。何以言之？夫气静神虚者，心不存于矜尚；体亮心达者，情不系于所欲。矜尚不存乎心，故能越名教而任自然；情不系于所欲，故能审贵贱而通物情。物情顺通，故大道无违；越名任心，故是非无措也。是故言君子则以无措为主，以通物为美。言小人则以匿情为非，以违道为阙。何者？匿情矜吝，小人之至恶，虚心无措，君子之笃行也。是以大道言"及吾无身，吾又何患"。无以生为贵者，是贤于贵生也。由斯而言，夫至人之用心，固不存有措矣。故曰："君子行道，忘其为身。"斯言是矣，君子之行贤也，不察于有度而后行也；任心无邪，不议于善，而后正也；显情无措，不论于是，而后为也。是故傲然忘贤，而贤与度会；忽然任心，而心与善遇；傥然无措，而事与是俱也。

君子无私，即无私情。无私情即"情不系于所欲"，由此亦可知，道家其实并不赞同放纵情欲，而是主张尊重人的自然之性情，反对人性为外物所累，心不为是非所乱，行不违大道。有私情往往是因为有己身，故老子曰"及吾无身，吾又何患"。嵇康认为，君子之行，没有为自身考虑，故能无私情，从而可以任心而为，彰显真实的性情，并最终实现事实与价值的统一，即"贤与度会""心与善遇""事与是俱"。阮籍也是一位不以礼制范围情感的人，常人以之为无情，而其实乃是真情。《晋书·阮籍传》记载：

> 性至孝。母终，正与人围棋，对者求止，籍留与决赌。既而饮酒二斗，举声一号，吐血数升。及将葬，食一蒸肫，饮二斗酒，然后临诀，直言："穷矣！"举声一号，因又吐血数升。毁瘠骨立，殆致灭性。裴楷往吊之，籍散发箕踞，醉而直视，楷吊唁毕便去……喜弟康闻之，乃赍酒挟琴造焉，籍大悦，乃见青眼。

---

① 余嘉锡：《世说新语笺疏》，周祖谟、余淑宜整理，中华书局，1983，第18页。

阮籍生性至孝，其母亲过世，他内心之悲痛显然可见，然他不拘礼法，不以外露之情感为事，及至饮酒而号，则吐血数升，这无疑是真情的体现。众人来吊唁，他以白眼相待，而唯独嵇康携酒挟琴而来，则以青眼相待。与庄子的鼓盆而歌相类。

郭象注《庄子》，对庄子的无情论有精彩的阐述：

> 以是非为情，则无是无非无好无恶者，虽有形貌，直是人耳，情将安寄！……而云天选，明夫情者非情之所生，而况他哉！故虽万物万形，云为趣舍，皆在无情中来，又何用情于其间哉①！

"是非吾所谓情也"，郭象断句为"是非，吾所谓情也"。王先谦否定郭象的断句②。断句姑且不论，郭象显然将惠施所说的"情"解读为是非好恶之情，这一点并没有错，而"无情"恰是摒弃这种是非好恶之情。郭象认为"圣人无情"是指没有常人的是非之情，不为物累，即"鉴物而无情"③，"至淡者，无交物之情"④。但郭象也绝不是将"无情"绝对化，在《至乐》篇中，郭象谈及无情与有情的关系问题：

> 斯皆先示有情，然后寻至理以遣之。若云我本无情，故能无忧，则夫有情者，遂自绝于远旷之域，而迷困于忧乐之境矣⑤。

郭象认为不能直接说"无情"，直接讲无情很容易造成圣人与众人之间的鸿沟，众人反而会觉得无情之说过于微妙，难以企及，因而沉浸于各种俗世情欲之中。毕竟众人都是有情者，因此，与庄子一样，郭象也尝试通过有情进而升至"理"的层面，以理遣情，才能真正洞明"无情"的真意。郭象的做法"无非是为从'有情'向'无情'的复归留下可能"⑥。

总之，道家的无情说显然不是字面上的含义，无情不是绝情，无情是

---

① 郭庆藩：《庄子集释》第 2 卷（下），王孝鱼点校，中华书局，2012，第 222~223 页。
② 王先谦：《庄子集解》第 2 卷（下），沈啸寰点校，中华书局，1987，第 54 页。
③ 郭庆藩：《庄子集释》第 3 卷（下），王孝鱼点校，中华书局，2012，第 309 页。
④ 郭庆藩：《庄子集释》第 6 卷（上），王孝鱼点校，中华书局，2012，第 543 页。
⑤ 郭庆藩：《庄子集释》第 6 卷（下），王孝鱼点校，中华书局，2012，第 617 页。
⑥ 杨立华：《郭象〈庄子注〉研究》，北京大学出版社，2010，第 141 页。

无私情、无狭隘的是非好恶之情，因为这种情对人的性命、对人的身体损害很大，道家正是出于重视生命、珍视生命，从而反对各种情欲的侵害。究其真实意蕴，无情不是完全没有情感，不是冷漠，而是顺从自然的生命演进，忘却死生，与万物同体，不累于外物，从而达到天人合一的境界。这是圣人的"情顺万物而无情"的境界，绝非冷漠无情的状态。最后，借用鲁迅先生的一首诗来说就是，"无情未必真豪杰，怜子如何不丈夫"。实乃得道家无情说之真谛。

## 三 性情一如

早期儒家也没有严格区分性情，性情的区别与儒家道德形上学的发展紧密相关。而道家在性情关系上大体主张性情一如，并没有严格区分性情。庄子哲学中性、情两个概念同时使用，并且庄子创造了性命之情这个概念。因为庄子的性情论建立在其本根之道的基础上，万物无不通为一，因此在此基础上，人性物性相通。

> 泰初有无，无有无名；一之所起，有一而未形。物得以生，谓之德；未形者有分，且然无间谓之命；留动而生物，物成生理，谓之形；形体保神，各有仪则，谓之性。性修反德，德至同于初。（《庄子·天地》）

宇宙本源于道，即"一"，但这个整体的一并没有具体的形态。万物有形，得一以生，"德"即秉承自"一"，亦即"道"。物具有一定的形态，有一定的仪则，这种仪则是内在之"德"的显现，因此万物之"性"本源自"德"，修性返德，是说保持事物自身的本性，通过本性而回归到"德"的状态，近于"德"也就近于"道"，即同于泰初状态。"性修反德"意味着返回本源之性，《天地》篇还指出："致命尽情，天地乐而万事销亡，万物复情，此之谓混溟。"万物复情的说法与性修反德保持了一致，返归于万物的本性，也就是达到未分化的混沌状态，也即泰初的状态。由此可知，庄子明显将性与情视为统一的。

"性命之情"是庄子最先使用的概念，在《庄子》中一共使用了9次之多。这里的"情"通常解为"真"，"性命之情"即"性命之真"，强调发自生命本真的情感，实际上在整个《庄子》文本中，内篇无"性"字，而

"情"字虽然使用了多达60余次,但真正作为情感意义使用的并不很多,仅10余次而已。这种现象一方面表明庄子并没有严格将情与性作为人的情感生发过程中的不同阶段或部分,另一方面表明将"情"解释为"真""实",正体现了道家的真情论。

道家的性情一如观点直接被魏晋玄学所继承,上文论及的王弼,对性情关系亦有深入看法,其思想主要受道家影响,以自然说人性,主张顺性、返性:

> 夫耳目口心,皆顺其性也,不以顺性命,反以伤自然,故曰盲聋爽狂也①。
>
> 物皆不敢妄,然后万物乃得各全其性,对时育物,莫盛于斯也②。

以自然为人之本性,反对违自然的做法,王弼似乎预设了人性按照本来状态的发展是理想的,而不顺性命,反而损性。但王弼似乎对性与情的区分并没有持一种十分积极的态度,尽管从已有的文献来看,有几处涉及性与情的关系:

> 静专动直,不失大和,岂非正性命之情者邪③?
> 不性其情,何能久行其正?是故始而宗者,必乾元也。利而正者,比性情也④。

"性命之情"这个概念显然是庄子最先使用的,王弼注释《老子》多处使用了庄子哲学中的观念,这个观念显然体现了性情一体,而不是严格意义上的区分性与情。有学者指出,王弼的"性命之情"是指"天的自然本

---

① 王弼:《老子道德经注》,载《王弼集校释》,楼宇烈校释,中华书局,1980,第28页。
② 《王弼集校释》,楼宇烈校释,中华书局,1980,第346页。
③ 《王弼集校释》,楼宇烈校释,中华书局,1980,第213页。
④ 《王弼集校释》,楼宇烈校释,中华书局,1980,第217页。皇侃在《论语疏》中引用了王弼的一段话,后世存有争议:"不性其情,焉能久行其正,此是情之正也。若心好流荡失真,此是情之邪也。若以情近性,故云性其情。情近性者,何妨是有欲?若逐欲迁,故云远也;若欲而不迁,故曰近,而即性非正;虽即性非正,而能使之正。"学界针对这一段话的真正作者进行了辨析,今采纳王保玹、王晓毅等人的观点,详见王保玹《正始玄学》,齐鲁书社,1988,第387页。王晓毅:《王弼评传》,南京大学出版社,1996,第322~323页。

性"，天之情不失天之性，才是天之真情①。"性其情"的说法是王弼的创造，从以上材料可以看出，"性其情"意味着以"性"通"情"，"情"接近"性"，不乖离"性"，如果情能够真实地体现"性"，则性情一如，自然之性得以呈现。在王弼哲学中，"就万物一体的观念而言，性情亦是一体的，其所以能一体的依据则在于自然"。"自然是性、情产生的依据，也是性、情统一的根据。因此，性、情是一体的，性、情即自然。"②

阮籍是魏晋时期思想比较复杂的一位学者，他可以说是一位儒家学者，早期著作充满了儒家色彩，但同时他亦深受老庄思想影响，其思想发生了由儒入道的过程。他的早期性情论受儒家思想影响，尤其是汉代儒家对性情思想的见解。

> 阴阳性生，性固有刚柔；刚柔情生，情固有爱恶。爱恶生得失，得失生悔吝，悔吝著而吉凶见。八卦居方以正性，蓍龟圆通以索情。情性交而利害出，故立仁义以定性，取蓍龟以制情③。

这一段材料表明阮籍的性情论主要受传统儒家思想的影响，以阴阳刚柔来分性情，将性与情视为不同属性的产物，主张"性内情外"，"定性制情"，这与汉代儒家董仲舒等人所主张的性情论极为相似。但阮籍后期思想显然发生了重要转变，其性情论主要还有受道家思想影响的一面，主张性情一体：

> 天地生于自然，万物生于天地。自然者无外，故天地名焉；天地者有内，故万物生焉。当其无外，谁谓异乎？当其有内，谁谓殊乎？……男女同位，山泽通气，雷风不相射，水火不相薄。天地合其德，日月顺其光，自然一体，则万物经常，入谓之幽，出谓之章，一气盛衰，变化而不伤。是以重阴雷电，非异出也；天地日月，非殊物也。故曰：自其异者视之，则肝胆楚越也；自其同者视之，则万物一体也④。

---

① 王晓毅：《王弼评传》，南京大学出版社，1996，第325页。
② 何善蒙：《魏晋情论》，光明日报出版社，2007，第72页。
③ 《阮籍集校注》（上），陈伯君校注，中华书局，2012，第130~131页。
④ 《阮籍集校注》（上），陈伯君校注，中华书局，2012，第139页。

这一思想显然是对庄子哲学的解读,体现了道家万物一体的思想,在此基础上,人作为万物之一,显然与万物同体:

> 人生天地之中,体自然之形。身者,阴阳之精气也。性者,五行之正性也;情者,游魂之变欲也;神者,天地之所以驭者也①。

这里的身、性、情、神因各自所受不同而在名称上有区别,但究其实质而言,都是属于自然,源于自然,并且体现了自然的属性②。由此亦可知,从来源来看,性情的根据都是自然。

嵇康显然是深受道家思想影响的魏晋士人,在人性论上,他继承了庄子的自然观念,以自然之性为理想状态,他说:

> 夫民之性,好安而恶危,好逸而恶劳,故不扰则其愿得,不逼则其志从③。
>
> 人性以从欲为欢……从欲则得自然……全性之本,不须犯情之礼律。故仁义务于礼伪,非养真之要术;廉让生于争夺,非自然之所出也④。
>
> 夫口之于甘苦,身之于痛痒,感物而动,应事而作,不须学而后能,不待借而后有,此必然之理,吾所不易也⑤。

第一则材料表明嵇康看到了人性中的情欲成分,将各种自然之情欲看作人性的基本内容,生来与俱,以道家无为的思想来尊重人性。第二则材料中,嵇康以满足情欲为欢愉,主张"全性之本"在于遵循自然之性,反对以各种"礼制律法"来规范人情。第三则材料中,嵇康认为自然之性其实是必然之理,不是人为可以改变的,这与庄子的"以情入理"思想基本一致。在性情关系上,他并没有严格区分性情,而是将"性情"合用,主张性情不分:

---

① 《阮籍集校注》(上),陈伯君校注,中华书局,2012,第141页。
② 何善蒙:《魏晋情论》,光明日报出版社,2007,第72页。
③ 《嵇康集校注》第7卷,戴明扬校注,中华书局,2014,第446页。
④ 《嵇康集校注》第7卷,戴明扬校注,中华书局,2014,第447页。
⑤ 《嵇康集校注》第7卷,戴明扬校注,中华书局,2014,第447页。

夫论理性情，析引异同，固〔当〕寻所受之终始，推气分之所由①。

性情之名虽异，但推求本源，"气"是性情之基础，在本源相同的基础之上，性情本始如一。

郭象注《庄子》，以自然为宗，其性情论主张性情合一。从"性"的形成来看，郭象以自然来界定：

天地者，万物之总名也。天地以万物为体，而万物必以自然为正②。

天地万物之本性以自然为正，自然意味着万物自己而然，非由外铄，故曰："率性直往者，自然也。"③"自然尔，故曰性。"④ 这些都是在探讨本性之来源。"情"也是《庄子注》中十分常见的一个观念，除了前文所说的情欲、情实意蕴外，"情"亦有"情感"的意蕴，这种情感也是源于自然。但"性"字在郭象那里实有不同的含义，其一是指事物自身的内在根据，也是事物有别于其他事物的个性，此即郭象所提出的"性分"观念，这里的性是指事物的内在根据，基本上与情不相关。其二是指性情，与情紧密相关，这个时候郭象往往性情不分，《庄子注》中常见"性情"或"情性"字样：

虽楚戮未加，而性情已困⑤。
斯矫其性情也⑥。
以情性为主也⑦。

这里的性情既不能说偏向于性，也不能说偏向于情，正因为道家主张性情合一，故"矫性"亦即"矫情"，也可以说成"矫性情"。由此可知，郭

---

① 《嵇康集校注》第6卷，戴明扬校注，中华书局，2014，第429页。
② 郭庆藩：《庄子集释》第1卷（上），王孝鱼点校，中华书局，2012，第20页。
③ 郭庆藩：《庄子集释》第3卷（上），王孝鱼点校，中华书局，2012，第281页。
④ 郭庆藩：《庄子集释》第7卷（上），王孝鱼点校，中华书局，2012，第694页。
⑤ 郭庆藩：《庄子集释》第2卷（上），王孝鱼点校，中华书局，2012，第128页。
⑥ 郭庆藩：《庄子集释》第5卷（上），王孝鱼点校，中华书局，2012，第427页。
⑦ 郭庆藩：《庄子集释》第5卷（中），王孝鱼点校，中华书局，2012，第488页。

象并没有十分严格区分性情,他既说"夫仁义自是人之情性"①,也说"夫仁义者,人之性也"②,这里"性"与"情性"意蕴相同。

综上所述,道家的情感理论实际上很丰富,而长期以来我们对道家情感理论有所忽视,或虽有关注,却失之简单化。道家奉行道为最高的哲学范畴,是天地万物之本源,万物均根源于大道,因而万物之本性亦内在地承接自大道。道的存在方式即是自然,故道家以自然为宗旨,主张万物各自顺其本性,畅发其情,故有真情说,性情一如等观点。但人类社会的形成过程往往是破坏事物本性的过程,道家出于对文明发展进程的反思,对人性的反省,主张摒弃各种损性伤身的情欲,因而有"无情说"。然无情绝非冷漠、杜绝一切情感,而是主张将情感归入自然变化之理,将人类的生命真正纳入宇宙万物的演进历程之中,从而实现个体精神的超越,不拘执于外物,从而实现"天地与我并生,万物与我为一"的理想境界。正确理解道家的无情说对于理解道家哲学的精神主旨十分重要,同时对于现代人的精神健康亦有重要促进作用。

---

① 郭庆藩:《庄子集释》第 4 卷(上),王孝鱼点校,中华书局,2012,第 318 页。
② 郭庆藩:《庄子集释》第 5 卷(下),王孝鱼点校,中华书局,2012,第 519 页。

# 第三章

## 儒道情感教育与情感实践

当你能够感觉你愿意感觉的东西，能够说出你所感觉到的东西的时候，这是非常幸福的时候。

——塔西佗

### 第一节　儒家的情感教育

人的情感不同于动物的情感，动物的情感完全发自本能，而人的情感则不仅仅是本能，更多的是长期社会化内容通过心理结构的呈现，远比动物式本能复杂。既然人的情感呈现有丰富的社会内容，因此我们可以说，人的情感需要教化，从而塑造与培育各种道德情感，以符合人类社会的发展要求。儒家对情感教育十分重视，早期儒家在情感教育方面，主要强调两种情感的培育，一是乐感教育，二是敬畏情感教育。

#### 一　乐感教育

"乐"是早期儒学十分重视的一种情感体验，也是通过修养达到的一种境界。在《论语》开篇，孔子就提出了"学而时习之，不亦说乎？有朋自远方来，不亦乐乎"，这里两种喜悦与欢愉体验都是属于"乐"[1]，一是学习之乐，二是君子交往之乐。但两种精神愉悦的体验还是有差别，正如李泽厚所说，"悦"是关乎一己本人的实践，而"乐"则是人世间也就是所谓"主体间性"的关系情感[2]。学习可以给人带来快乐的享受，与朋友的交往亦可

---

[1] 蒙培元先生认为，乐的体验不是作为情感中之一种的乐，比如喜怒哀乐之乐，而是整个人生的快乐，取代了人生的幸福。参见《情感与理性》，中国社会科学出版社，2002，第343页。

[2] 李泽厚：《论语今读》，安徽文艺出版社，1998，第28页。

带来欢愉的心情，对于未知的东西并不感到郁郁寡欢。孔子的"乐"是现世的，是人间的，是主体通过情感经验可以达到的一种状态。正如梁漱溟先生所说，"乐为孔子生活当中最显著之态度"①。孔子之后，传统儒家一直倡导"乐"，并且主张通过"乐"的体验来培养人的道德情感。乐感教育是儒家情感教育中极为重要的组成部分。《论语泰伯》曰："兴于诗，立于礼，成于乐。"这可以看作儒家对一套完整教育过程的高度概括，诗歌是表达情感的最为凝练的文学方式，直抒胸臆，但诗歌表达情感又是有"度"的，《论语·八佾》曰："《关雎》乐而不淫，哀而不伤。"《关雎》是一篇讲男女相恋的诗歌，但这种诗歌并没有导致情感泛滥，所谓"乐而不淫，哀而不伤"是说有愉悦但不会过度从而导致荒淫，有悲伤但不至于伤身，这与《礼记》中的"毁不灭性"的说法一致，也和孔子对诗经的整体评价一致，孔子曰："《诗》三百，一言以蔽之，曰：'思无邪。'"《诗经》都是纯正情感的表达。由此可知，早期儒家倡导的完整教育中必须有"立于礼"的环节，而正如前文所述，礼本就是建立在情感之上，礼代表着情感的适度发挥，儒家教育的归宿在于实现完整的人格，因此最终是"成于乐"。

学界对儒家"乐"的情感有较深入的分析，梁漱溟先生曾将乐分为三种：一是与苦相待之乐；二是系于环境者相对之乐；三是不系于环境的绝对之乐。② 蒙培元先生将乐区分为四种类型：仁者之乐，礼乐之乐，本体之乐，性情之乐③。这些分法都有一定道理，儒家所谓的"乐"确实有广义狭义之分，狭义的乐是指各种具体情境中的精神愉悦，如"学而时习之，不亦说乎"，这种快乐是学习之乐。也就是梁漱溟先生所说的"系于具体环境的相对之乐"。另外就是道德之乐，个体在道德上的快乐，又如蒙培元先生所说的仁者之乐，礼乐之乐，性情之乐，这些都是在道德领域中的乐。如果参照冯友兰关于人生境界的说法，我们大致可以看出，儒家之乐亦有类似的境界。自然与功利层面的乐多不被儒家所重视，儒家首先倡导的是道德之乐，尤其是孟子，认为"任何乐的体验，都要以道德情感、道德意志为基础，否则将是没有价值意义的"④。而在《论语》中，孔子也多次谈及道德之乐，其中有两处十分重要，被后世儒学概括为"孔颜乐处"。

---

① 《梁漱溟先生讲孔孟》，李渊庭、阎秉华整理，商务印书馆，2011，第22页。
② 梁漱溟：《梁漱溟先生讲孔孟》，李渊庭、阎秉华整理，商务印书馆，2011，第61页。
③ 蒙培元：《情感与理性》，中国社会科学出版社，2002，第344~367页。
④ 蒙培元：《情感与理性》，中国社会科学出版社，2002，第348页。

子曰:"饭疏食饮水,曲肱而枕之,乐亦在其中矣。不义而富且贵,于我如浮云。"(《论语·述而》)

简单的物质生活也有一种快乐存在,这种乐当然不是乐贫,因为贫穷本身并不是一种快乐,但如果通过非法的不道德的方式来获得财富与显贵,这种生活并不能带来快乐,因此与其后者,不如安于前者。"义"显然是一种道德评价标准,不义的方式不可能达到儒家所说的道德之乐,孔子认为不义而富贵就如同天上的浮云,是不真实的,只会扰乱人的心灵。这段材料通常与颜回的乐相提并论,而实际上,笔者认为这两则材料反映的乐是有层次之分的。首先看颜子之乐:

子曰:"贤哉,回也!一箪食,一瓢饮,在陋巷。人不堪其忧,回也不改其乐。贤哉,回也!"(《论语·雍也》)

宋明理学对颜子之乐喜闻乐道,常以此为教,令人寻孔颜乐处,如周敦颐便令二程"寻孔颜乐处,所乐何事"。比较两则材料,孔子所说的乐因为有"不义而富且贵,于我如浮云"在后,可以印证上文的"饭疏食饮水,曲肱而枕之"是相对于"不义而富且贵"而言,简单且符合道德的生活是值得推崇的,而违背道德的生活则应该摒弃。孔子评价颜回的乐则并不是在一个道德情境中产生的,正如后来程颢所言:"颜子在陋巷,'人不堪其忧,回也不改其乐'。箪瓢陋巷非可乐,盖自有其乐耳。'其'字当玩味,自有深意。"[①] 这个"乐"是指什么?"其"又有何意?笔者认为这种乐是儒家推崇的另一种境界的乐,即天地境界之乐,或曰本体之乐。本体之乐超越了善恶等道德评价,是将个体生命放置于宇宙之中,"认识到个体不仅是社会的一员,同时还是宇宙的一员,他是社会组织的公民,同时还是孟子所说的'天民'。有这种觉解,他就为宇宙的利益而做各种事。他了解他所做的事情的意义,自觉他正在做他所做的事。这种觉解为他构成了最高的人生境界,就是我所说的天地境界"[②]。颜回的不改"其"乐的"其"正代表着个体的自觉,这种自觉不是道德自觉,而是更高的一层觉悟。本体之乐超越道

---

① 《河南程氏遗书》第 12 卷,王孝鱼点校,中华书局,1981,第 135 页。
② 冯友兰:《中国哲学简史》,北京大学出版社,1996,第 292 页。

德价值。

在《论语》中，孔子多次谈到道德之乐，并提出"益者三乐，损者三乐"：

> 孔子曰："益者三乐，损者三乐。乐节礼乐，乐道人之善，乐多贤友，益矣。乐骄乐，乐佚游，乐宴乐，损矣。"（《论语·季氏》）

有益的乐主要是礼乐和谐、扬人之善、益友相处，而有害的乐是骄傲、游荡忘返、欢淫无度。孔子倡导的这些"乐"都以遵循道德、过节制的生活为标准，是道德之乐。孔子自身对于学问的孜孜追求，以至于为人处世往往达到"发愤忘食，乐以忘忧，不知老之将至"的状态，这是仁者之乐，也是无忧无惧、心胸坦荡的境界。这种道德之乐在孟子那里亦有深入的发挥。孟子提出"君子三乐"，君子是儒家现实生活中的符合道德的人格形象，三乐中第一乐是"父母俱存，兄弟无故"，这是家庭圆满和谐之乐，体现了儒家对俗世伦理秩序的重视，也就是我们通常所说的天伦之乐。第二乐是"仰不愧于天，俯不怍于人"，这是君子对个体的道德修养要求，所谓"君子坦荡荡"。第三乐是"得天下英才而教育之"，这是儒家对君子人格的外王要求，体现了对社会的责任和担当。

荀子亦详细探讨了传统儒学"乐"的精神。只不过与孟子相比，荀子更为注重礼乐制度对人性的熏陶与规范，主张在礼乐和合之中感受乐的体验。这算是对孔子的"乐节礼乐"之乐的继承。荀子作《乐论》，专门探讨"乐"的问题：

> 夫乐者，乐也，人情之所必不免也。故人不能无乐，乐则必发于声音，形于动静；而人之道，声音动静，性术之变尽是矣。故人不能不乐，乐则不能无形，形而不为道，则不能无乱。先王恶其乱也，故制雅颂之声以道之，使其声足以乐而不流，使其文足以辨而不諰，使其曲直繁省廉肉节奏，足以感动人之善心，使夫邪污之气无由得接焉。是先王立乐之方也，而墨子非之奈何！（《荀子·乐论》）

如前文所述，荀子以自然人性论为基础，认为人的本性就是追求快乐、安逸，因此必须有音乐，音乐的形成是通过声音动静，由此也就要求对音乐采取一定的规范，否则就会出现孔子所说的"放郑声，远佞人"，即出现一些不和谐的音乐。但是对音乐的规范本身不是反对由音乐带来的快乐，而是试图以好的音乐来达到教化的目的，从而促使人心向善，其乐融融。与孟子所倡导的"乐"不同，荀子主张化性起伪，以礼制情，强调主体对礼乐制度的自觉与体认，从而在"自然的人化"（李泽厚语）中实现礼乐和合的情感之乐。

在道德之乐之外，儒家更为强调一种超越的情感快乐体验，那就是上文的本体之乐。这种本体层面的情感之乐不是知性的，亦不是由逻辑推理而达到的状态，而是一种情感体验。颜回之乐是如此，孔子的"吾与点也"之乐亦是如此。

"莫春者，春服既成。冠者五六人，童子六七人，浴乎沂，风乎舞雩，咏而归。"夫子喟然叹曰："吾与点也！"（《论语·先进》）

在各言其志的这场师生对话中，子路、冉有、公西华分别阐述了他们各自的志向，但他们的共同点都是立志于现实社会的治理层面，如果这种志向的实现也能看作一种快乐的话，那么充其量只是一种道德之乐。而曾皙的志向则不再纠缠于世俗道德之乐，而是强调人的一种生命体验，一种源于经验却又超越经验的本体之乐。之所以说源于经验，是因为不管是颜回的乐还是曾子的乐，都是在现实中可以达到的，并不曾脱离现实生活；之所以说超越经验，是因为这种乐源于个体对宇宙人生的洞察，对个体生命与宇宙关系的深入思考，没有这种洞察很难有这种超越的精神之乐。职是之故，孔子赞赏的曾子之乐与颜回之乐当属同一层次，体现了儒学的超越层面。这种超越层面的本体之乐在后世儒学中得到了认同，尤其是宋明理学。理学家们多以"鸢飞鱼跃""孔颜乐处"为生命体验的高峰。自《中庸》引用《诗经》中的"鸢飞戾天，鱼跃在渊"之后，儒家常将"鸢飞鱼跃"看作一种活泼泼的生命体验，程颢对"鸢飞鱼跃"的情感体验最为推崇，他说："若夫至仁，则天地为一身，而天地之间，品物万形为四肢百体。"[1] 所谓至仁，也就是个体与宇宙万物合成一体的生命体验，即"仁者，浑然与物同体"[2]，

---

[1] 《河南程氏遗书》第4卷，王孝鱼点校，中华书局，1981，第74页。
[2] 《河南程氏遗书》第2卷（上），王孝鱼点校，中华书局，1981，第16页。

这就是天人合一的最高状态。整个状态"呈显出一个生机洋溢的生活世界，打破主客的隔阂，回溯存有的根源，高度的道德情感具有宇宙情怀（cosmic feeling），仁者浑然与物同体之乐"①。这种与万物同体的状态也就是鸢飞鱼跃的状态。

朱熹作《论语集注》，对孔颜之乐有深入探析，其言曰：

> 曾点之学，盖有以见夫人欲尽处，天理流行，随处充满，无少欠缺。故其动静之际，从容如此。而其言志，则又不过即其所居之位，乐其日用之常，初无舍己为人之意。而其胸次悠然，直与天地万物上下同流，各得其所之妙，隐然自见于言外②。

孔颜之乐就是天理流行，物我同体的状态，是一种至高的情感体验。正如程颐所言，曾点气象其实亦是"尧舜气象"，是圣人情感体验达到的境界。朱熹亦曾作诗《题西林院壁》："触目风光不易裁，此间何似舞雩台？病躯若得长无事，春服成时岁一来。"③ 这里显然借用了孔子的"吾与点也"之典故，以表明其问道李侗时的情感体验。

明确将儒家的"乐"视为本体精神境界的是王阳明，在《传习录》中，通过多次与学生的对话，王阳明阐述了他对本体之乐的看法：

> 来书云："昔周茂叔每令伯淳寻仲尼、颜子乐处。敢问是乐也，与七情之乐同乎？否乎？若同，则常人之一遂所欲，皆能乐矣，何必圣贤？若别有真乐，则圣贤之遇大忧、大怒、大惊、大惧之事，此乐亦在否乎？且君子之心常存戒惧，是盖终身之忧也，恶得乐？澄平生多闷，未尝见真乐之趣，今切愿寻之。"
>
> "乐"是心之本体，虽不同于七情之乐，而亦不外于七情之乐。虽则圣贤别有真乐，而亦常人之所同有。但常人有之而不自知，反自求许多忧苦，自加迷弃。虽在忧苦迷弃之中，而此乐又未尝不存，但一念开明，反身而诚，则即此而在矣。每与原静论，无非此意。而原静尚有

---

① 孔令宜：《从"孔颜乐处"到程明道天人一本论》，硕士学位论文，东华大学，2005，第80~81页。
② 朱熹：《论语集注》第6卷，《四书章句集注》，中华书局，1983，第130页。
③ 朱杰人、严佐之、刘永翔主编《朱子全书》第20册，上海古籍出版社，2002，第286页。

"何道可得"之问，是犹未免于"骑驴觅驴"之蔽也①。

问："乐是心之本体，不知遇大故于哀哭时，此乐还在否？"先生曰："须是大哭一番了方乐，不哭便不乐矣。虽哭，此心安处即是乐也，本体未尝有动。"②

"孔颜乐处"与"七情之乐"究竟是什么关系？学生的疑问正是基于两种"乐"使用的是同一个名词"乐"，如果没区别，那么就必然面临理论上的困境。而在王阳明看来，孔颜乐处之"乐"，并非狭义之乐，而是真乐，是心之本体，实际上就是良知本体的另一种称谓而已，故"乐"是七情之本体，而非七情之乐，但又不外乎七情，因为这种"乐"恰好是体现在七情之乐中，故大哭大哀之中亦见得"乐"之本体。

## 二 敬畏情感

除了乐感体验外，儒家还强调敬畏情感的培养与塑造。为何早期儒家特别重视敬畏心理？从敬这种情感心理的来源来看，李泽厚曾指出："敬，它既是一种外在态度，更是一种内在情感，源起于巫术礼仪中对上帝鬼神的尊敬畏惧，而转化为生活态度和情感要求，成为人性塑造的一个部分。"③ 其实敬和畏完全是两种不相同的心理状态、不同的情感体验，但是在早期儒家那里，这两种不同的情感体验其实又是紧密相关的，换言之，"敬"通常带有一种"畏"的情感心理在里面，既有可能是因为"敬"而有"畏"，也有可能是因为"畏"而保持一种"敬"的心理。后来朱熹对敬进行解释，他说："敬只是一个畏字。"④"小心畏谨便是敬。"⑤ 孔子特别注重敬畏情感的培养与塑造，在《论语》中，孔子对敬的对象与场景有不同的阐述。李泽厚曾这样分析敬，他认为，"敬可以有双解，一是对父母的尊敬、敬爱，一是对道德律令的敬重。后者即可释为康德所指的道德感情，那对绝对律令的畏惧和敬重。这当然极大地提高了伦理行为的形上高度，

---

① 《王阳明全集》第2卷，吴光、钱明、董平、姚延福编校，上海古籍出版社，1992，第69~70页。
② 《王阳明全集》第3卷，吴光、钱明、董平、姚延福编校，上海古籍出版社，1992，第112页。
③ 李泽厚：《论语今读》，安徽文艺出版社，1998，第34页。
④ 黎靖德编《朱子语类》第12卷，王星贤点校，中华书局，1986，第211页。
⑤ 黎靖德编《朱子语类》第23卷，王星贤点校，中华书局，1986，第564页。

但恐非儒学本义"①。这段话有一定的道理，但儒家的敬显然不仅仅是对父母的敬，分析儒家对敬的诸多阐述，我们发现敬有不同的对象，亦即敬这种情感的发生有不同的场景。

首先是孝敬父母，尊敬长辈。

> 子游问孝。子曰："今之孝者，是谓能养。至于犬马，皆能有养；不敬，何以别乎？"（《论语·为政》）
>
> 亲亲，仁也；敬长，义也。（《孟子·尽心上》）
>
> 孟子曰："食而弗爱，豕交之也；爱而不敬，兽畜之也。恭敬者，币之未将者也。恭敬而无实，君子不可虚拘。"（《孟子·尽心上》）

孝敬父母，尊敬长辈，这里包含一种钦敬，一种感恩。饲养动物，或许有某种畏惧心理在内，尤其是一些凶猛的动物；甚至也有一些"爱"包含其中，如饲养某些宠物，但绝对不会有敬的心理在其中，所以孔子拿饲养犬马和赡养父母相比较。孟子亦曰"爱而不敬，兽畜之也"，就是要特别突出其中有爱有敬的情感。传统的父母子女关系也在这种孝敬之中产生了一种畏惧，即父母在子女幼年时就开始有意识地开始塑造一种尊尊亲亲的心理，使得对长辈的尊敬包含一种畏惧情感在内。

其次是敬鬼神，敬畏天命。

> 樊迟问知。子曰："务民之义，敬鬼神而远之，可谓知矣。"（《论语·雍也》）

何谓知？"知"在早期儒家那里，甚至在早期中国哲学发展中，代表着一种知识性的追求，然而在古代社会，人类社会的发展总体上是较为落后的，人类对自然界、对社会秩序等的认知还处在一个较为肤浅的阶段，远不能和我们现在的知识状态相比，在这种背景之下，先秦各家学派都有对"知"的一种标准，如老子曰："知不知，尚矣；不知知，病矣。"（《老子·第七十一章》）而在孔子看来，对于不知道的东西保持一种敬畏，不强为知，这本身就是一种"知"，亦即一种明智，故他亦曰："知之为知之，不

---

① 李泽厚：《论语今读》，安徽文艺出版社，1998，第57页。

知为不知，是知也。"(《论语·为政》）尽管关于孔子是否承认鬼神一直存在争论，但笔者认为，孔子对鬼神的这种态度其实最终目的并不在于要探讨鬼神是否存在，这个已经不是核心问题，问题在于我们能够对那些我们无法确证的东西保持一种敬畏心理，同时对人类自身的行为保持一种谨慎，一种节制，这本身是十分明智的。同理，人死为鬼，祭祀死去的先祖同样需要一种敬畏心理在内，是谓"祭思敬"（《论语·子张》）。

孔子提出了"君子三畏"：畏天命、畏大人、畏圣人之言。如果说畏大人、畏圣人之言可以看作敬畏长辈、敬畏先圣的话，那么敬畏天命似乎成为孔子思想中绕不开的一个问题。在此我们不得不提出疑问，既然我们都承认天命观在孔子这里已经发生了较大转折，那么为什么孔子还表现出对天命的敬畏呢？这种敬畏与以孔子为代表的人文思潮之崛起岂不冲突？冯友兰先生曾提出"天"有"五义"，在《论语》中孔子所说之天似乎都是指主宰之天[①]。其实在笔者看来，孔子所说的天很复杂，既有自然之天，也有命运之天，更有主宰之天在内。而这里的"畏天命"说明"天命"是一种带有宗教性的终极存在。对这种终极天命的"认知"是促使人更为虔敬地生活、履行天命的根据。正如李景林所说："畏圣人"即敬畏仁德、人道之义。"畏"原于"知"，此处以"知天命"统之，亦可证"知天命"，实即知人道。对"天"的敬畏产生于对人自身使命的理解和反思……真正"知天命"的人，同时就能以敬畏恭谨的态度完全履行这种天所赋予的人道使命[②]。

最后是对百姓、对工作事务的敬。孔子多次谈及治理天下时应有的心态与情感，如：

仲弓曰："居敬而行简，以临其民，不亦可乎？居简而行简，无乃大简乎？"子曰："雍之言然。"（《论语·雍也》）

樊迟问仁。子曰："居处恭，执事敬，与人忠。虽之夷狄，不可弃也。"（《论语·子路》）

子路问君子。子曰："修己以敬。"曰："如斯而已乎？"曰："修己以安人。"曰："如斯而已乎？"曰："修己以安百姓。修己以安百姓，尧舜其犹病诸！"（《论语·宪问》）

---

[①] 《三松堂全集》第2卷，河南人民出版社，2001，第281页。
[②] 李景林：《教养的本原——哲学突破期的儒家心性论》，辽宁人民出版社，1998，第56页。

子张问行。子曰："言忠信，行笃敬，虽蛮貊之邦行矣；言不忠信，行不笃敬，虽州里行乎哉？立，则见其参于前也；在舆，则见其倚于衡也。夫然后行。"子张书诸绅。（《论语·卫灵公》）

居敬，强调的是一种处世态度，后来宋儒特别强调"涵养须用敬"，程颐更是对敬的情感状态十分推崇。居敬而干事简练，以此治民方可。但如果居简，即平常内心保持一种简练、随便，并且以此治民，那么极易导致混乱，是为孔子所不取。从以上材料中，不难看出，无论是"居处恭，执事敬"，还是"修己以敬"，以及"行笃敬"，都强调在平常居处行事上的敬，这是儒家外王学中十分重要的情感体验，由此也得到孔子等早期儒家学者的推崇，并以此为教，培养敬畏的情感心理。

### 三 儒家情感教育的方法

（1）身体力行的真情教育

早期儒家注重个体的修养，强调主体身体力行，其中以真实的情感来践行道德更是儒家一直所推崇的。在《论语》中，孔子的喜怒哀乐往往得到真实流露，没有任何的掩饰与虚假。如对于颜回的死，《论语》中有多处记载：

颜渊死，子曰："噫！天丧予！天丧予！"（《论语·先进》）
颜渊死，子哭之恸。从者曰："子恸矣。"曰："有恸乎？非夫人之为恸而谁为！"（《论语·先进》）

颜回是孔子的得意门生，孔子曾许他三月不违仁，这已是孔门中很难得的了，对于这样一个好学生的死，孔子的悲痛溢于言表，他认为这是上天要毁灭他，要不这么好的学生为什么不让他来继承孔子之道而让他如此早亡呢？不为这种人悲痛还要为谁悲痛？但尽管很悲痛，孔子却不赞同门人对颜回的厚葬，也拒绝了颜路请求孔子卖车葬颜回的要求。在《论语》中，围绕颜回之死，除了上述引文外，还有以下两段：

颜渊死，颜路请子之车以为之椁。子曰："才不才，亦各言其子也。鲤也死，有棺而无椁。吾不徒行以为之椁。以吾从大夫之后，不可徒行也。"（《论语·先进》）

> 颜渊死，门人欲厚葬之，子曰："不可。"门人厚葬之。子曰："回也视予犹父也，予不得视犹子也。非我也，夫二三子也。"(《论语·先进》)

既然颜回是孔子的得意门生，且孔子对其死亡十分伤心，那么为何孔子还要反对门人的厚葬呢？我们认为，孔子在这里考虑的还是礼制问题。首先，孔颖达对"才不才，亦各言其子也。鲤也死，有棺而无椁"的注疏是比较准确的："此举亲喻疏也。言渊、鲤才不才虽异，各言其子则同，我子鲤也死时，但有棺，以家贫而无椁，吾不卖车以作椁，今女（汝）子死，安得卖我车以作椁乎？"① 这样一来孔子的意思就很明朗了：亲疏有别，礼有差等。所以"回也视予犹父也，予不得视犹子"。对自己之子和对他人之子不可能一视同仁，这也反映了礼的差等性。其次，孔子之所以不肯卖车葬颜回，是因为孔子是有身份有地位的人，他经常乘坐马车往来于诸侯王公大夫之间，虽然当时孔子已"久不居位"②，但他仍然坚持这种特殊身份，即"以吾从大夫之后"。出门没有车而步行显然是不符合礼制的，所以他说"吾不徒行以为之椁"，以此拒绝了颜路的请求。最后，颜回家贫，根本就没有能力来备椁，"礼，贫富有"③。家境贫困，丧礼尽力也就可以了，依靠借贷来办理丧事反而不合礼制，故孔子拒绝了门人厚葬颜回的请求。由此可看出，"孔子把个体的情感表达与社会礼制的遵守分得很清楚。个体毕竟不能等同于社会，情感亦不能完全屈从于理性，否则人乃机器一架而已。所以一面纵情痛哭，过分伤心，另一面反对厚葬，坚持礼制。社会行为坚持原则，个人情感有灵活性。"④ 进而言之，从孔子对待颜回之死的态度，我们可以看出孔子在情感实践方面的真诚与理性。

此外，孔子以身作则，将乐感教育贯穿到日常教学之中。他说："知之者不如好之者，好之者不如乐之者。"(《论语·雍也》)"学而时习之，不亦说乎？"(《论语·学而》)孔子鼓励学生以快乐的心情去学习，去体验生活，在现实生活中以真情实感来践行道德，遵守伦理秩序。孔子倡导的真情教育与实践，对后世情感教育有重要的作用，尤其是宋明理学家们，更是继

---

① 《十三经注疏》（下），中华书局，1980，第 2498 页。
② 刘宝楠：《论语正义》，高流水点校，中华书局，1990，第 447 页。
③ 《十三经注疏》（下），中华书局，1980，第 2499 页。
④ 李泽厚：《论语今读》，安徽文艺出版社，1998，第 359 页。

承了传统儒学的这一精神。

（2）融美感教育、知识教育、道德教育一体

儒家的情感教育往往不是单一的，而是将美感教育、知识教育和道德教育融为一体，以情感来统一三者。以孔子对待《韶》《武》以及郑声为例：

> 颜渊问为邦。子曰："行夏之时，乘殷之辂，服周之冕，乐则韶舞。放郑声，远佞人。郑声淫，佞人殆。"（《论语·卫灵公》）
>
> 子曰："恶紫之夺朱也，恶郑声之乱雅乐也，恶利口之覆邦家者。"（《论语·阳货》）
>
> 子谓《韶》，"尽美矣，又尽善也。"谓《武》，"尽美矣，未尽善也。"（《论语·八佾》）

《论语集释》曰："子于四代之乐独于韶、武有尽美之论。"[①] 但在《韶》《武》中间还有一个比较，孔子认为《韶》尽善尽美，如前文所述，《韶》是舜时的音乐，代表着理想的圣王之乐。故孔子沉浸于欣赏《韶》，以至于"三月不知肉味"。对于《武》，孔子认为尽美但未尽善，因为《武》这个乐曲反映的是武王伐纣之事，伐纣必然有杀戮，孔安国认为"以征伐取天下，故未尽善。"[②] 并且这种杀戮据说比较厉害，连孟子亦怀疑《尚书》的《武成》篇记载的真实性，因为在他看来，"仁人无敌于天下。以至仁伐至不仁，而何其血之流杵也？"（《孟子·尽心章句下》）由此提出"尽信《书》则不如无《书》"。与此同时，孔子对当时郑国的音乐颇有微词，认为其太过，沉迷而不知返，不够质朴。相对于《诗经》来说，郑声是扰乱了雅乐，因此孔子主张"放郑声"，同时孔子还亲自订正《诗经》，即"吾自卫反鲁，然后乐正，雅颂各得其所"（《论语·子罕》）。由此可知，孔子在情感教育上不仅注重美感，亦注重道德情感，《韶》的尽善尽美体现了审美与道德的合一，《武》的尽美未尽善则体现了道德情感的重要性，郑声则完全不合道德情感，故予以摒弃。将《韶》《武》进行比较，之所以有不同的态度，主要是因为这两种不同的乐曲包含不同的知识背景，反映了不同的历史事实，而其中起决定作用的当然是道德情感因素。

---

[①] 程树德：《论语集释》，中华书局，1990，第 223 页。
[②] 刘宝楠：《论语正义》，高流水点校，中华书局，1990，第 135 页。

## 第二节　道家情感教育

正如前文所述，道家的情感哲学以自然淳朴之情、无私之情、真情等为特点，与此相应，在情感教育上，道家亦有独特的地方。一方面，道家对各种道德教化与名物制度持批判态度，主张"处无为之事，行不言之教"，反对通过制度设立或道德教化来塑造人性，规范情感。但另一方面，道家又确实有一种特殊的情感教育方式与特殊的情感实践。

### （一）任情说

儒家强调以礼制情，认为人的自然情感固然很可贵，但不可泛滥，因而主张对人的情感进行规范与节制。而道家则强调这种自然情感的真实性、至诚性，因而主张"任情说"。那么道家所任之情与儒家所要节制的情感之差异何在？如果说"善"是儒家试图通过礼制调节情感想要达到的理想状态的话，那么情感的"真"则更为道家所推崇。从文本上看，"真"最先出现在道家经典中，老子描述道的存在时曰："其精甚真，其中有信。"（《老子·第十四章》）《庄子》中对真的观念更为重视，其中"真人"的观念就从此出。道家对真这一观念的强化使用，主要在于凸显人性，进而言之，凸显人的真实情感。道家的"任情"也就是要顺任这种"真情"，在与物相接的过程中，保持情感的独立性，不为外物所累，如《庄子·应帝王》曰："汝游心于淡，合气于漠，顺物自然而无容私焉，而天下治矣。"顺外物之自然而不带私己欲望。前文曾多处提及庄子妻死的鼓盆而歌，其实庄子最开始并不是鼓盆而歌，而是哭泣，这才是真实的庄子，是作为人的庄子，而不是作为神的庄子，哭正是庄子的真情流露。由此，我们也可以看出，道家的无情绝不是完全没有情感，而是自然真实的情感，没有矫揉造作。道家顺任真情的思想影响深远，魏晋玄学时期，士大夫阶层多清谈之士，信奉道家学说者如嵇康、阮籍等，均主张"任情"。据《晋书·阮籍传》记载：

> 籍嫂尝归宁，籍相见与别。或讥之，籍曰："礼岂为我设邪！"邻家少妇有美色，当垆沽酒。籍尝诣饮，醉，便卧其侧。籍既不自嫌，其夫察之，亦不疑也。兵家女有才色，未嫁而死。籍不识其父兄，径往哭之，尽哀而还。其外坦荡而内淳至，皆此类也。

> 阮籍当葬母，蒸一肥豚，饮酒二斗，然后临诀，直言："穷矣！"都得一号，因吐血，废顿良久。（《世说新语·任诞》）

按照传统礼制，阮籍的诸多行为显然失当，但阮籍的情感之流露恰恰在于无顾忌、率性，不为任何规范与制度所囿。阮籍与嫂别，爱慕邻家美少妇，哭邻家才女，以及母丧时的饮酒吃肉吐血，都体现了他的真情，但这种真情绝非狭隘的私情、一己之私欲，而是一种坦荡、无私之情，正因为此，所以虽然世人批评他的行为不符合礼制，但是对其人格依然保持高度的敬仰。

嵇康作《声无哀乐伦》，亦主张任自然之情，反对压抑人性中的真实情感：

> 夫天地合德，万物滋生，寒暑代往，五行以成，章为五色，发为五音。音声之作，其犹臭味在于天地之间。其善与不善，虽遭浊乱，其体自若而无变也，岂以爱憎易操、哀乐改度哉！及宫商集比，声音克谐，此人心至愿，情欲之所钟，古人知情不可恣，欲不可极，故因其所用，每为之节，使哀不至伤，歌谓之乐，斯其大较也①。
> 
> 是以古人知情之不可放，故抑其所遁；知欲之不可绝，故因其所自。为可奉之礼，制可导之乐②。

嵇康认为声是发于自然，并无善与不善之别，而情感则源于人主观内在感受，加以辨析，则有善不善、哀乐之分。对于自然之情感，嵇康主张在节的基础上"因其所用"，这样情感得以发泄不至于伤身。由此，魏晋道家学者并不主张纵情纵欲，至少在理论上，他们仍然主张情感的释放需要在一定的限度之内，这也是出于养生的需要，出于修养的需要。

任情，任自然之真情，而不容私欲之情，从而保留人的天性，这就是道家在情感教育上重要特色。在《列子》中，我们可以看到道家强调对发自本性之情的满足，而不是抑制或扼杀。《列子·杨朱篇》宣扬"纵情"：

---

① 嵇康：《声无哀乐论》，《嵇康集校注》，戴明扬校注，人民文学出版社，1962，第197页。
② 嵇康：《声无哀乐论》，《嵇康集校注》，戴明扬校注，人民文学出版社，1962，第197页。

杨朱曰："天下之美归之舜、禹、周、孔，天下之恶归之桀纣。然而舜耕于河阳，陶于雷泽，四体不得暂安，口腹不得美厚；父母之所不爱，弟妹之所不亲。行年三十，不告而娶。乃受尧之禅，年已长，智已衰。商钧不才，禅位于禹，戚戚然以至于死：此天人之穷毒者也。鲧治水土，绩用不就，殛诸羽山。禹纂业事仇，惟荒土功，子产不字，过门不入；身体偏枯，手足胼胝。及受舜禅，卑宫室，美绂冕，戚戚然以至于死：此天人之忧苦者也。武王既终，成王幼弱，周公摄天子之政。邵公不悦，四国流言。居东三年，诛兄放弟，仅免其身，戚戚然以至于死：此天人之危惧者也。孔子明帝王之道，应时君之聘，伐树于宋，削迹于卫，穷于商周，围于陈蔡，受屈于季氏，见辱于阳虎，戚戚然以至于死：此天民之遑遽者也。凡彼四圣者，生无一日之欢，死有万世之名。名者，固非实之所取也。虽称之弗知，虽赏之不知，与株块无以异矣。桀藉累世之资，居南面之尊，智足以距群下，威足以震海内；恣耳目之所娱，穷意虑之所为，熙熙然从至于死：此天民之逸荡者也。纣亦藉累世之资，居南面之尊；威无不行，志无不从；肆情于倾宫，纵欲于长夜；不以礼义自苦，熙熙然以至于诛：此天民之放纵者也。彼二凶也，生有纵欲之欢，死被愚暴之名。实者，固非名之所与也，虽毁之不知，虽称之弗知，此与株块奚以异矣。彼四圣虽美之所归，苦以至终，同于死矣。彼二凶虽恶之所归，乐以至终，亦同归于死矣。"

杨朱批判舜、禹、周、孔虽然获得天下之美誉，但实际上并没有真正地畅其情，他们都是陷入各种不真实的名之中而不知返，因而以苦告终。同样，桀纣背负天下之恶名，纵欲享乐以至于死。这两类人，或以礼仪规范情感，汲汲然以天下为务，或无视礼制，恣纵感观之欲，然而最终都是亡身伤性。本真之情感没有得到适度满足，在杨朱看来都不是真正意义上的纵情、任情。由此亦可知，杨朱所谓的纵情绝非放纵情感，陷入感观物欲之中，而是强调不以外物伤身，保持本性的完整。与阮籍、嵇康的"任自然"相比，二者相同之处就是都强调对自然情感的尊重，反对以礼制来规范或压抑情感。因此，道家的"任情说"事实上并非放纵情欲，而是强调基本情感的满足，从现代心理学角度来看，这种适度的任情对人的身心健康十分重要。

总之，道家的任情说与儒家的节情说相比，道家反对以各种标准或制度来规范情感，主张完全放任个体的内在情感之流露，而儒家的情感教育则一方面强调个体情感的真实流露，另一方面则主张以"礼"制"情"，不能放纵情感而不加以节制。

### （二）除情去欲

在对情的不同理解下，道家既强调顺情、任情、安情，同时又主张除情去欲。任情说之"情"是自然真实之情感，而除情去欲之情则是指人的各种物质欲望。除情去欲之说主要在道教经典中得到阐述，道教强调修身以至于达到内心恬淡、清静无为的状态，因而对各种情欲予以摒弃，这一思想最早在《老子道德经》河上公注本中得到体现：

> 得道之人，捐情去欲，五内虚静，至于虚极……能知道之所常行，则去情忘欲，无所不包容也①。
> 
> 人能自胜己情欲，则天下无有能与己争者，故为强也②。
> 
> 知足之人，绝利去欲，不辱于身③。
> 
> 情欲断绝，德于道合，则无所不施，无所不为也④。

去文反质，除情去欲，是道教在情感教育方面极为重要的内容，河上公实为开端，后来的《老子想尔注》《太平经》《抱朴子》等无不延续了这一主题。如《老子想尔注》反复提及"道诫"，所谓"诫"，"命告之辞"，"道教有诫，以阐教理，又立戒条，以为奉守"⑤。具体诫的内容无非摒弃情欲，清静自守。葛洪则进一步阐述了除情去欲的思想：

> 若纵情恣欲，不能节宣，则伐年命⑥。
> 
> 触情纵欲，谓之非人⑦。

---

① 河上公：《老子道德经河上公章句》，王卡点校，中华书局，1993，第62~63页。
② 河上公：《老子道德经河上公章句》，王卡点校，中华书局，1993，第134页。
③ 河上公：《老子道德经河上公章句》，王卡点校，中华书局，1993，第176页。
④ 河上公：《老子道德经河上公章句》，王卡点校，中华书局，1993，第186页。
⑤ 饶宗颐：《老子想尔注校证》，上海古籍出版社，1991，第56页。
⑥ 《抱朴子内篇校释》（增订本），王明校释，中华书局，1985，第129页。
⑦ 《抱朴子外篇校笺》，杨明照校笺，中华书局，1991，第151页。

放纵情欲会导致减少年命，不是道人修养的方式。道教主张除情去欲的目的无非在两个方面：一是治身，即从个体修养角度来看，除情去欲，则五内虚静，强身健体，有利于身心健康，延年益寿，甚至达到"仙寿"。二是治国，即人君摒弃情欲，以清静无为方式治理国家，则上下相安无事，长治久安。由此可知，道家的情感教育不仅仅关系到个体的修身养性，同时关系到国家的治理层面。

总之，道家在情感培养上，主张去除私情欲望，放任自然真实的情感，而实际上这两者之间又难免存在一些紧张，这种紧张亦表现为无情与任情之间的紧张。如前文所述，无情固然是无私情，无情欲，但道家同时强调超越物我，达到天人合一的状态。因此无情其实又表现为一种超越世俗之情，如果这种超越之情仍然属于情的范畴的话，那么它与各种具体的情感有何区别？如果说庄子的无情之"情"是指各种喜怒哀乐等具体情感，是系于物的是非之情、情欲，那么除去这些情欲之后，那些发自本性的真实情感是否合理？庄子妻死的悲痛之情，家贫往贷于监河侯时的痛苦之情，寻求自由而被现实所逼迫的无奈之情，这些对于个体修养而言，恐怕都是一种消极因素。由此，我们亦可以看出，道家的任情说固然尊重了人的自然本性，但现实中这些情感对于个体的修养而言，仍然是一种损害，如阮籍葬母，吃肉喝酒，仍然无法掩饰内心的痛楚，最终吐血伤身。那么要如何来解决道家在无情说与任情说、真情说之间的张力呢？我们认为庄子的思想中已经蕴含一种合理的解决方案，亦即我们必须充分关注庄子妻死时由哭泣到歌唱的过程，这体现了庄子的"不遣是非，以与世俗处"的现实生活特征。换言之，在现实生活领域，我们依然保存着一份真情，一份发自本性的喜怒哀乐，这种情感的流露是自然的，是不必以礼制来规范的，但这种情感的流露首先是因为个体我的存在，这是一种"小我"，而不是一种超越的"大我"，现实中的人不能仅仅活在小我的层面，必须具备一种超越的精神，亦即必须具备"天地与我并生，万物与我为一"的精神境界，有了这种超越精神，个体的真情都只是在俗世层次，而宇宙层次的无情才是真正的理想状态。从这个角度来分析，我们可以看出道家在情感教育方面的"真情说""任情说""无情说"显然具有层次性：一方面，真情说、任情说强调人的真实情感之保存，追求"真"的状态，是对自然人性的回归；另一方面，道家主张人应该有一种超越精神，要仰观俯察，洞察宇宙人生，从而对现实中的各种"死生、存亡、穷达、贫富、贤不肖、毁誉、饥渴、寒暑"等状态抱有一种超越与豪迈的态度，避免不使这些东西侵入人的心灵，这样才能达到无情的境界。庄子哲学中塑造的种种理想人格形象其实正是此种境界的实现。综合道家的情感哲学，我们不难发现，道家塑造的种种理想人格其实是超世、遁世、顺世的人生态度的同一[1]，这才是真正的道家，是理想与现实的纠缠，是随俗与超越的杂糅，也是人与神之间的徘徊与挣扎。

---

[1] 崔大华：《庄学研究》，人民出版社，1992，第193页。

# 下 篇
# 儒道情感哲学的现代价值

  情感是"现代性难缠的孩子"[①]，它本身就是"理性"的控制对象，无力解决现代性话题中"理性"话语的失控。进入现代社会后，中国人的现代情感问题日益凸显。正如前文所论，儒道情感哲学漫汗古今、富有日新，运用儒道情感哲学资源研究现代中国人的情感，可以帮我们更好地理解现代中国人的情感模式，调整情感结构，从而优化情感表达方式或宣泄方式，改善情感教育方式、方法，调控情感的社会方式（情感的方式包括情感的社会接受方式、社会沟通方式和社会支持方式）等问题，从而建构更为合理、更为人性的情感模式，乃至现代情感文明。

---

① Williams, Simon J, *Emotion and Social Theory: Corporeal Reflection on the Rational*, Sage Puplication, 2001, p.1.

# 第四章

## 儒道情感哲学与情感概念认知

将整个情感生活看作一些在我们心中无意义地和无目标地流动着的因果地被动运动状态的进程；否认整个情感生活具有任何"意义"和任何意向"内涵"，这种情况只可能在一个心的迷乱——心的无序（désordre du coeur）——达到了一定程度时才会出现，正如在我们这个时代。

——舍勒

情感是需要的反应，"需要即人性"。我们不能不承认，饮食男女之情是人的自然人性；对舒适生活和荣华富贵的追求是在人的自然本能上衍生的新的合理需要；而人们对权力、地位等的追求也是作为社会动物的人的社会性在一定的物质条件下的反应。这一切都是人的普遍人性。但是，认知这些基本人性，从不同的视界和范式出发会有不同的研究结论。

## 第一节 界定情感概念的基本现代范式

自19世纪末起，对情感概念的界定经历了生理的、心理的、社会的多重解释。19世纪末，美国詹姆士·兰格的情感理论，核心意义就是阐明情感的生理属性。斯托曼的《情绪心理学》从心理学的角度较全面地研究了情感的特征和表现形式。而情感社会学则在20世纪70年代末、80年代初开始出现在西欧和北美。美国的欧文·戈夫曼的《日常生活中的自我呈现》对印象和情感的自我管理和控制做了精辟的分析，堪称情感社会学的经典著作。20世纪，在西方一大批现象学家运用现象学方法和理论来研究情感问题，其中以德国的舍勒和施密茨的研究别开生面，令人耳目一新。在中国以蒙培元老师为主的一批学者运用哲学方法和理论来研究中国古代哲学的情感问题，这使得情感研究出现了一种哲学范式。

## 一 情感心理学范式

到目前为止，心理学仍然是研究情感的核心学科。心理学教科书中对于情感较具普遍性的解释是"人对客观与现实的态度的体验"[1]，"一个人对于自己所认识的或所操作的事物所持的态度的体验"（捷普洛夫）[2]，"情感是一个人对他生活中所发生的事情，对他所认识或所做的事情的内部态度的不同形式的体验。"[3] 情感是态度这一整体中的一部分，它与态度中的内向感受、意向具有协调一致性，是态度在生理上一种较复杂而又稳定的生理评价和体验。情感包括道德感和价值感两个方面，具体表现为爱情、幸福、仇恨、厌恶、美感等。

心理学者大多将情感看作个体的一种心理特质，从个体情感本身来探讨情感产生的动机、情感的需求、情感的类型、构成情感的各维度以及对情感的测量，其着眼点只是从最微观层面通过大量的试验研究方法来分析个体情感选择的心理过程，明显只是定位于行动的微观考察。这种范式的理论强调情感在其现实性上就是"体验"，"体验"是情感和情绪发生与存在的形态，是情感和情绪的基本特性，离开了"体验"就离开了情感的本质。

## 二 情感社会学范式[4]

但心理学范式进入了一个自身固化了的陷阱和不幸的渊薮：情感不是一个自然而然的产物，也不是单独个体的心理特质，而是人们在互动中主动选择和创造的结果，并通过特定的行为和符号来表现、传达和显示。情感既构成了人们行动的原材料，又构成了人们进行交流的符号象征和社会交流的工具。这一切都是心理学范式所无法解释的，心理学在诠释社会结构和社会系统的范畴时就显得无能为力。因此，心理学涉足了作为非理性的情感，而又不愿脱离个体主义的藩篱，忽视情感对于社会结构和社会系统的介入以及情感对于社会结构和社会系统的生产和再生产。在更大程度上情感是作为一种突破个体的关系存在，没有孤立存在的情感，情感同样深深植根于社会政

---

[1] 卢家楣等：《心理学》，上海人民出版社，1997，第286页。
[2] 杨清：《心理学概论》，吉林人民出版社，1981，第410页。
[3] 〔苏〕彼得罗夫斯基：《普通心理学》，龚浩然等译，人民教育出版社，1991，第412页。
[4] 郭景萍：《情感社会学三题三议》，《学术论坛》2007年第6期。

治、经济、文化的背景网络中，其生成和固化有着深刻的社会制度烙印①。

事实上，有一种研究模式也强调情感是对"关系"的反应。"认知活动是对客观事物本身存在的反映，如感知觉反映的是客观事物的表面特征和外部联系，思维反映的是客观事物的本质特征和内在联系等，而情感反映的是客观事物与个体主观之间的某种关系。"② 即一些社会学家引入的对情感的社会解释——情感社会学范式。情感社会学着重研究情感的社会行为、情感的符号方式、情感的社会生产等问题。如果把对情感的社会行为和情感的符号方式研究归属于社会学中提到的"微观范式"，那么可以把对情感的社会生产归于"宏观范式"③。

## 三 情感哲学范式

自古以来，情感往往被哲学家们视为必须置于理性掌控之下的东西。"Emotion"在词源上就已经包含"变动不居"的含义，西方哲人常以理性地探寻永恒真理为己任，因此排除情感给认识带来的麻烦就成了理所当然的事情。譬如，在亚里士多德那里，情感有引起痛苦的运动或冲动的意思，并被当作"心灵的疾病"；斯多亚派把它定义为"心灵的非理性的、反自然的运动或不断产生的欲望"；西塞罗说它是"心灵的纷扰"。到了近代，有关情感现象的研究虽不少见——如笛卡儿专门写过《论心灵的情感》，并区分了六种基本情感现象；霍布斯在《利维坦》中概括了七种简单情感；斯宾诺莎对情感的起源、基础、定义、种类等做了详细论述④。

但是到了20世纪，一大批现象学家运用现象学方法和理论来研究情感问题，这使得情感研究出现了一种哲学范式。其中以德国的舍勒和施密茨的研究别开生面，令人耳目一新。

对情感现象的关注是舍勒哲学思想的一个重要特征。《当代哲学主流》一书的作者施太格缪勒曾不无夸张地说他"到处都把情感的东西置于中心地位"⑤。在其创作生涯的高产时期，舍勒有多部著述直接论及情感现象，如

---

① 潘泽泉：《理论范式和现代性议题：一个情感社会学的分析框架》，《湖南师范大学社会科学学报》2005年第3期。
② 卢家楣等：《心理学》，上海人民出版社，1997，第286页。
③ 潘泽泉：《理论范式和现代性议题：一个情感社会学的分析框架》，《湖南师范大学社会科学学报》2005年第4期。
④ 韦海波：《舍勒现象学的情感先天论》，《兰州学刊》2007年第1期。
⑤ 〔德〕施太格缪勒：《当代哲学主流》（上），王炳文等译，商务印书馆，2000，第131页。

同情、爱、怨恨、懊悔、羞感等。他写道:"将整个情感生活看作一些在我们心中无意义地和无目标地流动着的因果地被动运动状态的进程:否认整个情感生活具有任何'意义'和任何意向'内涵',这种情况只可能在一个心的迷乱——心的无序（désordre du coeur）——达到了一定程度时才会出现,正如在我们这个时代。"① 舍勒发现,甚至现代人也"不再将整个情感生命视为一种富有意义的符号语……而是将其视为完全盲目的事件,它们像随意的自然演变一样在我们身上进行。"②

在舍勒看来,以往的这些哲学家要么把情感还原为知性,要么干脆将其让渡给经验心理学,情感生活似乎无缘于哲学所追求的先天规律或知识。特别到了康德那里,"先天"之物被等同于形式之物、思想之物——即便在其"感性论"中,情性的东西也被作为心理学的内容被排除在先验哲学之外。在《伦理学中的形式主义与质料的价值伦理学》一书中,舍勒正是通过对康德"先天论"的批判,进而提出自己的"情感先天论"③。

舍勒明确指出:"我们的全部精神生活——不只是在存在认识意义上的对象性认识和思维,都具有'纯粹的'（根据其本质内涵而独立于人的组织之事实的）行为和行为规律。即使在精神的情感方面,感受、偏好、爱、恨,以及意愿都具有一个原初先天的内涵,一个不是从'思维'那里借来的内涵"④。舍勒的这一观点可以说是帕斯卡尔的"心有其理"（Le coeur a ses raisons）之深发。帕斯卡尔并不是说"心"有理智中的理由（raisons）,而是说"心"有"它的"（ses）自己的理由,所以他紧接这句话说这个理由"是理智所不知道的",可以称其为"心的逻辑"（logique de coeur）或"心的秩序"（ordre du coeur）。舍勒的情感先天论所要揭示的正是情感自身的"逻辑"或"秩序"⑤。

德国哲学家施密茨提出的新现象学情感理论具有重要的创新意义:①把情感理解成客观上把握到的具有空间性的力量、气氛;②从身体动力学的角度探讨人的感情、情感;③关于情感的空间结构,即把空间区分为相对空间

---

① 〔德〕舍勒:《伦理学中的形式主义与质料的价值伦理学》,倪梁康译,三联书店,2004,第31页。
② 〔德〕舍勒:《爱的秩序》,林克等译,三联书店,1995,第57~58页。
③ 韦海波:《舍勒现象学的情感先天论》,《兰州学刊》2007年第1期。
④ 〔德〕舍勒:《伦理学中的形式主义与质料的价值伦理学》,倪梁康译,三联书店,2004,第76页。
⑤ 韦海波:《舍勒现象学的情感先天论》,《兰州学刊》2007年第1期。

和绝对空间（或叫相对位置空间和绝对位置空间）①。

中国古代哲学特别重视人的存在方式，而事实上，"只有情感才是人的最首要最基本的存在方式"②，人首先是一种情感主体。传统儒家哲学与道家哲学对情感的关注直接塑造出了中国哲学重视情感的特征。对情感哲学进行界定，倡导情感哲学研究，李泽厚提出"情本体"，蒙培元明确提出"情感哲学"这个概念。一些学者对"情""性""仁""敬""乐"等情感哲学的核心概念进行详尽细致的考辨。

## 第二节　儒道情感哲学与情感定义

《说文》："情，人之阴气有欲者。"《辞海》收有"情"的六种含义：感情；情况，即实情；情面，即私情；爱情；情趣；情态。《荀子·正名》说："性之好、恶、喜、怒、哀、乐，谓之情。"在先秦，"情"字主要有两重含义：一是指事物之真实本然，二是指人的情感。《左传·庄公十年》庄公曰："小大之狱虽不能察，必以情。"此"情"谓情实，即事实。《礼记·檀弓》："哭泣之哀、齐斩之情。"《礼记·问丧》："此孝子之志也，人情之实也，礼仪之经也；非从天降，非从地生也，人情而已矣。"这两句中"情"指的是人的情感。"情"字的含义到汉代以后变得丰富起来。

有些学者包括西方的一些汉学家（比如著名汉学家葛瑞汉）认为，"情"字在古代特别是先秦时代主要是指"情形""情况"，即客观的事实方面而言，很少或根本没有情感的意思。孟子所说的"情"是指"情实"，意思是实际情形或实际情况，而不是指情感。现在，郭店楚简的出土使这一问题得到了解决。在楚简中，不仅大量使用"情"字，而且明确无误是指情感。不仅如此，"情"在《性自命出》等文献中具有特殊意义，居于核心地位，从这里即可看出情感问题之重要③。

《性自命出》一篇着重讨论了情与心、性、道的关系，其中，特别指出"情"的重要性。它说："凡人情为可悦也。苟以其情，虽过不恶；不以其情，虽难不贵。苟有其情，虽未之为，斯人信之矣。未言而信，有美情者

---

① 庞学铨：《新现象学的情感理论》，《浙江大学学报》（人文社会科学版）2000年第10期。
② 蒙培元：《情感与理性》，中国社会科学出版社，2002，第4页。
③ 蒙培元：《人是情感的存在》，《社会科学战线》2003年第2期。

也。"① 这正是对孔子有关"真情实感"思想的进一步解释和发挥，也是对孔子有关"直"的见解的最好说明。如果说有什么不同的话，那就是《性自命出》进一步明确地提出了价值判断，"情"是好的，凡有"真情实感"的人，是可信赖的。"凡人情为可悦也"，"悦"也属于情感范畴，但在这里有客观评价的意义，"悦"就是好。凡是出于人的"真情实感"的行为，总是好的；进而言之，凡有"真情实感"的人都是好的；再进而言之，凡人的"真情实感"都是好的。这里所说的"人情"，自然是指人的"真情实感"，而不是"人为"矫饰之情，"真情"是最难得的，也是最可贵的，如同婴儿，喜是真喜，怒是真怒，笑是真笑，哭是真哭，毫无伪饰。《性自命出》所提倡的，就是这样的"情"，这才是人的真实存在。"苟以其情，虽过不恶"，如果出于真情，即使有过，也不为恶，过失和罪恶是有区别的。孔子所说的"直"，也许可以称为"过"，但不能称为"恶"。是不是为了无恶或为了善，必须有过失呢？这就又回到前面的问题，即涉及特殊情况下的选择问题了②。

儒道情感哲学有助于我们理解"情感"的中国式定义。中国式"情感"定义源于古老的"交感说"。"交感"一词是朱熹在诠释《周易·咸卦》时提出的。"感"或"交感"在《周易》中最基本的应用就是强调"男女相感""阴阳相感而生万物"的思想。《礼记·乐记》："人生而静，天之性也；感于物而动，性之欲也。物至知知，然后好恶形焉。"

据考察，在先秦典籍中，"感"与"咸"常通用。最早出现"感"字的典籍《周易》是在解释"咸"卦时提出的。关于《周易》中的"咸"卦，朱熹解释为"咸，交感也"，"彖曰：咸，感也"，"天地感而万物化生，圣人感人心而天下和平。观其所感，而天地万物之情可见矣"。继《周易》后，《春秋左传》又提到了"咸"（"感"）字，以强调人与天地万物的交互作用及其人在宇宙间的存在方式，并突出了人之"心灵"的主体地位和基本性质。《春秋左传·昭公二十一年》："则和于物，物和则嘉成。故和声入耳而藏于心。心亿则乐，窕则不咸（感）。心是以感，感实生疾。"这就是说"心"的基本性质是"感"，这种"感"将"物"之"和"内化于"心"，由"心"生成为"乐"之审美境界③。

---

① 《简帛书法选》编辑组：《郭店楚墓竹简·性自命出》，文物出版社，2002，第181页。
② 蒙培元：《人是情感的存在》，《社会科学战线》2003年第2期。
③ 邹其昌：《论朱熹的"感物道情"与"交感"说》，《江汉论坛》2004年第1期。

## 第四章 儒道情感哲学与情感概念认知

感字从咸从心："咸"意味着合、周遍。张载说："感即合也，咸也。"①船山注曰："无所不合，感之周遍者也，故谓之咸。"②"心"意味着：感者，感于心也。《咸》卦九四爻辞："憧憧往来，朋从尔思。"王弼注："处上卦之初，应下卦之始，居体之中，在股之上，二体始相交感，以通其志，心神始感者也。"③王弼认为，九四之爻位犹居"体中""股上"，所指者，心神也。船山也说："《咸》四当心与物感之位。"④故感者，感于心也。《咸》卦下艮上兑，即象征交感——从男女交感一直到天地万物的交感。其《象传》曰："咸，感也。柔上而刚下，二气感应以相与……天地感而万物化生，圣人感人心而天下和平。观其所感，而天地万物之情可见矣。"孔颖达疏曰："'观其所感，而天地万物之情可见矣'者，结叹咸道之广，大则包天地，小则该万物。感物而动，谓之情也。天地万物皆以气类共相感应，故'观其所感，而天地万物之情可见矣'。"⑤天地万物之间的交感、感通都叫作"情"。或者反过来说，"情"就是天地万物间的感通⑥。

不过，在船山看来，"感"与"情"之间有细微的差别。"外物虽感，己情未发，则属静；己情已发，与物为感，则属动"⑦。感可以是外物对己的单方面的作用，而情必然是物与己之间相互作用的产物。换言之，情总是相感，总是物我之间的相感。这里的"我"可以落实到"性"，物则泛指天下万物，括他人而言之。有相感然后有感通，有感通则有情："感通而情发"⑧，"情者感物而通"⑨。因此，合起来说，人与物相感而通则情生。船山通过"感"与"情"的辨析，所要强调的，乃情既不专属于己，也不专属于物，而是己与物两方面交互作用，或者说天人之际的成果。不过，单个的"感"字在大多数的语境下本就意味着"相感""交感""感动""感通"

---

① 张载：《张载集》，中华书局，1978，第63页。
② 王夫之：《船山全书》第12卷，岳麓书社，2011，第364页。
③ 李学勤：《十三经注疏（之一）》，北京大学出版社，1999，第141页。
④ 王夫之：《船山全书》第1卷，岳麓书社，2011，第589页。
⑤ 李学勤：《十三经注疏（之一）》，北京大学出版社，1999，第140页。
⑥ 刘梁剑：《情之为天人之"际"——论王船山的情感哲学》，《衡阳师范学院学报》2007年第2期。
⑦ 王夫之：《船山全书》第6卷，岳麓书社，2011，第667页。
⑧ 王夫之：《船山全书》第8卷，岳麓书社，2011，第706页。
⑨ 王夫之：《船山全书》第1卷，岳麓书社，2011，第108页。

133

等。在此意义上，感与情相近相通①。

先秦典籍中，论述"感"最多的要数《荀子》。《荀子》论"感"不仅从人与天地万物之交感生成人类意识，也不只是从伦理纲常论述"君臣父子"等交感，更重要的是从审美的角度论述"感"之意义。《荀子·乐论》："故制雅颂之声以导之，使其声足以乐而不流，使其文足以辨而不思，使其曲直繁省、廉肉节奏足以感动人之善心。乐者圣人之所乐也。而可以善民心，其感人深，其移风易俗。故先王导之以礼乐而民和睦。夫民有好恶之情而无喜怒哀乐之应，则乱。凡奸声感人而逆气应之，逆气成象而乱生焉。正声感人而顺气应之，顺气成象而治生焉。"《荀子·正名》："性之和所生精合感应不事而自然，谓之性。""感而自然"（《性恶》）。后来，受荀子学派影响的《乐记》更是大谈特谈"感"的思想。《乐记》直接影响了朱熹"感物道情"说。这是朱熹用以从理论根基上攻击《毛序》的理论武器，也是朱熹对传统"感物"说的继承与光大②。

孔颖达在《周易正义》中指出："此卦明人伦之始，夫妇之义，必须男女共相感应，方成夫妇。既相感应，乃得亨通。"正是由"男女"之基本事实扩展为"阴阳二气""刚柔相济"等化生万物之活动。关于"阴阳"观念的最早起源，实际上来自对"男女"之体认。如陈望衡先生在《中国古典美学史》就阐述说："阴阳关系最基本的、最原始的意义是男女（夫妻）的关系。"这一思想在《周易》中得到了进一步展开，例如："天地感而万物化生，圣人感人心而天下和平。观其所感，而天地万物之情可见矣。"无论是"男女之感"还是"阴阳交感""天地相感"，都还只是从自然宇宙方面说"交感"的，而"圣人感人心"就开始出现"交感"理论伦理化的意味，于是就有了"观其所感，而天地万物之情可见矣"。"天地万物"的人格化、人性化和道德化，从而也有走向"审美化"的可能③。

其关键就在于"感"与"情"，而"感"与"情"似乎也是相互生成的内在关系。有"情"的渲染和冲动，必然伴随着"感"的出现；同样有"感"必然就有"情"活跃其间。由此而言，上述的"天地感而万物化生"就可理解为，有"情"的"天地"才会有"感"，获得"感"的万物就有

---

① 刘梁剑：《情之为天人之"际"——论王船山的情感哲学》，《衡阳师范学院学报》2007年第2期。
② 邹其昌：《论朱熹的"感物道情"与"交感"说》，《江汉论坛》2004年第1期。
③ 邹其昌：《论朱熹的"感物道情"与"交感"说》，《江汉论坛》2004年第1期。

转化为新的"情",这就是新的生命。充满人间之"情"的圣人更是能够完成"感"的使命。因此,从"交感"就可见出中国文化对"情"的关注。《乐记》说:"凡音之起,由人心生也。人心之动,物使之然也。感于物而动,故形于声。乐者,音之所由生也;其本在人心之感于物也。""音"本是自然间客观生成之物,但在中国充满"情""感"生命的文化中,则生成于人之"心"。纯粹的物所生成的"音",是不会有生命的,其原因就在于没有"心"所赋予的"情",没有"情"之"音",人们不会去关注和欣赏"音"的。因此《乐记》特别突出"感物"之"心"的建构功能和情感因素,同时也给予了"物"之特殊意蕴,认为"物"是"心"的存在方式和表现对象[1]。

蒙培元在《情感与理性》一书中,详细讨论了情感的内涵和外延,对情感与理性、情感与知识、情感与意志、情感与欲望进行比较和区分,并且指出"情感是全部儒学理论的基本构成部分,甚至是儒学理论的出发点"[2]。儒家不同于康德,康德在道德哲学领域完全排斥道德情感,认为道德情感不能进入理性殿堂。而儒家哲学则以情感哲学为基础。儒家情感哲学不是抽象的道德情感,而是具体理性化的情感,或者说是情感的理性化[3]。蒙培元认为,良知就是道德情感,儒家主张情感与性理合一。由此可知,蒙先生并没有将"情"理解为狭义的"情欲""感情",而是将"情"与"心""性"关联,从心、性、情、知、意、欲一体的角度加以阐发。但是这种分析也存在一个问题,那就是不同的哲学家对这几者之间的关系的看法显然是不同的,因此,研究儒家的情感哲学一方面要注意一以贯之的东西,另一方面要关注差异性的东西。

在"情"字的考辨上,吴森[4]、陈汉生(Chad Hansen)[5]、郭振香[6]、李天虹[7]、丁四新[8]等均有相关研究。不少学者均指出,在《论语》《孟子》

---

[1] 邹其昌:《论朱熹的"感物道情"与"交感"说》,《江汉论坛》2004年第1期。
[2] 蒙培元:《情感与理性》,中国社会科学出版社,2002,《自序》。
[3] 蒙培元:《情感与理性》,中国社会科学出版社,2002,第22页。
[4] 吴森:《比较哲学研究》,(台北)东大图书公司,1979。
[5] Chad Hansen, *Qing (Emotion) in Pre-Buddhist Chinese Thought*, State University of New York Press, 1995.
[6] 郭振香:《先秦儒家情论研究》,北京师范大学出版社、安徽大学出版社,2011。
[7] 李天虹:《郭店竹简〈性自命出〉研究》,湖北教育出版社,2002。
[8] 丁四新:《论郭店楚简"情"的内涵》,《现代哲学》2003年第4期。

中,"情"基本上都不是指"情感",但也有不同的观点①。葛瑞汉(A. C. Graham)曾武断地认为先秦文献中的"情"都没有情感之义②,但近二十多年来的研究表明,葛氏的论断是不正确的,虽然在先秦诸子哲学文献中出现的很多"情"字并不是指情感,而是指"情实""真实",但"情"仍然有"情感"之义,《性自命出》等郭店竹简文献提供了确凿的证据,由此"情"作"情感"之义起源甚早。李天虹、郭振香等近十年来较为全面地考辨了先秦文献中出现的"情"字,李氏认为"二戴《礼记》之前的情字,基本上用作实、诚之义,自二戴礼记开始,直至荀子,大量的情字被用以表达情性、情感"③。丁四新辨析了《性自命出》中"情"的内涵,提出三种含义并存的观点④。

---

① 向世陵认为,孟子所谓"乃若其情,则可以为善矣,那所谓善也"的对先天性善论证,已经明确地将情与人的本性直接联系了起来。参见《郭店竹简"性""情"说》,《孔子研究》1999年第1期。

② A. C. Grahan, *Studies in Chinese philosophy and philosophical literature*, State University of New York Press, Albany, 1990, p.59.

③ 李天虹:《郭店竹简〈性自命出〉研究》,东方出版社,第50页。

④ 丁四新:《论郭店楚简"情"的内涵》,《现代哲学》2003年第4期。

## 第五章

## 儒道情感哲学与现代中国人的情感困境

> 拯救文明,将包括废除文明强加于感性的那些压抑控制。
>
> ——马尔库塞

现代中国人面临众多情感问题,儒道情感哲学蕴含丰富的思想资源,可以借此调整现代中国人的情感结构、平衡其情感控制、规范其情感表达、有序其情感沟通、合度其情感支持、本真其情感体验、美化其情感伦理,最终优化其情感模式,获得中国人的自由情感。

### 第一节 现代中国人的情感困境

由传统社会向现代社会的转变,不但是社会制度和结构的转变,而且是个人心理结构的转变。从某种程度上讲,个人被迫要求对自己的情感进行越来越强的自我约束和控制,人的情感也越来越成为外在的社会力量(组织、权力和资本)的控制对象。与此同时,情感表情逐渐符号化了,成为一种形象塑造、社会交往和服务于某种目的(如利润)的符号工具和手段。因而,现代性的代价之一就是情感的异化、淡化和虚假化[1]。对于 20 世纪前后人类所面临的种种情感危机,一些伟大的思想家如尼采、马克思、海德格尔、舍勒、萨特以及米尔斯都对此进行了深刻且富有成效的探索和思考,深入研究了包括畏惧、恐怖、厌恶、焦虑、怨恨和绝望等消极的情感类型,也从不同的视角开出了自己的药方。因此,关注在现代生存条件下中国人的情感模式

---

[1] 王宁:《略论情感的社会方式——情感社会学研究笔记》,《社会学研究》2000 年第 4 期。

和情感生活质量，成为儒道情感哲学的任务之一。

进入现代社会的部分当代中国人的情感困境具体表现为情感结构失调、情感控制失衡、情感表达失范、情感沟通失序、情感支持失度、情感体验失真、情感伦理适意等问题。这些问题使得当代中国人情感出现了模式化、标签化、代理化、同一化、媒介化、机械化、荒漠化、真空化、空心化、消费化、虚拟化等多重特征，情感生活已经走向了"非情感化"和异化。

## 一　情感结构失调

人类情感是个多层次、多维度的构成物。情感结构①是指人的不同情感类型或层次、种类在其情感系统中所占的比例。所谓情感结构失调是指不同情感类型或层次、种类在其情感系统中所占的比例不和谐。这种情感结构失调可以分为以下几种。

1. 五维情感结构失调

人类的情感世界是纷繁复杂、生动活泼的，然而，我们可以从哲学的视角，把它们粗略地分为五大类，即生活情感（狭义的日常生活情感）、政治情感、道德情感、审美情感、宗教情感。从这一角度看情感结构失调表现为生活情感、政治情感、道德情感、审美情感、宗教情感五种情感比例不和谐。

五维情感结构失调表现为情感冲突化（具体表现为生活情感与政治情感、道德情感、审美情感、宗教情感的分裂和冲突）。

（1）或过分倾向于生活情感，最终沦为享乐主义。所谓生活情感，是指人们日常生活中的情感，即"情欲的追求"，主要指食、性之欲以及追求舒适的生活，追求荣华富贵等世俗"私欲"。我们不能不承认，饮食男女之

---

① 这里的情感结构不同于英国文化理论家雷蒙德·威廉斯（Raymond Williams）的"文化唯物主义"（Cultural Materialism）理论中使用的一个专门术语"情感结构"。他最早在《电影序言》（Preface to Film, 1954）里提出了这个词语，后来在其很有影响的著作《漫长的革命》（The Long Revolution, 1961）和《马克思主义与文学》（Marxism and Literature, 1977）中不断延伸和发展了这个概念。在《漫长的革命》里，威廉斯以19世纪40年代欧洲（尤其是英国）作家作品中表现出来的"极为深刻和广阔的沉着"为例，来说明一代人的思想与感受的形成，认为新时代所塑造出的对已经改变了的环境的反应，已经熔铸在了一代人变化了的"情感结构"之中。在《马克思主义与文学》里，威廉斯着重讨论了"情感结构"与意识形态之间的关系，尤其是与"霸权"（Hegemony）的关系。他认为，"情感结构"表明的是"客观结构"与"主观感受"之间的张力，突出了个人的情感和经验对思想意识的塑造作用，以及体现在社会形式之中的文本与实践的特殊形式。

情是人的自然人性；对舒适生活和荣华富贵的追求是在人的自然本能上衍生出的新的合理需要。但是过分追求这些，有可能会导致情感的私人运用失衡，负罪感、羞耻感、正义感、使命感、忧患感等高级情感日益式微，导致情感的粗鄙化、低俗化、肉欲化，最终沦为享乐中心主义。

梅斯特罗维奇认为当代社会正在进入一个新的发展阶段，"在其中合成的和拟想的情感成为被自我、他者和作为整体的文化产业普遍地操作的基础。"① 这种社会即"后情感社会"。这种"后情感社会"的明显标志之一，是全社会已经和正在导向"一种新的束缚形式，在现时代走向精心制作的情感"。也就是说，人们生活的一切方面都被文化产业普遍地操纵了，"不仅认知性内容被操纵了，而且情感也被文化产业操纵了，并且由此转换成为后情感。"② 在后情感社会，后情感主义成了人们生活的一条基本原则。"后情感主义是一种情感操纵，是指情感被自我和他者操纵成为柔和的、机械性的、大量生产的然而又是压抑性的快适伦理。"③ 快适伦理这个词很有意思，它凸显后情感社会日常生活的伦理状况。它追求的不再是美、审美、本真、纯粹等情感主义时代的"伦理"，而是强调日常生活的快乐与舒适，即使是虚拟和包装的情感，只要快适就好。快适伦理堪称后情感社会的一个显著标志④。

（2）或过分倾向于权力政治情感，走向官本位主义、极权主义或威权主义。所谓政治情感，是指人们在政治生活中的特殊情感，具体指政治主体在政治生活中对政治体系、政治活动、政治事件和政治人物等方面所产生的内心体验和感受，是伴随人的政治认知过程所形成的对于各种政治客体的好恶感、爱憎感、美丑感、亲疏感等心理反应的统称。同时也包括人们的权力欲、控制欲以及社会地位、政治地位的追求之情。政治情感是政治心理构成要素之一。健康的政治情感强调以社会群体为本位，如责任感、正义感、同情感，属于合理情感的公共运用。我们不能不承认，人们对权力、地位等追求也是作为社会动物的人的社会性在一定的物质条件下的反应。但是过分追求这些，有可能导致情感的公共运用缺场，如果过分倾向于权力政治情感，公民的政治情感在上就会形成官本位主义、极权主义或威权主义；在下走向

---

① Stjepan G. Mestrovic, *Postemotional Society*, London: SAGE Publications, 1997, p.7.
② Stjepan G. Mestrovic, *Postemotional Society*, London: SAGE Publications, 1997, p.8.
③ Stjepan G. Mestrovic, *Postemotional Society*, London: SAGE Publications, 1997, p.44.
④ 王一川：《从情感主义到后情感主义》，《文艺争鸣》2004年第1期。

愚忠、愚节，走向弗洛姆论证的"逃避自由"人格和阿多诺所讲述的权威人格。

权威人格也称专制人格，是德旧心理学家阿多诺于1950年提出的一种人格特征。具有这种人格的人，其整个人格组织都是围绕权威主义这一中心而建立起来的。在对待比自己低下和比自己优越的人们时这种权威主义表现最为突出：一方面对弱者夸耀自己的力量，排斥、拒绝；另一方面又对权威者卑躬屈膝，绝对服从。阿多诺曾用以解释纳粹德国种族优越感和仇恨其他民族的起源。心理学家们认为，儿童期家庭的生活经验和亲子关系、社会文化环境的影响，如迷信、宗教、破坏、保守行为等，在这种人格的生产上都有很大的作用。形成权威人格的深层原因是不确定性。权威人格的消解过程本质上也是权威人格的理性化过程。

（3）或过分倾向于道德情感，走向道德中心主义或伦理乌托邦。道德情感包括：对己自我认知感、自我适应感、自我同一感、自爱自尊感、自信自强感等；对人同情关怀感、体贴仁慈感、友谊真诚感、善解人意的挚爱感等；对自然的敬畏感、亲近感、扶序感、护爱感、神往迷恋感；对社会的合作责任感、公正公平感、荣誉成就感、爱国使命感等[①]。道德情感与道德需要同属人类的"获得性遗传"，对个体而言同具"先天"性特征，是人类共同具有的一种种族经验，实践积淀而成的潜能，也同样需要后天的揭示与培养。它是道德性质的活动引起人在心理上的情绪反应和内心感受。

道德感并不总是以逻辑——认知活动及其结果作为主要的活动前提，相反常以社会性认知、人际关系觉知以及由上述评价活动引起的情感为主要前提、基础或伴随物。如果这样来理解道德情感，它就是一个不能脱离人活生生的生活，并且深深扎根于、取决于人的生存状态及其感受。我们必须看到人的一些基础性社会情感，比如：归属感、依恋感、自我认同感、自尊感，它们都与道德情感有着难以分割的联系，有着丰富的道德意味。道德情感基础的另一个重要支点是人的同情、分享以及社会性兴趣所指及其范围、领域之大小[②]。

如果过分倾向于道德情感，可能走向道德中心主义或伦理乌托邦。儒学的一个重要特征是道德中心主义或伦理乌托邦，它往往不能划清理想与现

---

[①] 朱小蔓：《道德情感教育初论》，《思想理论教育》2001年第10期。
[②] 檀传宝：《道德情感、审美情感与道德教育》，《中国教育学刊》1997年第1期。

实、"应然"与"实然"之间的界限。因而，在它的学说中常常发生二者的越位或错位①。道德中心主义是中国传统文化，特别是占统治地位的儒家文化最重要、最基本的特征，其生成直接源于古代的宗法性社会结构。它既培育了一批批抱着道德至上信念、确乎闪耀出道德人格光辉的德性楷模，同时又严重阻碍了社会发展。

（4）或过分倾向于审美情感，走向审美乌托邦主义。审美情感，是由人的审美、爱美的生命需要所产生的情感。审美情感，不是对一个事物或一种关系的反映，而是对生活中的美丑和我们的意志力、欣赏力的一种感动。它所引起的快感是一种精神的愉悦，美感的价值是积极的、超功利的。它不仅可以感受生活中美的存在，也能感受丑的存在，化丑为美，如果审美不能化丑为美，那就是实在的丑，不是审美的丑。审美情感，因为与生活拉开了距离，又专注于生活中，既不受利害的困扰，也不受理性的禁锢，在审美静观中，达到物我同一、物我两心的境界。因此，审美情感发生的瞬间，人的灵魂空前解放，想象与幻象十分活跃，主体进入一个全新的境界，犹如天马行空，自由自在，没有丝毫拘束感、紧张感，从而获得极大的精神愉悦感和美好的享受。从这个意义上说，在诸多情感中，审美情感是最自由的情感②。审美情感活动具体包括三个层次：由审美对象触发的情感及其活动；由美的认识以及各种审美心理因素的综合作用而形成的具有美感、愉悦感受的情感；与审美理想相联系的审美情趣③。

审美乌托邦，顾名思义，简单地说来就是"审美的乌托邦"。这是在资本主义社会异化日益严重的背景下，一些对现存资本主义社会不满的哲学家在社会政治领域尝试了多种改造世界的方法但失望而归的情况下，企图用审美和艺术的方法来拯救这个异化的世界，使在异化世界中已经丧失了自由和谐本性的人们在艺术、审美的感召下，重新获得感性与理性的统一，恢复人性的和谐。马尔库塞作为新马克思主义美学的重要代表，继承了德国浪漫派的传统，认为艺术领域是一个诗意盎然的浪漫化的世界。艺术凭借审美形式使自己成为一个和既定的社会关系相对立的自律领域。"审美的学科具有一种与理性秩序相对立的感性秩序"，"艺术即异在"（马尔库塞）。艺术的永

---

① 郑黔玉：《略论儒学的群体意识和道德理想主义》，《经济师》2004年第5期。
② 苗雨时：《论审美情感与非审美情感》，http://blog.sina.com.cn/s/blog_66e437910102dyn1.html.
③ 鹿月华：《审美情感的结构层次解析》，《高教论坛》2004年第3期。

恒领域是爱恋、激情、灵性、悲哀、欢乐、希望等依附于人类本身的内心世界，它是一个与经济、物质世界不同的情感世界。这像是让势单力薄的艺术承担了一个"不可能完成的任务"，犹如让瘦小的孙悟空背沉重的五行山一般，终究是不现实的。所以，人们常常把抱有这种观点的人称为审美乌托邦主义者，把他们的美学思想称为"审美乌托邦"。与社会乌托邦一样，试图用感性与理性相统一的艺术、审美来拯救现世的审美乌托邦也被认为是一个虚无缥缈的空想，是永远也不可能实现的任务；也正因如此，审美乌托邦与社会乌托邦一样，被认为是不科学的，是不值得提倡的，甚至是应该高度警惕的[1]。

（5）或过分倾向于宗教情感，走向宗教原教旨主义。宗教情感（The Religious Affections）是对宗教意识在情绪、情感上的反映。它的表现形式主要有敬畏感、神秘感、依赖感、罪恶感、羞耻感、安宁感和满足感等[2]。这种宗教情感不是单纯的感觉和主观的情绪，爱德华兹在其著作中"所用的affection一词，默认了有对象的心灵互动所生发的情感，所要表达的是当人的内在心灵被触动之后，对于对方的感应"[3]。正是由于情感主要在于对上帝的回应，所以"真宗教很大部分在于圣洁的情感"。理所当然，爱是一切其他感情之首及源泉。正像《哥林多前书》中所证明的，它是源泉，一切善都从它开始。我们在《提摩太前书》中读道："但命令的总归就是爱，这爱是从清洁的心和无愧的良心、无伪的信心生出来的。"保罗说，爱是宗教中最伟大的东西，是宗教的核心。没有爱，最伟大的知识和它的馈赠，都只是最冠冕堂皇的表白，事实上，宗教生活中的一切，都是空的、无价值的。

个人利益与社会利益之间的联系是复杂的，在此基础上所产生的宗教情感也是复杂的，其中最典型的有六类：

   对神灵权威的敬畏感。它是自然力量和社会力量的约束性在人的心目中所产生的反应，它使人自觉不自觉地为自己或他人设置各种行为禁忌，并使自己和他人严格在自然规律和社会法则所限制的范围内活动。

---

[1] 邹强：《"乌托邦"与"审美乌托邦"》，http://www.literature.org.cn/Article.aspx?id=71867。

[2] 崔波：《宗教情感刍议》，《南都学坛》1994年第5期。

[3] 〔美〕乔纳森·爱德华兹：《宗教情感》，杨基译，生活·读书·新知三联书店，2003，（序言）第1页。

对神灵万能的惊异感。它是自然力量和社会力量的强大性在人的心目中所产生的反应,它是人对自然力量、自然变化、社会现象所产生的惊奇与迷惑,它使人自觉地、积极地听从服从自然规律和社会法则的安排。

对神灵存在的依赖感。它是人对于自然和社会的依赖性在人的心目中所产生的反应,使人能够积极地维护自然的生态平衡,自觉地、积极地把个人利益与公众利益紧密地联系在一起,以增强个人对于社会的凝聚力。

对神灵审判的罪恶感。它是自然法则、社会法律和社会道德规范对于人的行为活动的决定性在人的心目中所产生的反应,使人自觉地用自然法则、社会法律和社会道德规范来检查自己的错误,忏悔自己的恶行,从而自觉地服从社会利益的需要。

对神灵交往的期待感,它是自然力量和社会力量对于人的融合性在人的心目中所产生的反应,它使人自觉不自觉把自己融入大自然,人本身属于自然界的一部分,人的任何行为的最初出发地是自然界,最终归宿地也必然是自然界。

对宗教理想的虔诚感。它是人生的价值目的性在人的心目中所产生的反应,宗教理想的核心是与神灵合一,灵魂得救,永享天国之乐。这些唯心主义的内容实际上蕴含唯物主义的本质。因为宗教理想集中体现了宗教的精髓,体现了宗教信徒的根本追求,所以对教徒的诱惑力最大,最能激发他们的强烈情感和牺牲精神,许多宗教狂热往往都是在实现或保卫宗教理想的名义下兴起的。宗教的"原罪论"有助于预先设置负向情感,从而提高人对于痛苦、挫折与灾难的心理承受能力;"功名虚无论"有助于降低人对于功名的情感强度,从而缓冲人与人之间的利益冲突;"因果报应论"既有助于提高人对于他人恶行的情感忍受能力,还有助于提高人对于自己丑恶事物的情感节制能力;"生死轮回论"有利于降低人对于死亡的恐惧感,使人能够坦然地面对死亡,从而降低人在死亡过程中可能产生的负价值;"天堂地狱论"有助于人树立对死后虚拟正价值的向往和对虚拟负价值的恐惧,从而协调和解决个人利益与社会利益之间的矛盾;"神灵意志论"有利于人平衡功利心态,解释人生痛苦,寻找精神寄托[①]。

---

① 《宗教情感》,http://www.baike.com/wiki/%E5%AE%97%E6%95%99%E6%83%85%E6%84%9F。

但是，或过分倾向于宗教情感，可能走向宗教激进主义 Fundamentalism。宗教激进主义（或称基要主义）是指将宗教经典看作绝对可靠的检验真理的基本原则，并以此来规定和推行其信仰和生活方式的一种宗教现象。其最突出的社会特征是采取包括政治、军事等暴力手段在内的方式强行制止其他信仰，推行自己的"教旨"，以所谓的"教旨"和"信仰"的理由摧毁人类法律、道德和良知的堤防，其实质是一种宗教强制主义或神学极权主义。宗教激进主义有极强的保守性、对抗性、排他性及战斗性。

2. 感性情感、理性情感、超理性高级情感的结构失调

根据情感的不同层次，人的情感可分为感性情感（如情欲、情绪），有理性化的情感（即情理、情义），还有超理性的高级情感（神秘体验、宗教体验、审美情感）[①]。

感性情感、理性情感、超理性高级情感的三元结构失调表现为现代人的情感越来越呈现感性化，现代低级生存性情感遮蔽一切：滥情、无情、矫情、虚情、焦虑、怨恨、仇恨（官、富、帅）、郁闷、紧张、焦虑，诚信、信任缺失，情感无力综合征患者剩男剩女日益增多，爱情、幸福感、爱国感、道德情感、价值情感、审美情感、宗教情感等高级情感越来越缺失，越来越稀有。

3. 正负向情感结构或积极情感与消极情感二元结构失调

根据价值的正负变化方向的不同，情感可分为正向情感与负向情感。正向情感是人对正向价值的增加或负向价值的减少所产生的情感，如愉快、信任、感激、庆幸等；正向情感是一种积极情感（Positive Affect，PA）。负向情感是人对正向价值的减少或负向价值的增加所产生的情感，如郁闷、焦虑、怨恨、痛苦、鄙视、仇恨、嫉妒等。负向情感是一种消极情感（Negative affectivity，NA）。虽然适度的负向情感有助于现代人的健康成长，但是，随着现代化的日益加剧，现代人的情感结构中正向情感远远少于负向情感。正负向情感结构失调的主要标志是幸福感的普遍降低。

## 二 情感控制失衡

所谓"情感控制"（emotional control），是指对情感的合理控制，与"情感操控"（emotional manipulation）不同，后者是指以感情为武器操控别

---

[①] 蒙培元：《论中国的情感哲学》，《哲学研究》1994年第4期。

人的行为而达到自己的目的行为。在主张情感控制的哲学家看来，控制概念是个中性词，它绝不仅是禁止、限制、压制这一种意义。对情感的控制既可以是否定的，也可以是肯定的；既可以是压抑的，也可以是升华的。情感控制要处理好的三对关系：其一，情感的个人自主性与社会受动性；其二，情感的私人运用与公共运用；其三，理性与情感的关系①。但是，现代社会的情感控制，很显然，已经失去了这种平衡，倒向了理性压制情感、情感的社会控制、私情的滥用。

(1) 理性压制情感

早期社会的情感控制多与初级群体、传统风俗等相联系，现代社会的情感控制则打上了现代性的烙印。一些哲学家认为，现代文明的进步确实是建立在压制情感基础上的，是在压制过程中实现的，对情感的压制是现代性的一个缺陷。西美尔比较关注现代社会的市场理性对情感的控制作用，如货币经济、都市生活都压抑了情感，使人成了理智之上、计算性格的人。即使有情感生活，也是"千人一面"，失去了以往时代的带有个性的"强烈和生猛"②。科林斯则进一步认为存在一种情感市场。如果说在传统社会里人们对待情感的理性因素较少的话，那么在现代社会，任何东西都纳入市场交换，都成为商品，情感也不例外③。对待情感的工具理性增强，这意味着情感愈来愈失去了其本真性，成为市场操纵的对象④。罗斯在20世纪的头一年就指出，启蒙理性的失败有几个原因，它剪断了想象的翅膀，限制了情感；曲解了社会的冲动；掠夺了宗教的全部奇迹；忽视了人类本性中热情奔放的一面，因而不能为社会提供良好的内聚原则⑤。显然，传统理性主义对理性的强调，是以忽视乃至压抑人的情感为代价的。现代社会情感的衰落并不是情感本身的过错，而是情感世界被殖民化被异化的结果。弗洛伊德指出人类历史就是一部对人类情欲的压抑史，这种压抑到了文明时代变得有过之而无不及："一方面，爱反对文明的利益，另一方面，文明用难以忍受的限制来威胁爱"⑥。文明对爱欲的压抑，使得人们的生活难以忍受，幸福难以获得。

---

① 郭景萍：《情感社会学三题三议》，《学术论坛》2007年第6期。
② 〔德〕齐奥尔格·西美尔：《金钱性别现代生活风格》，顾仁明译，学林出版社，2000，第18~23页。
③ 〔美〕诺尔曼·丹森：《情感论》，魏中军等译，辽宁人民出版社，1988，第46页。
④ 郭景萍：《西美尔：文化视野中的情感研究》，《学术探索》2004年第4期。
⑤ 〔奥〕E. A. 罗斯：《社会控制论》，秦志勇等译，华夏出版社，1989。
⑥ 〔奥〕西格蒙特·弗洛伊德：《一个幻觉的未来》，杨韶钢译，华夏出版社，1999，第37页。

在弗洛伊德看来，情感的失调与其说是由它的无意识特征决定的，不如说是意识压抑的结果。批判学派的代表马尔库塞把压抑分为基本的和剩余的，认为在物质匮乏的条件下，基本压抑是必要的，而随着社会的进步，对情欲的压抑就变得多余了，"拯救文明，将包括废除文明强加于感性的那些压抑控制"（在马尔库塞那里，"感性"指感觉加情感）①。如果说，马尔库塞早期把"理性"看成"革命"的（这里的理性指的是黑格尔由柏拉图辩证逻辑发展而来的辩证理性），到了他的后期，则转向对"理性"（指的是由亚里士多德工具理性演化的科学理性）的批判。"自亚里士多德将逻辑定于一尊以来，逻各斯一词已与整理、划分、控制的理性没有区别了"，统治的逻辑必须征服和遏制听命于快乐原则的机能和态度，于是"思想规律最终成了演算和操作技术"②。

舍勒从文明社会负面情感的增多增大来说明文明对情感的压抑性特征。舍勒指出，现代文明给人类造成的痛苦更多也更深。"原始人那种一致和长久的愉悦，在文明人身上早已荡然无存"，"生活于1789年之后的人，已不知生活的欢乐"③。文明带给人类的欢乐和幸福只是感官上的，造成的痛苦却是心灵上的。孤单、寂寥、疏离、忧心和恐惧，必然伴随着文明的压抑而出现。后现代主义社会学代表福柯直截了当地指出理性压抑人性的结果是制造了"疯狂"。疯狂这种病态情感是与理性时代联系在一起的，它不是一种"自然现象"，而是一种"文明"的产物。有了文明，才有了疯狂④。福柯从知识社会学的角度，将理性的这种对情感的压制与权力联系起来，认为理性成了权力的工具，它已转化为一种心理性的、道德性的控制力，从而将对人的情感压制变得更隐蔽、更巧妙，使人失去了他的本性，也使社会发展单一化，失去了发展的多种可能性⑤。福柯的观点成为后现代主义解释社会的一个基本依据⑥。

（2）情感的社会控制

在一些思想家看来，情感控制之所以必要，也是由情感本身的特点决定

---

① 〔美〕赫伯特·马尔库塞：《审美之维》，李小兵译，广西师范大学出版社，2001，第9页。
② 〔德〕赫伯特·马尔库塞：《爱欲与文明》，黄勇等译，上海译文出版社，1987，第79页。
③ 〔德〕马克斯·舍勒：《爱的秩序》，林克等译，上海三联书店，1999，第233页。
④ 〔法〕米歇尔·福柯：《疯癫与文明理性时代的疯癫史》，刘北成等译，生活·读书·新知三联书店，1999。
⑤ 〔法〕米歇尔·福柯：《规训与惩罚》，刘北成等译，生活·读书·新知三联书店，1999。
⑥ 郭景萍：《情感控制的社会学研究初探》，《社会学研究》2003年第4期。

的。在西方思想史上，对人性有一条基本的分割线，一边是理性，另一边是非理性，这两者犹如日神阿波罗与酒神狄俄尼索斯（尼采的比喻）的对立。情感的面纱遮住了人的眼睛，使人看不清世界[1]。现代人不再将情感视为一种富有意义的符号系统，而是将其视为盲目的自然事件。由此直接导致的一个逻辑结论就是，"也许必须在技术上引导它们，以便兴利除弊"[2]。对情感的贬低，把情感置于跟社会对立的地位，使人们认为情感力量的波动会妨碍社会的正常运行，并且往往使情感成为社会约束的对象，正如社会控制论的创始人罗斯指出的，与理性处处受到宠爱、受到张扬相比，情感、情欲长期在历史上成了被鄙视、被控制的对象。社会一般不允许过激的情感，因为卡理斯玛似的激情之爱驱使人们往往走向极端的抉择和激进的牺牲，这样会给社会带来破坏性。"从社会秩序和社会义务的角度看，有理由说激情之爱是充满风险的"[3]。正如经验主义、理性主义思想家拼命寻找可靠知识来为工业社会征服自然服务一样，一些社会学家也力图把理性作为认识社会和维持社会的基础。帕森斯在探讨社会秩序何以可能的问题时论证道：一方面，社会系统的共同价值规范（即社会理性）对其成员有整合功能，这可通过社会化和社会监督的控制机制来保证实现；另一方面，社会地位赋予每个人以权利和义务，人们为了实现自身的利益（即个人理性），也必须履行一定社会职责[4]。这样，帕森斯用理性的观点论证了社会秩序的可能性。[5]"禁欲的理性主义"，认为构成近代资本主义精神乃至整个近代文化精神的基本要素——以职业概念为基础的理性行为——正是从基督教禁欲主义中产生出来的[6]。也就是说，没有对情欲的抑制，就不会有资本主义的产生和发展，这表明控制情感是社会发展所需要的[7]。

社会唯实论者认为，情感控制之所以可能，是因为社会存在共同的价值规范。社会制定共同规范以规范人们的情感行为，以免情感如脱缰的野马。

---

[1] 〔波兰〕诺贝特·埃利亚斯：《文明的进程》，王佩莉等译，三联书店，1998，第297页。
[2] 〔德〕马克斯·舍勒：《爱的秩序》，林克等译，上海三联书店，1999，第57页。
[3] 〔英〕安东尼·吉登斯：《亲密关系的变革》，陈永国等译，社会科学文献出版社，2001，第51页。
[4] 贾春增：《外国社会学史》，中国人民大学出版社，2000，第225~226页。
[5] 郭景萍：《情感控制的社会学研究初探》，《社会学研究》2003年第4期。
[6] 〔德〕马克斯·韦伯：《新教伦理与资本主义精神》，于晓等译，生活·读书·新知三联书店，1987，第141页。
[7] 郭景萍：《情感控制的社会学研究初探》，《社会学研究》2003年第4期。

作为社会中的个人，不得不使自己的个人情感服从于社会的要求。涂尔干断言社会对情感的控制具有外在性和强制性，例如，哀悼可以不是发自内心的一种自然感受，而是群体所强加的一种义务："它是某人出于尊重风俗而被迫接受的一种仪式性的态度，但它大部分独立于他的情感状态"①。个人主义追求一种"渺小和粗鄙的快乐"，缺少对他人及社会的关心和同情，人际和睦之链被个人主义所割裂；工具理性主义迫使人们做出明知违反人性和善意的决定，制造出无人情味的社会机制；温和的专制主义威胁人们作为公民的尊严，强大的监护权力机构使人们对国家产生依赖性。由于人们的自我封闭和利益算计因而缺乏公共参与的政治热情②。与 C. 泰勒不谋而合，哈贝马斯也揭示了在后资本主义社会里，科层化的权力机关是如何与市场机制相辅相成地控制着现代生活人的各种领域，这是社会系统对生活世界的侵入，同时也意味着工具理性对情感领域的侵入，这既包括对公共空间（如公众民主的情感表达形式）的干扰，也包括对私人领域（如家庭情感关系）的渗透③。

(3) 私情的滥用

情感的反应结构也不是"自然之镜"，而是负载各种价值（甚至冲突）的思想集合，是"社会之镜"。这就是说，从情感的形成性质、情感的运行模式、情感的反应结构这三方面看，情感都是受社会决定的。人类情感的价值取向是多元的，但从情感的根本指向来看，可以有"为个人、为自己"与"为社会、为他人"的根本区别，这就提出了情感的公共运用和情感的私人运用的问题。正确处理好情感的公用与私用关系具有重要的现实意义。控制私情的滥用是保障现代社会正常运作的条件之一④。

情感的私人运用具有一定的正当性，只要这种运用不损害他人或社会的利益，都是允许的。尽管如此，我们还是倡导情感的公共运用。如果某个社会上的人都只为自己谋利，把情感的关注点聚焦于自己，那么这个社会必然是分崩离析的。情感的私人运用并不一定反对社会的、群体的利益，每个人都有情感私人运用的权力，社会的道德法律应保护人的情感运用权力。但从

---

① 〔美〕莫里斯·罗森堡等：《社会学观点的社会心理学手册》，孙非等译，南开大学出版社，1992，第 604 页。
② 〔加〕泰勒，查尔斯：《现代性之隐忧》，程炼译，中央编译出版社，2001，第 2~10 页。
③ 郭景萍：《情感控制的社会学研究初探》，《社会学研究》2003 年第 4 期。
④ 郭景萍：《情感社会学三题三议》，《学术论坛》2007 年第 6 期。

另一方面看，情感的私人运用必须为社会群体的利益而服膺道德遵守法律，否则，情感的私人运用也得不到保护①。

　　费孝通先生的差序格局概念是对人的情感由个人推及他人、推及社会的描述。情感的差序格局就是一个由"私情"向"公情"的展开过程。美国社会生物学家威尔逊曾设想了一个"自利的行为谱线"：在一端，受益的只是个体，然后是核心家庭，然后是扩大的家庭，然后是群体、部落、酋长国；最后，在另一端，是社会政治最高单位。他认为，在上述生物行为线上，人是相当接近以个体为中心一端的②。

　　情感的公共运用以社会群体为本位，如责任感、正义感、同情感，就属于情感的公共运用。正确处理好情感的公用与私用关系具有重要的现实意义。控制私情的滥用是保障现代社会正常运作的条件之一。为什么现在社会上的事故频繁出现？人为的因素影响很大，领导如果在决策中有私心选择偏好，比如受一种政绩冲动支配的话，决策中就蕴含情感风险，就会导致决策的失误，合法性危机由此产生③。

　　在现实生活中，为情而抗法、为情而枉法的大有人在、大有事在。有的人利用权力和关系为自己的亲属开脱罪责，收买证人、毁灭证据等；有的乡亲不分青红皂白，集体签名开出具保书为某个犯了罪的村民说情。这种把亲情和人情置于法律之上、人情大于王法的做法有悖于法律公正。徇私枉法、徇情枉法，这是法律不允许的，要受到法律的制裁。公情与私情相比，是客观的、没有偏见的，体现了社会的共同价值观念；而私情在某些时刻会受到邪恶本能和自私欲望的蒙蔽。如果一个社会平均道德水平比较高，并拥有一批具有高尚自我牺牲精神的卓越者，那么这个社会就是一个"公情"得到张扬的社会；相反，当"私情"在一个社会蔓延时，人际关系陷入紧张状态，公共利益受到严重侵蚀，社会风气堪忧④。

## 三　情感表达失范

　　情感表达，是准确而有效地向他人展示自己的价值关系，以便求得他人有效的合作，通过识别他人的情感表达来及时、准确而有效地了解他人的价

---

① 郭景萍：《情感社会学三题三议》，《学术论坛》2007年第6期。
② 〔美〕E. O. 威尔逊：《论人的天性》，林和生等译，贵州人民出版社，1987，第146页。
③ 郭景萍：《情感社会学三题三议》，《学术论坛》2007年第6期。
④ 郭景萍：《情感社会学三题三议》，《学术论坛》2007年第6期。

值关系，以便更好地与他人进行合作。

情感的存在并不完全是个人的事情，它的存在方式是社会性的，也就是说，它在何时、何处和以何种频率而得到满足、宣泄和释放，不同的年代、阶层、文化和社会有不同的接受标准和接受方式。这种情感的表达与社会接受方式可以看作现代化程度的指标之一。因此，对情感的社会表达与接受方式的研究，有助于从一个侧面加深对社会控制和个人自由的关系的理解。[①]

帕累托指出了犯罪在许多情况下是被情欲驱使的一种情感失范[②]。埃利亚斯则从历史的角度，经验地考证了作为人的自我约束的心理机制（类似于"超我"）的"社会发生"和"心理发生"的过程。埃利亚斯还和他的学生、英国莱斯特大学社会学系主任丹宁教授，在情感社会学的基础上建立了体育社会学。他们把体育（尤其是足球）和休闲看作社会建立起来的情感（如暴力情感）宣泄的安全通道，因而体育和休闲对维护社会的秩序具有积极的功能。吉登斯也探讨了现代性对亲密性和情感生活的影响[③]。

人的情感表达的基本模式可以根据表达渠道类型的不同，分为现实模式和虚拟模式。现实模式指的是依据现实社会中的渠道来表达情感，虚拟模式指的是依据虚拟世界中的渠道来表达情感。情感表达的现实模式有：聊天、心理咨询、写日记、打球、游泳、跑步、摔东西、打架、吸烟、喝酒、狂吃狂睡、语言暴力等。情感表达的虚拟模式有：网络聊天室、QQ、博客、微博、微信等。

现代社会情感表达的基本模式越来越虚拟化。随着信息技术的不断发展和网络对人们学习、生活影响的日益增强，年轻一代也更加强烈地呼吁网络能为他们提供更便捷的交流思想、宣泄情感的平台。在过去的几年里，最热闹抱怨场所已经转移。洗冷水澡，在更衣室闲扯，或是美容沙龙都已经过时，现在，最流行的牢骚发泄地是小小的电脑屏幕。在巨大而广阔的网络空间里，抱怨者数量惊人。有人提供虚拟的平台，就是为了让完全不认识的人可以二十四小时昼夜不停地控诉，其他网站则在散播抱怨宣言和复仇日程表。一小部分人甚至开创了价值数百万美元的抱怨产业[④]。于是网络文学这

---

① 王宁：《略论情感的社会方式——情感社会学研究笔记》，《社会学研究》2000年第4期。
② 王宁：《略论情感的社会方式——情感社会学研究笔记》，《社会学研究》2000年第4期。
③ 王宁：《略论情感的社会方式——情感社会学研究笔记》，《社会学研究》2000年第4期。
④ 〔美〕盖伊·温奇：《抱怨的艺术》，http://read.dangdang.com/content_ 2512272? ref = read-2-D&book_ id = 18058。

一特殊的文学形式越来越受到广大青年读者,特别是大学生读者的青睐,更逐渐成为大学生读者宣泄内心压力与情感的一个有效手段。

## 四 情感沟通失序

情感作为一种心理体验,既有个体性,又有社会性。就后者来说,情感是要以某种社会方式来进行沟通和交流的。情感沟通的社会方式是情感沟通的技术手段和社会形式的统一。按情感沟通的技术手段来分,情感的沟通方式包括口头沟通、书面沟通和电子沟通等方式。与这些沟通手段相适应,分别出现了口头文化(如民间传说)、印刷文化(书报传媒文化)和电子文化(现代电子传媒文化)。在印刷文化和电子文化阶段,情感通过印刷和电子语言的载体而成为商品,成为可以出售的"情感消费品"。同这三种技术沟通手段相对应,出现了情感沟通的四种社会形式:双向、面对面的沟通形式(以口头沟通为手段),双向、非面对面的沟通形式(以书信、电话和电子邮件、传真为手段),单向、面对面的沟通形式(以口头沟通为手段,如上级对下级发火、单相思者向心上人诉说爱情),单向、非面对面的沟通形式(以书写、印刷和电子为手段,如书刊、影视和电子传媒、上级通过文件对下级的宣传①。

**表1 情感沟通的社会形式**

| 项目 | 面对面 | 非面对面 |
|---|---|---|
| 双向 | 双向、面对面 | 双向、非面对面 |
| 单向 | 单向、面对面 | 单向、非面对面 |

现代社会,尤其是城市化社会在情感的社会沟通方式上的变化之一就是面对面的、以口头为媒介的双向沟通的范围越来越小了,越来越限定在亲密范围。情感的沟通越来越成为一种以大众传媒为主导的、单向的形式,越来越成为可以由权力团体借助于大众传媒所操纵的过程,造成情感沟通的失序。于是,人们的情感生活越来越成为情感消费和模拟情感,并越来越具有某种同质性。例如,西方的观众在观看空难、非洲饥民和海湾战争的新闻时,实际上是在消费快乐的"同情"和"恐惧"(一种变相的麻木),而丧

---

① 王宁:《略论情感的社会方式——情感社会学研究笔记》,《社会学研究》2000年第4期。

失了真正的同情心和同情行动。用梅斯特罗维奇（Mestrovic）的话说，当代西方社会是一个"后情感社会"Postemotional Society①。

## 五 情感支持失度

情感生活是人的生活的一个重要的部分。因此，每个人都必须有着某种情感的社会支持，即向他人进行情感倾诉并从他人那里获得情感安慰和心理依赖。例如，父母与子女之间、情侣或夫妇之间、朋友或亲戚之间等，都构成相互性的情感社会支持。英国的伊丽莎白·波特对20对伦敦夫妇的婚姻角色的研究②，就涉及夫妇的情感社会支持问题。她发现，存在两种典型的夫妇婚姻角色。一种是分隔型角色：夫妇各做各事，男主外，女主内，双方有明确的分工，休闲时间也很少在一起。另一种是结合型角色，夫妇双方有明确的分工，尽量在一起做家务，双方较平等，决策时共同协商，休闲时间也多在一起（在这两个极端中，还存在许多中间的类型）。很显然，分隔型婚姻角色中的夫妇比结合型婚姻角色中的夫妇，相互之间的情感支持度要更低。为什么会这样呢？原因在于，在分隔型的婚姻角色中，夫妇各自都有一个联结程度较高的社会网络，与之相对，结合型婚姻角色中的夫妇只有较松散的社会网络。因此，对于一个家庭来说，其社会网络的联结度越高，就越可能从这个网络获得某种情感的社会支持，因而就不需要过分依赖丈夫或妻子来获得情感支持，其结果就是婚姻角色的分隔。反过来，一个家庭的社会网络越松散，夫妇双方不能从其社会网络中获得较多的情感社会支持，因而就更多倾向于从丈夫或妻子那里获得情感支持，因而其婚姻角色就呈结合型（当然，不可否认，婚姻角色的不同还受其他因素的影响，如夫妇各自的人格等）③。

传统的情感社会支持，可以依据支持强度的大小概括为几种不同的社会关系网络。一是血缘与亲密关系，如家庭与情侣关系等。二是朋友、亲戚与邻居关系。二是社区成员关系，如同在一个教堂做礼拜，在同一个酒吧喝酒，同为一个业余爱好俱乐部的成员，等等。四是制度性情感支持（如中国的单位成为许多人的情感依托）。五是偶像崇拜关系。通过对偶像的崇拜，

---

① 王宁：《略论情感的社会方式——情感社会学研究笔记》，《社会学研究》2000年第4期。
② Bott, E, "*Urban Families: Conjugal Roles and Social Networks,*" *Human Relations*, 1955, p. 8.
③ 王宁：《略论情感的社会方式——情感社会学研究笔记》，《社会学研究》2000年第4期。

也可获得某种单向的情感社会支持[①]。

随着电子网络技术的发展和普及,一种新型的情感社会支持方式浮出了水面,那就是网络上的匿名情感支持。网上聊天和情感沟通导致"电子社区"[②]的产生,使人们的情感社会支持的范围大大扩展了,同时,情感支持的获取还不受年龄、性别、长相、地域、职业等的限制,情感交往的成本和负担大大减少,而情感支持度则可以因此而提高。当然,也有物极必反的情况,那就是,过分沉溺于网上匿名的情感支持,可能反过来削弱了在现实社会中的人际交往和情感沟通能力[③]。

情感支持失度主要表现为情感需要满足的市场化。在当代社会中,由于社会建立了理性(逻各斯)主导的机制,情感需要的满足方式发生了不同于传统社会的几个变化。第一,真实情感的私密化。在传统社会中,家庭以外的邻里和社区是个人情感支持的一个重要来源。但是,在现代社会中,社区的情感关系越来越趋于淡化、弱化和虚假化,因此,人们的真实的情感生活越来越限制在私人的空间,成为私人的、亲密的小圈子内的事情。第二,情感满足方式的匿名化和单向化。在传统社会中,情感满足的社会方式往往是面对面(即双向)的、熟人之间的情感沟通和支持。但是,在现代社会,由于真实情感的私密化,家庭和亲密关系以外的情感满足越来越多地倾向于采取单向的、匿名的方式。它包括大众传媒(匿名、单向)和最近出现的电脑网络上的匿名"聊天室"(匿名、双向)。第三,情感生活的市场化。也就是说,情感需要的满足越来越依赖于市场所提供的情感"产品"和"服务"。由于情感生活的市场化和随之而来的情感"产品"的批量化,人们的情感满足方式越来越公共化、标准化和同质化[④]。

## 六 情感体验失真

情感的存在、释放和满足并不完全是个人的事情,而具有社会性,也就是说,它在何时、何处及以何种频率而得到满足、宣泄和释放,不同的年代、阶层、文化和社会有不同的宣泄方式和接受标准。那么,在当代社会,

---

① 王宁:《略论情感的社会方式——情感社会学研究笔记》,《社会学研究》2000年第4期。
② 〔美〕本杰明、罗芭:《电子社区:没有比之更佳》,选自唐·泰普斯科特、亚历克斯·洛伊、戴维·泰科尔《电子商务的勃兴》,陈劲、何丹译,东北财经大学出版社,1999。
③ 王宁:《略论情感的社会方式——情感社会学研究笔记》,《社会学研究》2000年第4期。
④ 王宁:《略论情感的社会方式——情感社会学研究笔记》,《社会学研究》2000年第4期。

情感的体验方式又是怎样的呢？这就是情感体验失真，表现为"后情感"。人与人之间最真挚的情感都已成为职业公司的日常商务活动，从而可随意替代时，情感的真实性或本真性就被彻底消解了，转化成为一种自觉的、有意识的话语虚拟，甚至是由商界操纵的商务过程了。这种自觉地替代、虚拟或操纵的情感，显然正是情感主义破裂后兴起的一种新型情感，即后情感[①]。

后情感是商品经济时代消费社会的衍生物，也是人们的一种情感，它的情感性还在，但经过了重新包装、虚拟并作为商品供人们消费。这种情感是对原来的本真情感进行消解后的产物，是本真情感的替代品。人们往往从中获得了视觉、生理的快感，用斯捷潘·梅斯特罗维奇的话来说，即是追求一种"快适伦理"。"后情感"或"后情感主义"不是指情感的消失或终结，而是指情感的社会性转化，是指情感生活的机械化，即一种对情感的操纵，它"更为准确地捕捉到了当前混乱、伪善、歇斯底里、怀旧、反讽、悖谬，以及其他在当代西方社会生活中凡事都过分地用情感来渲染的状态"。大体而言，这种失真的"后情感"具有以下四个方面的主要特性：一是虚拟性，二是表演性，三是代理性[②]，四是产业化。

## 七 情感伦理适意

梅斯特罗维奇认为当代社会正在进入一个新的发展阶段，"在其中合成的和拟想的情感成为被自我、他者和作为整体的文化产业普遍地操作的基础。"[③] 这种社会即"后情感社会"。这种"后情感社会"的明显标志之一，是全社会已经和正在导向"一种新的束缚形式，在现时代走向精心制作的情感"。也就是说，人们生活的一切方面都被文化产业普遍地操纵了，"不仅认知性内容被操纵了，而且情感也被文化产业操纵了，并且由此转换成为后情感。"[④] 在后情感社会，后情感主义成了人们生活的一条基本原则。"后情感主义是一种情感操纵，是指情感被自我和他者操纵成为柔和的、机械性的、大量生产的然而又是压抑性的适意伦理 ethic of niceness。"[⑤] 适意或快适伦理这个词凸显后情感社会的日常生活的伦理状况。它追求的不再是美、审

---

[①] 王一川：《从情感主义到后情感主义》，《文艺争鸣》2004 年第 1 期。
[②] 左其福：《后情感主义及其对当代中国文学的影响》，《文艺理论与批评》2012 年第 4 期。
[③] Stjepan G. Mestrovic, *Postemotional Society*, SAGE Publications, 1997.
[④] Stjepan G. Mestrovic, *Postemotional Society*, SAGE Publications, 1997.
[⑤] Stjepan G. Mestrovic, *Postemotional Society*, SAGE Publications, 1997.

美、本真、纯粹等情感主义时代的"伦理",而是强调日常生活的快乐与舒适,即使是虚拟和包装的情感,只要快适就好。快适伦理堪称后情感社会的一个显著标志。

这种适意或快适伦理 ethic of niceness,在情感与媒介的关系上,随着电视和网络这两种大众媒介分别充当核心媒介和新锐媒介,情感很容易被大众媒介产业及相应的社会情境所操控,变异为传统情感的替代或虚拟品即后情感。在情感与语言问题上,以流畅和有趣为特色的语言来表现的情感,尤其投合于肤浅的感官快适满足。在情感与真实问题上,情感已不必指向以往至高无上的客观真实,而只需满足公众的快感欲求就是了。在情感与善的问题上,动情的可以不必是善的,且完全可以表现为恶的形式,情感态度甚至于是粗鄙化,如大量生产供公众欣赏的恐怖、暴力或凶杀等娱乐节目或产品。同时,动情的也可以不对人们的共同体伦理建构与调整发生任何实际的有益影响。相应地,在情感与美的问题上,感动人的常常是仅仅投合即时感官快适的审美对象;而且,这种令人感动的东西可以不必是美的或审美的,而完全可能是"丑"的。这种"丑"当然不再是经典美学确立的那种"化丑为美"的审美之"丑",而是实实在在的生活丑本身。如今的文化产业部门相信,公众安全地观赏被尽情地展示或陈列的丑,本身就可以获得一种情感愉悦,而真正的美应当是什么则完全不需要考虑[1]。情感体验失真导致马克思的"一切属人的感觉与特性的彻底解放"成为一个乌托邦[2]。

## 第二节 儒道情感哲学调整现代中国人的情感结构

"人生是一个艰难的过程,外物的逆阻,世事的曲折,常使人痛苦;如不能善用其情,则痛苦滋甚了。如能统御自己的情,对于逆险,能夷然处之,而痛苦便可以消减。所以人生需要有一种生活之艺术。而所谓生活之艺术,主要是统御情绪的艺术。"[3] 儒道情感哲学可以调整现代中国人的情感结构。

儒、道两家都讲"真情",而且讲原始的自然的本真之情,但是道家更侧重于个体的生命情调(包括审美情感),儒家更侧重于个体的生命关怀

---

[1] 王一川:《从情感主义到后情感主义》,《文艺争鸣》2004年第1期。
[2] 王一川:《从情感主义到后情感主义》,《文艺争鸣》2004年第1期。
[3] 张岱年:《中国哲学大纲》,中国社会科学出版社,1985,第467页。

（包括道德情感）。至于佛教，则讲"大悲愿""大悲情"，是一种"普度众生"的宗教情感。就人的生命存在而言，佛教哲学是一种不折不扣的苦乐观，一人生是一大悲苦，因而要解脱之、超越之，从此进入"极乐世界"、涅槃境界。这是一种极度悲怆而又极具吸引力的情感世界。①

## 一　五维情感的调整

儒道情感哲学中蕴含丰富的调控生活情感（狭义的日常生活情感）、政治情感、道德情感、审美情感、宗教情感五维关系的理论资源。儒道情感哲学包含对情感升华机制的关注。和谐的审美情感构成了综合真善美的基础情感，它足以超越蕴含人性的诸方面。这一蕴含功能保证了它最大的宽容性。最大的宽容性即意味着最广泛最深沉的自由。所以，作为本体的、和谐的审美情感才具有深入而持久的荡涤情怀之作用。荡涤情怀，是一个动态的情感纯化、凝聚和升华的过程，它使人拥有在精神情感的自发和自愿之中走向理性的自觉，这是一种真正的审美自由，是个性向人格的生成。情感哲学称其为哲学，正是在于这一作用②。

就道德情感而言，儒家讲求所谓"成人"，即儒家教育体系的一个终极目标，它着意于理想人格的培养。儒家的人格典范，是仁者、贤者、君子和圣人、圣王。例如，孔子眼中的君子，他"笃于亲""仁者爱人""不忧不惧""泰而不骄""和而不同""乐而不淫""哀而不伤"，具有种种中庸而优秀的品格，其中最重要的，是具有"仁以为己任"且深知任重而道远的"弘毅"的品格，这当然是一种具有高尚德性的人格。在儒家看来，如果一个人接受儒家的教育，正确地完成了"正心、诚意、修身"的功夫，那么他也就能够担当起"齐家、治国、平天下"序列的每一副重任，将社会引入"君君、臣臣、父父、子子"的有序状态。这样的君子，"达则兼善天下"，由圣而王，可以把幼小的孤儿甚至国家的命脉都托付给他的；"穷则独善其身"，即使处于极其困难的人生境遇，由入而出，归隐了，他也不会迷失自己的德性。这样的君子，怀着浩然正气，绝对不会去欺世媚俗。

道家情感哲学讲求："悲乐者，德之邪；喜怒者，道之过；好恶者，德之失。故心不忧乐，德之至也。"（《庄子·刻意》）心有悲乐、喜怒、好恶

---

① 蒙培元：《漫谈情感哲学》（上），《新视野》2001年第1期。
② 张节末：《中国古代审美情感原论》，《天津社会科学》1998年第1期。

之情，存在忧乐之心，都会损害德，也损害道。无忧无乐，才能体道存德。玄学中的嵇康、阮籍等人，以超越名教的方式表现其思想和人格，他们都是重情的。冯友兰先生称之为"风流"。牟宗三先生则对嵇、阮二人进行了区分，将嵇康归之于"玄理派"，而将阮籍归之于"浪漫文人"。其实，二人都是主情的，同时是主张情感与理性之统一的。他们既是玄学家，又是"情理"中人，但不是沉溺于情欲之中的怪诞之人，时人形容为"孤松""玉山"，便能表现嵇康的情志与人格。他提出"越名教而任自然"这一著名的玄学命题。"情不系于所欲，故能审贵贱而通物情。物情顺通，故大道无违；超名任心，故是非无措也。"（《嵇康·养生论》）他主张人应当"显情"而不应当"匿情"，不系于所欲之情，就是超越名教的自然之情，故能通物情而能上，与"道"为一。这种情怀也就是"淑亮之心"，所谓任"心"就是任"淑亮心"，亦即任自然之情。淑者好也美也，亮者内外通透而无隐蔽也。这不仅是审美的，鉴赏的，而且是人格的，德性的。可以说，嵇康之"玄远"，是情志之玄远；嵇康之"任心"，是任真情之心。阮籍"傲然独得，任性不羁，而喜怒不形于色"，也是重情之人。所谓"不羁"是不为名教所羁，所谓"任性"，是任其真性情，性即是情。凡有真情之人，都有孝心，阮籍和嵇康一样，都是至孝之人，其母去世，几至"毁瘠骨立，殆致灭性"[①]，说明他的孝完全出自内心真情。阮籍之重情，确实大量表现在审美鉴赏方面，无论在生活中，还是在作品中，都有这方面的记载和记录。他不仅是一位"浪漫文人"，而且是一位重要的玄学家，其主要哲学观点，就是情与道之统一，情与"自然"之统一，"自然"就是世界的本体。"越名教而任自然"，不仅是嵇康的主张，也是阮籍的主张[②]。

## 二　情绪、欲望、情感的结构调整

儒道情感哲学中蕴含丰富的调控情绪、欲望、情感三元结构的理论资源。人生的不同时期，人的情感、欲望表现出不同的特点，但从总体上看，它们都需要通过"戒"的过程以符合伦理规范。理学中的"气质之性"大致相当于感性欲望、情感。理学家们反复强调"变化气质"，其根本目的在于将情感、欲望引向理性自觉，最终能够安身立命。学习、教化、仪式规范

---

[①]　《晋书·阮籍传》。
[②]　蒙培元：《漫谈情感哲学》（上），《新视野》2001年第1期。

引导是情感走向理性自觉的手段。通过这些手段，涤除私欲，护持顺着天命之性发出的情感，使它与天地万物之理合二为一，即如程颢所说："圣人之常，以其情顺万物而无情。"当人的情感顺应天地万物之理，"发而皆中节"，就成为普遍意义的"情"，实质上也是万物之理。无论是生活，是为学，还是为人，只要在此过程中领悟到情与理的融合，"万物皆备于我""上下与天地同流"，就达到了天人合一的境界。在这种境界中，人体会到对宇宙的根源感，体会到宇宙生生不息的创造精神，体会到人的博大气象以及生命的情调，获得对生命价值、意义的领悟，从而获得"至乐"。"至乐"是一种精神愉悦，这种愉悦尽管不同于感性情绪、体验，但在本质上仍是一种"乐"，一种上升为理性自觉的情感体验。因此，程灏说："学而至于乐则成矣。"王阳明说："乐是心之本体，仁人之心，以天地万物为一体，欣合和畅，厚无间隔。来书谓'人之生理，本自和畅，本无不乐，但为客气物欲搅此和畅之气，始有间断不乐'是也。"① 甚至王艮直接就把这种"乐"称为道德本体、最高境界②。

## 三 正面情感与负面情感的调控

儒道情感哲学中蕴含丰富的调控正面情感与负面情感关系的理论资源。儒道情感哲学认为在一定的精神境界中，借助理性愉悦，可以化解人生之忧，消除负面情感，坚定人的道德意志、信念、追求。孔子说："君子坦荡荡，小人常戚戚"（《论语·述而》）。"君子不忧不惧……内省不疚，夫何忧何惧"（《论语·颜渊》）？之所以如此，是因为"小人"没有真正领悟到"仁"的境界，而"仁者"之所以能够坦坦荡荡，不忧不惧，一方面是领悟到道体后的"乐"可以让人排遣、忘却忧惧。"乐天知命，故不忧"（《周易系辞上传》）。③

另一方面当人与道德境界融为一体后，在认识上体会到与道的一致性，上无愧于天地之理，下无愧于人的使命责任，"仰不愧于天，俯不怍于人"（《孟子·尽心上》），也就不可能有对人生、天地、宇宙忧惧、愧疚的情感反应了。以精神境界为情感的归宿，在情、理交融中体验、把握生命的意义与价值，这是儒家哲学的鲜明特点。将情感导向精神境界，体现了儒家对人

---

① 王阳明：《王阳明全集》，上海古籍出版社，1992，第194页。
② 周天庆：《论儒家伦理中的情感因素》，《求索》2007年第5期。
③ 周天庆：《论儒家伦理中的情感因素》，《求索》2007年第5期。

的深刻合理理解：人既是情感的存在，也是理性的存在。尽管宋明理学因为较为明显的抑制人的感性情感倾向甚至于发展到"以理杀人"，片面强调了对人的感性情感理性化而忽略人的感性存在，但他们没有忽略人的情感，只不过以理性化的情感取代感性情感而已，人仍可借助情感体验生命的意义与价值[①]。

## 四 无情与有情的辩证法

儒道情感哲学中蕴含丰富的无情与有情的辩证法。道家是讲"体道"的，但道家的"体道"之学，是与人生体验直接有关的，而人生体验的一个重要方面就是情感。如果没有情感体验，所谓"体道"还有什么意义和情趣？老子所说的道，从一开始就与生命创造、生命活动不可分，它既不是绝对实体，也不是理念或概念，而是"长之育之亭之毒之"的根源性存在；就人的生命存在而言，则是"道生之，德畜之"，由此而实现道的境界。这种境界如同婴儿，无知无识（即没有人为的剖析），却具有"孝慈"之心，即保留了人的原始真情（郭店楚墓竹简中的《老子》对此有更明确的叙述）。这种情态在名家学说中是找不到的[②]。

另一位道家大师庄子说过，"喜怒哀乐不入于胸次"，其妻死，则"鼓盆而歌"，他还与惠施辩论过有情、无情的问题。表面看来，他是公开主张"无情"的（这也正是庄子语言的特色）。但是，庄子之"无情"绝不是真无情，而是情感甚笃，情怀甚高，他的真正用意是超越世俗之情而回到天地之情。世俗之情多出于矫饰、造作，夹杂着功利机巧之心，而不是出于真心、真情。只有真情才是人之所以为人者。上述所引，正表明庄子反世俗的精神，却不能成为庄子反情感的证据。庄子的"歌"，正是一种悲情、悲歌，而不是现代人所理解的歌唱。后世有所谓"真性情"之说，就其渊源而言，正是来自庄子。想哭时大哭，想笑时大笑，这是符合庄子精神的。但庄子还有更高一层的追求，这就是超越世俗的"天地之情"，能与"天地精神"往来[③]。

最理想的状态是，"鱼相忘乎江湖，人相忘乎道术"。"忘"者人我两忘，不作彼我之分，也就是无情之情，是为真情。即不为情而情，无任何人

---

[①] 周天庆：《论儒家伦理中的情感因素》，《求索》2007年第5期。
[②] 蒙培元：《漫谈情感哲学》（上），《新视野》2001年第1期。
[③] 蒙培元：《漫谈情感哲学》（上），《新视野》2001年第1期。

为的做作、计较和打算，出于自然，各得其所，各顺其情。"道术"就是超越世俗人生的"自然"，亦即庄子所说"不以人灭天"之天，这是保证人情得以顺遂从而实现自由的根据。由此而表现出来的情感，是一种情态、情趣、情志、情操、情怀，是人与人、人与自然和谐相处、浑然一体的自由境界。庄子向往并描述过的人与动物"共处"的景象，就是这种境界的真正体现。情感之无束缚，就是真正的自由，只有在"自然"中才能实现。它不同于道德意志之自由，却是一种非常宝贵的精神自由①。

庄子多将"性命"与"情"并提，所谓"任性命之情"，"安性命之情"都是指性命之真，庄学派所谓"贵真"亦指人情之真。"真者，精诚之至也。不精不诚，不能动人。故强哭者虽悲不哀，强怒者虽严不威，强亲者虽笑不和。真悲无声而哀，真怒未发而威，真亲未笑而和。真在内者，神动于外，是所以贵真也。"(《渔父》) 在庄子看来，外于真的喜欣悲怨之情都是多余的，人应当"不以好恶内伤其身"(《德充符》)，"悲乐者德之邪，喜怒者道之过，好恶者德之失"(《刻意》)。好恶之情不仅伤身，而且害德。在道家、道教发展史上，后老、庄的道家人物大多"率情""贵真"，役物而不役于物，都主张纯任真情的自然流露，不媚于势，不拘于俗。他们大多是"真情说"理论的倡导者和实践者②。

惠子曰："既谓之人，恶得无情？庄子曰：是非吾所谓情也。吾所谓无情者，言人之不以好恶内伤其身，常因自然而不益生也。"庄子这里的"无情"实质是讲"因自然"，"因自然"当然也包括因自然之真情流露，庄子所谓"无情"实为"无物情"。人常因外物而动情，此之谓"物情"，因物之好而好之，因物之恶而恶之。人不能主宰自己的喜怒好恶，人便成为外物的奴隶，这样的"物情"最终会造成内伤其身、外害其德。庄子是极力反对这种"心为物役"(《山木》)的状况。"无情"在《庄子》书中并不是一个漫无边际的普遍性命题，而是针对着"心为物役"、物情害人的情况而提出的对治方案，"无人之情，故是非不得于身"。《庄子》书中除"无情"之说外，多有"万物复情""致命尽情""达生之情""达命之情""达于情而遂于命"之众论，由此种种议论可以看出庄子及其后学把"情"放在与"性命"同等的地位。寻绎其理路，《庄子》书中论情可以归结为两个逻辑

---

① 蒙培元：《漫谈情感哲学》（上），《新视野》2001 年第 1 期。
② 朱喆：《儒情与道情》，《江汉论坛》2000 年第 5 期。

160

层次：一是针对失性命之情的现实社会，提出"安性命之情"的对治之策；二是由"安情"到"任情"的精神自由之追求。在庄学派看来，人类社会的历史是江河日下、道德衰微的历史，是"世丧道、道丧世"（《缮性》）的历史。从远古到春秋战国时代，世道人心日渐浇薄，特别是春秋战国之世，人们去性从心，以文灭质，以博溺心。当时的社会里尽是些"丧己于物，失性于俗"的"倒置之民"，这些人为了功名利禄，陷入"驰其形性，潜之万物，终身不反"（《徐无鬼》）的可悲境地。特别是三代以下统治者"招仁义以扰天下"（《骈拇》），以赏罚为能事，搜括民财，驱使民力，发动触蛮之争（《则阳》），人民多生活在水深火热之中。有鉴于此，庄子提出"安其性命之情"。如何安情？"无为也而后安其性命之情"（《在宥》），统治者行"无为"之治就能实现安情的目的。这里的"无为"似应有两重含义：一是勿以己之为（行为）扰乱民之性命之情；二是"无自为"也。《天地》篇对"安"有一个较明确的界定，即"四海之内共利之之谓悦，共给之之谓安"。郭象注曰："无自私之怀也。"成玄英疏云："夫德人惠泽宏博，遍覃群品。故货财将四海共同，资给与万民无别，是普天庆悦，率土安宁。"统治者不自私自利、不妄作妄为，则可以让人民安其性命之情也。"安情"是就外在条件立论，"任情"则是就内在自由、自然而言的。能够"游心于淡，合气于漠，顺物自然而无容私"（《应帝王》），自适其适，这样才是"任其性命之情"也[①]。

## 第三节　儒道情感哲学平衡现代中国人的情感控制

一般来说，情感控制首先要处理好理性与情感的关系。儒道情感哲学思想里蕴含丰富的平衡现代中国人的情感控制的资源。如何平衡情感与理智之间的矛盾与冲突，让其保持必要的张力，不要任何一个方面发生倾斜，是儒道情感哲学反复强调和论述的重点。

儒家情感哲学认为：人的情感需求与理性追求融合一致，才有可能真正体验、认识生活的意义与价值等，这样才是真正的安身立命，或者说人的安身立命才有可能。"君子有三戒：少之时，血气未定，戒之在色；及其壮也，血气方刚，戒之在斗；及其老也，血气既衰，戒之在得。"（《论语·季

---

① 朱喆：《儒情与道情》，《江汉论坛》2000年第5期。

氏》）孔子所说的"血气"其实指人的情感、欲望。儒家学说提出的处理情感的方法，既符合现代心理学的基本原理，同时又凸显了中国哲学所特有的那种实用性和现实性品格①。

理性如何调节、约束情感呢？孔子认为，要遵从"恕"道。"子贡问曰：'有一言而可以终身行之者乎？'子曰：'其恕乎！己所不欲，勿施于人。'"（《卫灵公》）。恕道的原则采取假设、类推等方法，充分体现了人的理性精神。孔子说，"性相近也"（《论语·阳货》），人之所以为人的那点本性是相近的，一层含义就是人都有理性能力。每个人都有理性能力并能运用它，这是"己所不欲，勿施于人"的恕道可付诸实施的必要条件。"己所不欲"，这并不是个寡头的事实，它实际上关联着心理情感。"己所不欲"除了指不高兴、讨厌、难受这些具体的情感，还能是什么？比如，一个人在和你辩论时，粗暴地谩骂你，在你说话时无端地打断你，你自然不高兴，这是"己所不欲"。你的理性告诉你，他这么对待你，你不高兴；你如果也这么对他，他也同样会不高兴。因此，你要遵从"己所不欲，勿施于人"的原则，不能像他对你那样对待他，不能以其人之道还治其人之身。可以看出，"恕道"成立的隐含前提是情感原则。理性是恕道得以实行的必要条件，而情感是恕道得以实行的前提。孔学的第一原则是具体的情感，孔子说的"性相近也"的另一层含义就是"情相近也"。孔子在"性相近也"之后紧接着说，"习相远也"。这个"习"并不是"习染"的意思，孔子绝不是环境决定论者。"习"是"实习，运用，付诸实践"的意思，它关联着人的理性。孔子认为人不是生而知之的，应该在生活中不断地学习、判断、反省，以期在不同的具体场合，用理性恰如其分地约束情感②。

表面上看，儒家是以言"礼"区别于当时其他学派的，实际上，"礼之本是情"才是儒家学说的意蕴所在。孔子说的"为己"之学，是基于肯定个人情感。然而，任情而为，放任自己的真实情感而不加以理性的调节，是孔子所反对的。任情而为，就会"爱之欲其生，恶之欲其死"（《论语·颜渊》）。孔子认为这是"惑"，因此要用理性调节。"恭而无礼则劳，慎而无礼则葸，勇而无礼则乱，直而无礼则绞。"（《泰伯》）所以要"克己复礼为仁"（《颜渊》）。"仁"的第二层面意义就是感性情感必须接受理性的调节，从

---

① 徐仪明：《冯友兰论情感在哲学中的地位与作用》，《中州学刊》2008年第3期。
② 蒙培元：《论中国传统的情感哲学》，《哲学研究》1994年第1期。

而成为理性的感性情感。

战国晚期,在此时期哲学思想的集成者荀子认为人情为恶、人性为恶,人所表现出来的善良情感并不是先天的,而是后天人为作用的结果。如果对人的恶的情欲不加限制,任其泛滥,则社会就会出现"偏险不正""悖乱不治"的状况。人不能从情顺性,即便是圣人,如果他从情顺性也必致荒唐。所谓的"礼义法度"是"圣人之伪",合于"礼义法度"的人情之善是圣人"化性起伪"的结果。在荀子看来,"礼仪"是支配整个社会与自然的最高法则,"礼"是"与天地同理,与万世同久"(《王制》)的"大本"。对于人与生俱来的情之恶,必须以"礼义"正之、化之,"矫饰人之情性而正之","扰化人之情性而导之"(《性恶》)。大体上,荀子表现出"以礼节情"的思想倾向,即通过礼来化情性、导情性、正情性[1]。

在玄学中,除了何晏提出"圣人无情说"之外,就连最具理性主义特征的王弼都是主张"圣人有情"的。"圣人茂于人者神明也,同于人者五情也。"神明茂,故能体冲和以通无;五情同,故不能无哀乐以应物。然则,圣人之情,应物而不累于物也。今以其无累,便谓不复应物,失之多矣。"神明"指特殊的认识能力或智力,"五情"泛指人的情感,二者都是人所具有的,只是圣人之神明"茂"于常人,故能体无(本体),而圣人之"五情"则与常人没有区别。"五情"是"应物"的,人不能不应事接物,故不能没有"五情";人只能应物而不累于物,即不为外物所"累",却不能不应物。在这里,王弼这位理性主义代表人物,将情感视为人的最基本的生存方式,他没有也不可能离开情感而谈论人的存在问题。当然,王弼是"以理主情"论者,主张"性其情",即以理化情,以性化情,使情感理性化。但这样一来,他所说的理,虽然可以"统御"万物,却变成情感世界中的事,可谓之"情理",而不是情感之外甚至与情感直接对立的纯智主义。如果说,情是"应物"的,那么,理便是使之"无累于物"者,但不能改变"以情应物"才是人的最基本的生存方式[2]。

邵康节诗云:"尽快意时仍起舞,到忘言处只讴歌。宾朋莫怪无拘检,真乐攻心不奈何。"("林下五吟"《击壤集》卷八)"花谢花开诗屡作,春归春至酒频斟。情多不是强年少,和气冲心何可任。"("喜春吟"《击壤集》

---

[1] 朱喆:《儒情与道情》,《江汉论坛》2000年第5期。
[2] 蒙培元:《漫谈情感哲学》(上),《新视野》2001年第1期。

卷十）邵雍强颜欢笑，苦中做乐的意味。

比如"仁者爱仁"，本来是讲情感，但在理学家那里，做出了性情之分（程、朱等人），爱是情，"爱之理"是性，情是形而下者，性是形而上者。但是作为形而上者之性的"爱之理"，正是以爱这种情感为其内容的，如果离开爱之情，所谓仁理、仁性，还有什么意义呢？如果没有爱的情感活动，仁性又如何实现呢？正是在爱的特殊活动中，才能体现仁性的普遍性，而所谓"爱之理"，不过是一个概念式的表述而已。说到底，理性只是一个"道理"，最高理想只是一个"表德"①。

情可以上下其说，就是指情感既可以从下边说，也可以从上边说，这里所说的上、下，就是形而上、形而下的意思。情感是人的基本的存在方式，是人的存在在时间中的展开。从下边说，情感是感性的、经验的，是具体的、实然的心理活动。从上边说，情感能够通过性理，具有理性形式。或者说，情感本身就是形而上的、理性的。或者说，情感是理性的实现或作用。所谓情感能够通向理性，如程明道的"情顺万事而无情"之说就是代表，无情之情就是理性化的性理、情理。所谓情感本身就是理性的，如陆象山的"本心说"与王阳明的"良知说"就是代表。"本心"即是情，即是理（性），心、性、情才是"一物"；"良知"既是"是非之心"，又是"好恶之心""真诚恻怛之心"，情与性是合一的。所谓情感是理性的实现，如朱子的"性体情用"以及"心统性情"之说就是代表，无情则性无以见②。

具体说到对于情感的处理方法问题，冯友兰比较赞赏程颢的观点。在大程看来，不仅是一般人，甚至圣人也是有喜有怒的，而且这是很自然的。诸如程颢这样的理学家，因为他的心"廓然大公"，所以一旦喜怒之类情感发生了，也不过是宇宙内的客观现象，与他的自我并无特别的联系。他或喜或怒的时候，那也不过是外界当喜怒之物在他心中引起相应的情感罢了。他的心像一面镜子，可以照出任何东西。这种东西产生的结果是，只要对象消逝了，他所引起的情感也随之消逝了。冯友兰非常欣赏这种圣人有情而无累的情感处理方法，多次表明"我赞成'有情而不为情所累'之说"③。然而这毕竟是专门对"圣人"而言的，也包括像程颢这样的"醇儒"，情感的来去就像照镜子，照之则有，不照则无，这面镜子有些像《红楼梦》中的"风

---

① 蒙培元：《漫谈情感哲学》（下），《新视野》2001年第2期。
② 蒙培元：《漫谈情感哲学》（下），《新视野》2001年第2期。
③ 冯友兰：《三松堂全集》第5卷，河南人民出版社，2000，第431页。

月宝鉴",可谓神奇和神秘,然而它的可信性就成为问题,颇有些小说家言的味道。由此可知,冯友兰也还是有些浪漫主义情调的①。

冯友兰反复强调的"有情而不为情累",不为情累就需要理智的调控,越是激烈的情感越需要高度的理智来加以制约。所以冯氏这里特别提出了亲人长辈的去世这样一个人生都要碰到最感到悲恸的大事,儒家强调的"哀而不伤"则是对待死者能够"折衷于此二者之间"的中庸之道。冯友兰引《礼记·檀弓》之文:"孔子曰:'之死而致死之,不仁而不可为也。之死而致生之,不智而不可为也。是故竹不成用,瓦不成味,木不成斫,琴瑟张而不平,竽笙备而不和……神明之也'。""孔子谓为明器者,知丧道矣,备物而不可用也。"之后说:"专从理智之观点以待死者,断其无知,则为不仁;专从情感之观点以待死者,断其有知,则为不智。折中于二者,为死者'备物而不可用';'为之备物'者,冀其能用,所以副吾人情感之期望也;'不可用'者,吾理智明知死者不能用之也。儒家对理智明知死者已矣,客观对象方面,固无可再说者也。"②所以在冯友兰看来,儒家对于丧礼之理论,儒家对于祭祀之理论,亦全就主观情感方面立言。祭祀之本意,依儒家之眼光观之,亦只以求情感之慰安。而这样做的原始动力,却不能不说是来自理智。理智和情感发生冲突,常常会影响到人的身心健康甚至正常的生活秩序。现代心理学已经指出,情绪和情感的激动度往往与刺激的意外程度相联系,也与自我控制的能力相关。越是出人意料的刺激,越是违反本来愿望的事件,越是超出人的自我控制能力,引起情绪的激动度就越大。过度的激动不利于智力活动的进行,平静的情感则有利于智力活动的持续进行,因此冯友兰依据儒家学说提出的处理情感的方法,既符合现代心理学的基本原理,同时凸显了中国哲学所特有的那种实用性和现实性品格③。

儒情和道情认为:是真名士必风流,必有玄心,必有洞见,必有妙赏之外,那就是必有深情,一往情深真正风流的人因为其有玄心,玄心是指一种超越感,其实质也是一种理性的体现。所以当深情与玄心加以碰撞之时,就能够超越自我。这就叫虽有情而无我。"所以其情都是对于宇宙人生底情感。不是为他自己叹老嗟卑。桓温说'木犹如此,人何以堪',他是说'人何以堪',不是说'我何以堪?'假使他说'木犹如此,我何以堪'。他的话意义

---

① 徐仪明:《冯友兰论情感在哲学中的地位与作用》,《中州学刊》2008年第3期。
② 冯友兰:《三松堂学术文集》,北京大学出版社,1984,第137页。
③ 徐仪明:《冯友兰论情感在哲学中的地位与作用》,《中州学刊》2008年第3期。

风味就大减，而他也就不够风流。王廞说，王伯舆终当为情死，他说到他自己，但是他此话与桓温卫玠的话，层次不同。桓温卫玠是说他们自己对于宇宙人生底情感，王廞是说他自己对于情感底情感时，虽说到他自己，而其话的意义风味，并不减少。"① 就是说这种"有情而无我"是一种超越了个人"小我"的情感，因此这种情感与万物之情必然会产生一种共鸣，因此其对万物都会有一种深厚的同情。因此冯友兰说："我的主张是'有情而无我'。我的主张是：一个人若没有无益底感情，可少受许多累，多做许多事……我们有个办法，叫人能免此累，岂不亦好？至于先天下之忧而忧的感情，正是'有情而无我'。若其有我，他一定是先天下之乐而乐，后天下之忧而忧。"② 因此，冯友兰非常重视"有情无我"与"有情有我"二者的区别。在他看来，有情有我，是为个人而有的喜怒哀乐，是从个人的一己私利出发的。而有情无我，是为国家社会的公利而发的。前者谓之情，后者谓之忠爱或义愤。其实，忠爱或义愤就是一种道德情感。圣人有情而无累，冯友兰非常欣赏这种圣人有情而无累的情感处理方法，如何平衡情感与理智之间的矛盾与冲突，让其保持必要的张力，而不要任何一个方面发生倾斜，这就是冯友兰反复强调的"有情而不为情累"，不为情累就需要理智的调控，越是激烈的情感越需要高度的理智来加以制约③。

---

① 冯友兰：《三松堂学术文集》，北京大学出版社，1984，第 614~615 页。
② 冯友兰：《三松堂全集》第 5 卷，河南人民出版社，2000，第 431 页。
③ 徐仪明：《冯友兰论情感在哲学中的地位与作用》，《中州学刊》2008 年第 3 期。

# 第六章

# 儒道情感哲学对当代情感教育的启示

> 大多数人都有这样一个根深蒂固的观念,认为情感是人类和动物的一种无形的组织兴奋状态,加强情感教育,扩大情感的范围和特征,不是疯狂的想法,就是奇怪的念头。
>
> ——朗格

就西方来说,直到19世纪末,情感教育一直属于人文科学性质,情感教育甚至可与人文学科等同。人文学科源于古罗马西赛罗一种理想化的教育思想"hunanitas"(拉丁文),有"人性"或"人情"的意思,又与"padeia"——"开化""教化"通用。所修科目大致包括哲学、语言修辞、历史、数学等。当代情感教育主张不是从外部强加,而是从内部找根据。首先是强调适应性,把适应人的需要、控制、调节、引导、提升人的需要,作为情感的事实性状态与应该性状态之间相互转换的真实通道。

## 第一节 儒道情感哲学与情感教育建设途径

就中国当前的教育实际来看,情感教育并没有处理好情感与智育的关系。我们很早就在提倡"寓教于乐",希望通过相对稳定或积极的情绪状态来推动学习效率的提高。然而应该看到,这里的愉快等主体积极的情绪状态是被当作工具来利用的,其"教"的内容和目的仍然在于实用的科学知识和道德教化。对情感的重视也只是出自它能够有效地促进学生对知识的学习,提高学生的考试成绩。对于这样一种狭隘的功利主义理念,我们为什么没有提出"寓乐于教"?情感的"乐"为什么就只能是知识学习的催化剂,而不能是一个人全面成长的内在的必然内容和要求？而事实上情感教育就是生活教育、生命教育，是一个人如何在完全意义上成其为人的教育①。

据《周礼》载，西周时所以为教的内容，皆以乐为主，这表明当时道德教化已经相当重视对人的情感的引导。孔子在许多场合提到《诗》《乐》等典籍，曾说："兴于《诗》，立于礼，成于乐"《论语·泰伯》。孔子认为"《诗》可以兴、可以观、可以群、可以怨。"（《论语·阳货》）这实际上是儒道情感哲学告诉我们的情感教育建设途径——即通过对这些典籍的教化与学习，依据"乐而不淫，哀而不伤"的原则，强调在情感引导中激励志气、陶冶情操，使人的情感得到恰当的引导而不至于泛滥，达到"思无邪"的境界，从而促使人的行为符合礼、和等标准。"郑声"扰乱人的情感，不符合教化的目的，因而孔子"恶郑声之乱雅乐"（《论语·阳货》），有意识地从事这方面的整饬以期"乐"能够起到疏导情感的作用。孔子对这些文化典籍情感教化作用的理解，正如后来孔颖达所说："夫《诗》者……作之者，所以畅怀舒愤；闻之者，足以塞违从正，发自情性，谐于律吕。故曰：感天地，动鬼神，莫近于诗。此乃诗之为用，其利大矣！"自孔子后，儒者特以《诗》《书》《礼》《乐》为教②。

也就是说，对情感教化与引导的重视是儒家一脉相承的传统，并在此基础上总结了一些富有价值的道德教育方法。"性之好恶喜怒哀乐谓之情。情然而心为之择。"（《荀子·正名》）人的个性、行为是某种情感取向的具体表现。"自明诚，谓之教。"教育可以启发内在的道德意识，调节内心情感，从而使人的行为等符合一定的伦理规范。它对于个人修养的价值也主要表现在这里。如王守仁认为，道德教育的一个重要原则是"顺导其志意，调理其性情"③。

此外，情感也可增强教育的效果。"同言而信，信其所亲……止凡人之斗，则尧舜之到，不如寡妻之诲谕。"（《颜氏家训·序致》）家庭教育之所以能够起到特殊的效果，是因为教育者与受教育者之间存在情感上的紧密联系。儒家制定的日常生活中的仪式、仪礼，在情感激发、引导方面对各个阶层都产生了深远的影响。举行这些礼仪、仪式时造出的肃穆气氛，可以巩固

---

① 高蕾：《情感·艺术·生态式艺术教育——试论儿童情感教育的审美模式》，南京师范大学博士学位论文，2007。
② 周天庆：《论儒家伦理中的情感因素》，《求索》2007年第5期。
③ 周天庆：《论儒家伦理中的情感因素》，《求索》2007年第5期。

人们对礼仪的庄重诚敬情感以及虔诚的态度。当子贡提出"告朔"时可以省略"饩羊",孔子回答:"尔爱其羊,我爱其礼。""饩羊"作为礼仪象征,意义在于培育对礼仪的虔诚、恭敬态度。孔子的这种观点在许多场合都有表露,如他说:"祭如在,祭神如神在。"在孔子看来,祭的仪式是"志意思慕",是表达某种情感态度的手段。当宰我提出守丧之期应由三年改为一年时,孔子说"女安,则为之",以这样做是否能够心安理得反问宰我,表达了孔子对守孝这种仪式背后的情感的重视。"事死如事生,事亡如事存,孝之至矣。"(《中庸》)按照儒家的观点,仪式等是外,虔诚的情感与态度是内,内与外是相互联系的①。

情感是外在伦理规范内化的动力。各种仪式对个人外在行为的规范,一个重要目的是整饬内心的情感世界。反过来,人内心情感的整饬是达到"仁"与"礼"平衡从而真正使伦理成为可能的关键所在。在儒家伦理体系中,个人修养、社会教化、礼仪规范等手段除了作为道德认知途径外,还有一个重要意义,就在于借助这些手段引导情感,使个人内心情感与外在仪式之间达成平衡,使外在规范、仪式等在人的内心深处获得认同,培养道德自觉性。相反,"礼义文理之所以养情也。"(《荀子·王制》)礼的重要作用在于"以治人之情"(《礼记》)。"礼所以持性,盖本出于性。持性,反本也。凡未成性,须礼以持之,能守礼己不畔道矣。"(《经学理窟·礼乐》)②

## 第二节 儒道情感哲学对道德情感培植机制的启示

就中国当前的教育实际来看,情感教育也没有处理好情感与德育的关系。应该认识到道德修养归根结底是一种情操的陶冶和人生境界的追求,它与我们的情感密切相连,而情感又与人的内在需要紧密相连。人的内在需要是人在做出行为决断和行为选择时的主要根据。而道德选择正是个人道德良知和主体原发性需求两者共同作用的产物,且在道德选择中真正起到规范作用的是人的"道德感"(一种具有社会性的高级情感)。就是说,道德判断不仅仅是一种知识——理性判断,从更深刻的意义上说,它是一种价值——

---

① 周天庆:《论儒家伦理中的情感因素》,《求索》2007 年第 5 期。
② 周天庆:《论儒家伦理中的情感因素》,《求索》2007 年第 5 期。

情感判断。而我们当前的道德教育恰恰就是一种枯燥单调的思想说教,而且这种说教在很多方面与社会现实不符,甚至说教者自己也不相信。由此来看,我们在道德教育问题上出现"6+1=0"的现象并不让人感到奇怪[1]。

儒家情感哲学主张利用人们日常生活中朴素、自然、真实的情感进行伦理教化与修养,通过日常生活的仪式、规范、风俗等培植、激发、约束、调节人的情感,修养身心,追求道德。这样道德意志、认识、信念以及实践通过情感而相辅相成,即借助情感巩固了人们对人伦之理的认同感。而在伦理境界中,通过情感与认识相互配合的方式,能够体验、深化对天地万物之道的认识,把握道德生活的意义与价值,明白情感的归宿就在伦理境界中。这样,儒家伦理规范实际运作以及伦理境界通过情感的黏合,形成首尾一贯的道德情感培植、体认、强化、疏导机制。在这一机制中,伦理对情感的关注为人们在伦理生活中安身立命提供了可能,情感对规范的回应增强了道德建设的实效,而情感有所归依给予人把握生命意义、价值的希望。儒家在伦理上的这种设计给我们一个提示:现代社会加剧了人们生活的流动性,市场的变幻往往激荡着人们的心理、情感,生活节奏加快导致了人们的焦虑心理、强烈的社会风险感以及内心中生活价值意义的消解。市场为人们情感的表达创造了前所未有的机会,使得人们情感变化的幅度、强度不断地突破伦理界限。瞬息多变的生活场景深刻地改变着人们社会心理承受力的阈限,压挤道德规范在人们情感、心理中的生长空间,从而导致精神空虚、道德冷漠的出现。伦理要求与情感需求之间的矛盾更为尖锐了[2]。

在这种社会背景下,伦理规范应考虑人的心理、情感基础,使人的情感有所寄托而不至于泯灭。伦理体系及运作应重视情感、心理体认、强化、疏导机制的建立,适应人们的情感变化轨迹。在情感体认中培育道德自觉性,巩固道德规范的心理基础,这是解决道德规范的认同度低、认知与实践的分裂等问题时必须要考虑的[3]。

儒家伦理体系情感特点的另一个启示是:通过情感维护道德自觉性,获得对生命的价值与意义的领悟,启发人在伦理生活中寻求精神家园。人对生活、生命价值、意义的理解不仅仅是认知问题,也是情感问题。情感归于何

---

[1] 高蕾:《情感·艺术·生态式艺术教育——试论儿童情感教育的审美模式》,南京师范大学博士学位论文,2007。
[2] 周天庆:《论儒家伦理中的情感因素》,《求索》2007 年第 5 期。
[3] 周天庆:《论儒家伦理中的情感因素》,《求索》2007 年第 5 期。

第六章　儒道情感哲学对当代情感教育的启示

处，关涉人能否安身立命。儒家这种思路的价值在于：我们不能仅仅把伦理当作维护社会秩序的工具，更要让人们意识到伦理规范对人安身立命的意义①。

最后，道德建设时应借鉴儒家通过情感强化伦理体系功能、效果的方式，这不仅是伦理规范建设的需要，也是完善人性的手段。"大抵童子之情，乐嬉游而惮拘检，如草木之始萌芽，舒畅之则条达，摧挠之则衰痿。必使其趋向鼓舞，中心喜悦，则其进自不能已。"（《传习录中·训蒙大意示教读刘伯颂等》）王阳明精辟地阐述了情感在提高道德教育效果时的作用。在儒家，将情感融入伦理的各个环节至少有两层意义：一是借助情感加强伦理各个环节的效果；二是人的情感在伦理中得到规范、引导从而完善，在伦理中确立人的完整形象。儒家的这种取向一方面强化了道德规范作为一个体系的功能，同时也表明，只有重视情感教育、疏导，伦理与情感融合一致而不是相背离，道德建设立足于人的本性时，才有可能使道德意志、认识、信念、教育以及实践等通过情感起到相辅相成的作用，真正发挥伦理的社会功能，人的情感才有可能借助伦理得以丰富完善②。

## 第三节　儒道情感哲学对审美情感培植机制的启示

当前学校艺术教育中的技能化、技术化倾向非常严重。关于艺术，学校教育就是"小三门"，而这种教育在一定程度上说，就是一种生产物质产品式的技术性教育。学生们学作画、学钢琴、学小提琴，却没有意识到艺术的审美境界能够在生活和生命当中给予人真正有价值的东西。艺术审美的巨大魅力和审美对人格培育的巨大作用并没有被体验、认识和接受。我们的教育工作者中也很少有人能有意识地将艺术审美作为提高学生生活境界的方法，而能够把艺术审美当作生活、生命本身，当作人生至美至高之境界者更是鲜有人在。③

中国儒道情感哲学所提倡的，是美学的、伦理的、宗教的高级情感，绝不是情绪反应之类，是理性化甚至超理性的精神情操、精神境界，绝不是感

---

① 周天庆：《论儒家伦理中的情感因素》，《求索》2007年第5期。
② 周天庆：《论儒家伦理中的情感因素》，《求索》2007年第5期。
③ 高蕾：《情感·艺术·生态式艺术教育——试论儿童情感教育的审美模式》，南京师范大学博士学位论文，2007。

性情感的某种快乐或享受①。

自我超越之情即无情之情，是人的真生命、真性情，这就是中国的形上学。孔子说，"天何言哉，四时行焉，百物生焉，天何言哉！"这已经预示着自我超越的内在体验，到了"从心所欲不逾矩"，即已实现了超越。这里所谓的"欲"，已不是感性情欲，而是"意志自由"，实则是一种精神境界。孟子说，"若乃其情，则可以为善矣"。这是讲道德情感，它是人之所以为人的内在根据。他进一步提出"可欲之谓善，存诸己之谓信，充实之谓美，充实而光辉之谓大，大而化之之谓圣，圣而不可知之之谓神"时，已是超越感性自我，进入天人合一的精神境界，不仅是可欲之善，而且是"神圣美大"的宇宙情怀。王弼说，"圣人有情而无累于情"，这是讲感性情感，当他提出圣人"体无"而"无不通无不由"时，则是一种超越的本体体验，既不是纯概念的认识，也不是纯粹的直觉，而是有情感体验在其中。程颢说，"圣人之常，以其情顺万事而无情"，这所谓"无情"并不是真无情，只是无"私情"，即不在"躯壳"上起念，只要放开心胸，"在万物中一例看，大小大快活"。这是没有内外界限的"万物一体之仁"，即天人合一之境（照程颢所说，连"合"字也不必说）。当朱熹提出"性体情用"说时，他是把情归之于形而下的感性层面，但他的"心统性情"说却又认为性不离情，由情以知，他之所以批评李翱的"灭情复性说"，原因也在于此。仁是"爱之理而不是爱"，这所谓"爱之理"，无非是理性化超越化的道德情感，绝不是什么纯粹理性。当他提出"圣人之心，浑然一理"时，显然是讲情理合一、情性合一的精神境界。陆九渊说，"心性情原是一事"，他所谓的情显然是从超越层面来说的，情即是形而上之性，但又是在情感心理中呈现的。既然心就是情，情就是性，那么理学家怎么离情而谈心性呢？中国人所谓"天理人情"，当然不是指"私情"，而是情理合一的道德理性②。

超越层面的情，表现为一种情操、情境、情趣或气象，是一种很高的精神境界，其最高体验就是所谓"乐"。道家提倡"至乐"，儒家提倡"孔颜之乐"。佛家提倡"极乐"，它们都不是指感性的情感快乐，而是能够"受用"的精神愉快、精神享受。只有实现天人合一的境界，才能享受到这种快乐。道家以"体道"为至乐，道是没有私情的，是绝对普遍的，它是生命

---

① 蒙培元：《论中国的情感哲学》，《哲学研究》1994 年第 4 期。
② 蒙培元：《论中国的情感哲学》，《哲学研究》1994 年第 4 期。

存在的最高本体，也是人生价值的根源，只有在生命的最深处进行体验，才能与道同体，实现人的本体存在。这是一个不断净化与纯化情感的过程，如果把道家所说的"道"解释成逻辑概念或观念实体，把"体道"解释成一种客观认识，恐怕是"失之毫厘，谬以千里"了。"孔颜之乐"是一种道德情感的最高体验，孔子的"求仁得仁"，颜渊的"不违仁"，孟子的"反身而诚"，就是这样的体验。仁与诚不仅是伦理道德，而且是宇宙情怀。为什么要"反躬""反身"呢？因为它是生命所具有的，既是生命之源，也是生命之流，并不在身心之外，因此要体之于身，体之于心。这也是宋明儒家经常提起的话题，用朱熹的话说，就是"在自己身上真切体验"。体验、体会、体味都是情感的投入、性情的陶冶，同时也伴随着认识，其结果就会得到一种"乐"。这是自我超越的内在体验，不是一般的情绪感受。"乐"本是自家所有，当王阳明说"乐是心之本体"时，他是把情和知统一起来的，这种体验是"为己"，而不是"为人"，即为了自家"受用"，正所谓，"如人饮水，冷暖自知"（禅家语）。体验作为陶冶性情、自我实现的重要方法，必须去掉"私情"，不能从"躯壳"上起念，如果从"躯壳"上起念，即"自私而用智"，则"不能以有为为应迹"，"不能以明觉为自然"，即有所束缚而不能实现"万物一体之仁"，亦不能享受到真正的乐。正因为传统哲学把体验心中之乐作为最高追求，所以孔子说"学之不如好之，好之不如乐之"。程颐说"学而至于乐则成矣"。学而至于乐，就是完成生命的体验，得到情感的升华，提高精神境界，享受人生的乐趣[①]。

---

① 蒙培元：《论中国的情感哲学》，《哲学研究》1994年第4期。

# 第七章

## 当代中国情感文明建构

情感民主对于促进正式的、公共的民主具有十分重要的意义。

——吉登斯

研究儒道情感哲学的根本目的是藉此调整现代中国人的情感结构、平衡情感控制、规范情感表达、美化情感沟通、本真情感体验，最终优化情感模式，获得人的自由情感，建构以合理的法理情感、情感民主、自由情感为核心的现代情感文明。

### 第一节　超克庸俗之人情，建构合理的法理情感

费孝通在《乡土中国》中讲，中国社会是乡土性的，人们被束缚在土地上，地方性的限制所导致的"熟悉"因此成为乡土社会的重要特征。"熟人社会"也因此成为对乡土社会的经典概括，成为人们描述中国乡村社会性质的经典理论模型。① 这种"熟人社会"的核心是"人情"，它构成了中国乡土熟人社会的基本思维方式，是礼俗的基本内涵。经由"人情"，熟人社会被整合成了"亲密社群"。②

---

① "乡土社会的生活是富于地方性的。地方性是指他们活动范围有地域上的限制，在区域间接触少，生活隔离，各自保持着孤立的社会圈子。""乡土社会在地方性的限制下成了生于斯、死于斯的社会。常态的生活是终老是乡。假如在一个村子里的人都是这样的话，在人和人的关系上也就发生了一种特色，每个孩子都是在人家眼中长大的，在孩子眼里周围的人也是从小就看惯的。这是一个'熟悉'的社会，没有陌生的社会。"只有熟悉，没有陌生，是因为"生活上被土地所囿住的乡民，他们平素所接触的是生而与俱的人物，正像我们的父母兄弟一般，并不是由于我们选择得来的关系，而是无须选择，甚至先我而在的一个生活环境。"费孝通：《乡土中国　生育制度》，北京大学出版社，1998，第26页。

② 陈柏峰：《熟人社会：村庄秩序机制的理想型探究》，《社会》2011年第1期。

熟人社会中，人们通常在三个意义上使用"人情"一词，一是人天然自发的感情和性情，这是最原本的含义；二是与法理社会中的"权利""义务"类似，在人与人之间关系意义上使用"人情"一词，它关注"情分""情义"以及人情的"给予"和"亏欠"；三是与法理社会中的"法律"类似，在社会规范意义上使用"人情"一词，它与天理（道理）、国法相并列，并称为"情理法"。在人情的作用下，熟人社会成了一张微观权力关系网，熟人社会因此被整合成了对内纷争较少、对外团结一致的亲密社群。在实践中，熟人社会中的每个人既是这种人情规范的实践者、承担者，也是监督者；既是人情关系的主体，也是人情规范的主体；既受人情关系对方的权力支配，也受人情规范的支配（人情规范的支配，实际上是熟人社会的所有人对某个人的支配关系的合成）。熟人社会的人情机制不断地自我执行和规训，同时也规训他人的机制，从而将村庄整合成了亲密社群。儒家正是在此基础上，以礼制规范人情，对社会秩序进行建构。在经历了礼俗化过程之后，人情就成了礼俗的基本内涵。熟人社会中，人们的行为围绕着人情关系展开，行为准则是人情规范，这种人情取向的行动规律就是"乡土逻辑"。[①]

人情世故本是一种正常的交际与生活方式，但是当绿色交往日益稀缺、利益交换日趋流行，人情就会成为"债"，就可能异化为一种病态的社会现象，也会对那些人脉资源并不丰富的人形成"相对剥夺"，破坏社会公平正义。破除中国式庸俗人情，是一个巨大、复杂的课题，实际上就是实现从"靠关系"到"靠法律"，从"人情社会"到"法治社会"的转变。

法理社会以法为基本社会规范，法在拉丁文中是 jus，在法文中是 droit，在德文中是 recht，这三个词汇都兼有权利、正义等内涵，可见在西方权利与法是同源的。权利是西方法理社会的基本思维方式，是法的基本内涵，人们的行动逻辑围绕着权利展开，行为准则是法。

当公共规则可以因人情产生巨大的弹性，不公平状态也就随之产生。处处讲人情的社会现实，演变为谁的朋友多，谁的权力大，谁就能得到好处。而势力最大的，又往往是身居要职、手握重权的官员。

法理社会必然建立在破除上述庸俗化的人情模式的基础上，所以建构合

---

[①] 陈柏峰：《熟人社会：村庄秩序机制的理想型探究》，《社会》2011年第1期。

理的法理情感，包括公平感、正义感、责任感、同情感，合理的权利欲、权力欲迫在眉睫。

## 第二节　破除蒙昧愚忠情感，建构情感民主

中国古代情感哲学，大抵是道德情感论、自然情感论和诗歌缘情论的三分天下。道德情感论起于先秦。先秦政治家们最为关注的事情，就是如何制约情感，他们以德性为人之本，把礼和乐当作文明的核心，提出人们应自觉地将礼乐作为行为的规范，以节制情感，保持人心与社会的和谐。后来，儒家在继续关注礼乐的同时，又着重提出"仁"这一道德范畴，把"爱人""仁爱"之爱视为人际最基本的情感，突出了情感的道德内涵，并且极力反对过度的情感且谓之"淫"。儒家情感理论的基调始终是：导情于德，防欲于淫。它固然内含某种可以构成情感哲学基石的性质，如"中和"和"诚"的观念可以构成儒家情感论的情感本体，但在实行中往往是以伦理来范导情感，主张向人民灌输封建道德情感，更多地将情感置于官方政府行为之下，偏于对情感的防范或制裁，如封建礼教就将灌输式的封建伦理情感教育作为其基本内容，在"移风易俗"口号下进行潜移默化的"治情"；或者发起针对情感的批判和教育运动，是封建统治者及其理论家们用以规范情感的一般政策[①]。

儒家提倡忠，《说文解字》："忠，敬也，尽心曰忠。"应该说，这便是忠的定义。"忠也者，一其心之谓也"（《忠经·天地神明章第一》），也作如是说。朱熹在《四书集注》解释"忠"的含义："尽己之谓忠。"都是对"忠"字的正确理解。《左传·桓公六年》："上思利民，忠也。"《左传·昭公元年》："临患不忘国，忠也。"这是春秋时代人们对忠的解释。《论语·里仁》里，曾子曾说："夫子之道，忠恕而已矣。"《论语·学而》："子曰：君子……主忠信。"君子行事以忠信为主。在《论语》中，未见孔子对"忠"字直接释义。综观《论语》，更没有要求臣应对君的忠。《论语·八佾》篇中，倒有一段有臣应忠于君的嫌疑的对话，"定公问：'君使臣，臣事君，如之何？'孔子对曰：'君使臣以礼，臣事君以忠。'"（按：鲁定公问道："君主使用臣下，臣下服事君主，该怎样做？"孔子回答说："如果君

---

[①] 张节末：《中国古代审美情感原论》，《天津社会科学》1998年第1期。

主能按照礼来对待臣下，那么臣下就会尽心去做君所任命的分内之事"）。这句中的"事君"二字，自然不能理解成"侍奉君主"或"服侍君主"，据学者查证，儒家经典里应该还没有"侍君"一词。所以"臣事君以忠"的解释完全可以解为"臣下尽心去做君所任命的分内之事"。[1]

孟子说："君之视臣如手足，则臣视君如腹心；君之视臣如犬马，则臣视君如国人；君之视臣如土芥，则臣视君如寇仇。"（《孟子·离娄下》）后代流行于世的一对口号是：君叫臣死，臣不死，臣为不忠；父叫子亡，子不亡，子为不孝。今人称此口号为愚忠愚孝。人们以为孔子、孟子都是提倡这种愚忠愚孝的。其实不然。君臣关系是对等的关系。虽然说"君为臣纲"，但并不是绝对服从的关系。儒家有的说"君不正臣投别国"，有的说无道之君，要诛之，或者换掉。

破除忠君政治情感和封建道德情感，建构情感民主迫在眉睫。将情感文明纳入民主的视野，是吉登斯对情感研究的独特着眼点。吉登斯把其"交往理性"应用到情感领域中，提出了"情感民主"（emotional democracy）的理念。依吉登斯所见，现代性情感有着生活政治的取向，个人生活民主与公共领域民主具有一致性，"情感民主对于促进正式的、公共的民主具有十分重要的意义"。[2] 情感文明的民主维度主要涉及社会和个人对情感的控制状况、人际的情感平等状况。情感民主与情感控制是密切联系的。对情感的社会控制过严或过松都会直接或间接影响社会情感民主状况。对情感的社会控制过严，会使社会忽略个人的情感感受，个人失去选择情感行为的自由权利；而如果社会放松对情感的控制，个人主义的情感会大行其道，这样会造成人际关系紧张，情感民主的社会风气则很难形成。因此，情感文明的民主维度必然内在地包括两个方面：情感控制与情感赋权，前者表明的是社会对情感的外在控制，后者则强调的是个人对情感的自我控制。从生活政治学的角度看，任何一种特定民主的稳定性，不仅取决于经济发展，而且取决于社会情感的素质水平。情感文明建设作为人与社会相互作用的形式，其基本要义是社会与个体对情感的合理合情控制，这既是制约性的，也是生产性的，也就是说，情感的控制并不是一种对情感不利的同义

---

[1] 儒学之忠：绝非君君臣臣的愚忠，http://news.ifeng.com/history/special/kongzi2/201001/0118_9280_1515592.shtml。
[2] 〔英〕安东尼·吉登斯：《超越左与右——激进政治的未来》，李惠斌等译，社会科学文献出版社，2000，第123页。

语，情感控制的目的是获得积极的情感能量，情感控制是情感文明进化的规律（埃利亚斯）。情感社会控制的理想状态是适中，确切地说，是要符合社会人的基本人性要求。尤其从情感民主的意义上说，情感的社会控制应该做"反向"的多元化理解，这蕴含不同的机制①。

体现情感民主包括如下重要理念：其一，情感解放。情感文明发展一直在对情感的压抑和解放之间做出徘徊和选择。马尔库塞指出，在已形成的文明中，感性与理性的关系是对抗的：感性是被动的、接受性的；理性是主动的、征服性的。因此，情感民主遇到的首要问题就是要把情感从理性主义的虎口中解救出来，否则，情感民主就无从谈起。其二，情感赋权。我们将情感赋权作为生活政治来定位，意味着情感权力在现代社会不再是少数人的专利。正如曼海姆指出的，西方社会危机根源于理性与非理性在社会发展中的失调，主要表现在人类控制非理性能力发展的不均衡与分配的不平等；个人和社会处在一种"有组织的不安全"状态②。因此，社会发展的理想状态是每个成员都具有决定自己情感生活和控制自己情感冲动的权力。③

## 第三节 破除偏狭之宗法情感，建构情感自由

情感虽然根源于社会，但是现代真正、自由的情感必然要超越一些低级的例如中国传统的宗法社会关系父权、男权、君权等的束缚，而达至情感自由。中国传统社会的一个最基本事实是，一旦三纲绝对神圣，君权、父权、夫权随之绝对化，则臣、子、妻势必成为君、父、夫的"附属品"，"而无独立自主之人格"（陈独秀语）。臣、子、妻既认定"身非我有"，则势必反复出现种种愚德行为。因此，鲁迅、吴虞等人揭示、控诉"礼教吃人"不为无因。④ 所以，在当代中国，要想建立现代的情感文明，必须对一些传统儒情和道情哲学加以改造，尤其是破除腐朽的宗法情感，主要包括愚孝、愚贞，从而建构现代自由情感。

儒家提倡孝，特别是汉代独尊儒术，以孝治天下，每一个皇帝去世以

---

① 郭景萍：《试论情感文明的四个基本维度》，《社会科学》2010年第6期。
② 〔美〕马尔库塞：《审美之维》，李小兵译，广西师范大学出版社，2001，第53页。
③ 郭景萍：《试论情感文明的四个基本维度》，《社会科学》2010年第6期。
④ 张锡勤：《论宋元明清时代的愚忠、愚孝、愚贞、愚节》，《道德与文明》2006年第2期。

后，在谥号前都加一个孝字，如孝文皇帝、孝武皇帝等。愚孝主要体现在孔子的"亲亲互隐"原则上。据《论语》记载："叶公语孔子曰：'吾党有直躬者，其父攘羊，而子证之。'孔子曰：'吾党之直者异于是。父为子隐，子为父隐，直在其中矣'。"（《论语·子路》）父子相隐，人情之至也。随着父权的强化，在宋代出现了"天下无不是父母"的观念。于是，对父母"不论曲直"、绝对顺从遂成孝的基本要求。这种无条件绝对顺从的孝原本具有愚孝的性质，而随着这种孝被普遍视为美德后，不少人又竞相以惊人之举相互攀比，显示自己的孝行超过他人，于是愚孝更愚，越发畸形，出现种种怪诞、野蛮以致残忍的行为。①

愚孝指的是一味顺从父母。关于孝的问题，孔子也不是主张愚孝。当鲁哀公问孔子："子从父命，孝乎？臣从君命，贞乎？"孔子没有回答，出来告诉他的学生子贡说："子从父，奚了孝？臣从君，奚臣贞？审其所以从之之谓孝、之谓贞也。"（同上）于从父，怎么能说是孝子呢？臣从君，怎么能说是贞臣呢？要看在什么样的情况下从命，才可以说是孝、是贞（忠）。可见，听话、盲从的，孔子不认为就是忠孝的臣子。战国后期的大儒荀子认为："从道不从君，从义不从父，人之大行也。"（《荀子·子道》）②

孝是分层次的，《礼记》："曾子曰孝有三，大孝尊亲，其次弗辱，其下能养。"孝的基本要求是敬养父母。《孝经》里孔子也说："身体发肤，受之父母，不敢毁伤，孝之始也。立身行道，扬名于后世，以显父母，孝之终也。夫孝，始于事亲，忠于事君，终于立身。"可见高格调的孝是自我实现，荣耀父母。愚孝之所以为愚，是其只重动机，不重效果；只重形式，不重内容；只顾自己，不顾他人。从根本上说，不是真正的孝道。《孝经》中孔子又云："父有争子，则身不陷于不义。故当不义，则子不可以不争于父，臣不可以不争于君；故当不义，则争之。从父之令，又焉得为孝乎。"明确指出，义字当前，孝要站边。可见，孝当以义为前提，以自我实现为最终目的，而不是后来宣扬的这些愚忠愚孝。③

我们必须回到当代文明，回归作为大本大源的本真的生活情感，唯其如此，我们才有可能有效地切入我们当下的生活，在生活本源上重建"当代情感文明"。

---

① 张锡勤：《论宋元明清时代的愚忠、愚孝、愚贞、愚节》，《道德与文明》2006 年第 2 期。
② 张锡勤：《论宋元明清时代的愚忠、愚孝、愚贞、愚节》，《道德与文明》2006 年第 2 期。
③ 张锡勤：《论宋元明清时代的愚忠、愚孝、愚贞、愚节》，《道德与文明》2006 年第 2 期。

殉夫一类的愚节行为同样与一些传统道德相悖。在宋元明清时代，随着父权强化，夫权也同步强化。而随着夫权强化，"从一而终"的观念逐渐获得更广泛的认同，贞节被普遍视为与忠、孝并列的崇高美德，是女性的最高德行。特别是程颐提出"饿死事极小，失节事极大"①之说后，影响所及，寡妇本人以及社会舆论对贞节更加重视。在理学的正统地位确立后，纲常礼教的控制力更加强大，"从一而终"的贞节观念遂急剧强化。据统计，从元代起，贞女、节妇人数呈直线上升之势，其发展速度之快，达到惊人程度。此时由于荣辱观普遍畸形，社会上遂出现了越来越多的愚贞、愚节现象，其愚昧、野蛮、残忍、不近人情的程度更甚于种种愚孝行为。比如许多青年寡妇为拒绝改嫁、坚持守节而采取各种方式毁容，如"自刺其面""自割其耳""自髡其发"等。到了清代，自杀殉夫的事例更多于元、明，不少人分别采取"绝食""吞金""仰药""自缢""投水"等不同方式殉夫②。在个别家庭，甚至连妾也殉夫。如名臣张廷玉死，小妾冯珊儿才十几岁，竟也"仰药殉节"③。更有甚者，即使其夫不肖，也自杀殉夫。与"从一而终"观念的畸形强化同步，在这一时期，"男女有别""男女授受不亲""贞女不出闺阁""义不见门外人"等观念也畸形强化，由此而引发的惨剧也很多。④

破除偏狭之宗法情感，建构情感自由，同样迫在眉睫。它包括：其一，情感自律。在封建专制体制下，人的情感完全受社会统治，个人情感只有服从，没有选择的自由。资本主义对专制制度的超越喊出了民主口号，并坚定地相信，个人具有控制情感的能力。情感文明化，既要按照社会的规则调节情感，也要符合个体所选择的情感生活的自由发展。尼采提出了"高贵的禁欲主义"方式。尼采认为禁欲有两种，一种是外在的强制禁欲，另一种是内在的自愿禁欲。强制禁欲往往是外力对人们合理欲望的强行压制，而自愿禁欲却是对不合理欲望的自觉抵制。弗洛伊德通过一场精神的"哥白尼革命"，把对人的精神研究视角从传统的意识层面深入人的潜意识层面；这实际上，也引起了控制情感的主体转变。显而易见，要对人的深层次的潜在的情感（本我）进行控制，只有对自己这种情感心知肚明的个人才能真正做

---

① 程颐：《河南程氏遗书》第22卷（下），中华书局出版社，1981，第301页。
② 徐珂：《清稗类钞》，中华书局，1996，第3093页。
③ 徐珂：《清稗类钞》，中华书局，1996，第3097页。
④ 张锡勤：《论宋元明清时代的愚忠、愚孝、愚贞、愚节》，《道德与文明》2006年第2期。

到。埃利亚斯认为个人控制情感能力的成熟是情感文明化的一个重要标志。其二，情感平等。情感平等构成情感民主的核心理念。情感平等性的要义是：任何一个人，不论其职业、性别、种族，都具有与生俱来的"情感权利"；在满足个人的情感权利时，不能损害他人的情感权利和情感利益；社会应为满足社会成员的情感需要创造条件，保证人们正当情感权利的实现。在社会中，人们所处的角色地位不同，因而情感行为方式也有不同。尽管人们的情感行为受角色限制而必须表现出不同的特点，但不管扮演什么样的情感角色，人际的情感都应该是平等的。[1]

---

[1] 郭景萍：《试论情感文明的四个基本维度》，《社会科学》2010年第6期。

# 结　语

　　情感文明就其一般意义来说，指的是人类情感进步和开化的状态，比如情感具有教养、文采、开明、明智等素质特征，形成良好的情感生活方式与风尚等①。其中，情感的控制是其内容之一。不论是弗洛伊德，还是埃利亚斯，都说明人类的文明史在某种意义上就是对"原始"情感约束、控制和调节的历史。通过这种控制，"原始"的情感变成一种文明化的情感，一种被社会所接受的、不会给人带来后果的、安全的甚至可以提升人的生命体验质量的情感。可见，社会的理性化和情感的文明化是同一个过程的两个方面。人们往往根据情感与理性目标的一致化程度，对不同情感进行不同的控制。例如，对于那些容易与理性目标发生冲突、产生负面影响的情感（如愤怒），进行较严格的自我约束，或通过安全的渠道加以释放；对于那些与理性目标一致的情感，则加以激励（如利他主义情感、新教徒的劳动情感）、升华（如母爱、对自然界的爱）或细致化（如恋情）。前一种情感（如愤怒）有时也可作工具性利用（如煽动士兵的仇恨以鼓舞士气），后一种情感则常常被看成"自目的性"（本身就是目的）②。

　　情感文明首先意味着某个共同体每一个成员的情感成熟。情感成熟指人在个人需要无论是否得到满足的情况下，能够自觉地调节情感使之适度的一种心理状态。例如，需要得到满足不狂喜，需要未被满足不怒不卑等。情感成熟标志着人的心理是健康的。每个人要社会化就应该使自己"情有节"，陶冶情操，尽快使自己的情感成熟。概言之，情感成熟就是要求心理成熟。

　　当代中国情感文明的发展必然要经历一个从感性情感到理性情感、从传统情感到现代情感、从非生态情感到生态情感、从自然情感到自由情感的过

---

① 郭景萍：《情感文明建设：情感控制与情感赋权》，《广东社会科学》2009 年第 2 期。
② 郭景萍：《试论情感文明的四个基本维度》，《社会科学》2010 年第 6 期。

程。在这之中，存在深刻影响和阻碍当代中国情感文明现代转型的特殊性因素——差序性的文化本质、人情化的关系社会、官本位的历史传统、集权化的政治思想。运用儒道情感哲学资源研究现代中国人的情感，可以帮我们更好地理解现代中国人的情感模式，调整情感结构，从而优化情感表达方式或宣泄方式，改善情感教育方式、方法，调控情感的社会方式（情感的方式包括情感的社会接受方式、社会沟通方式和社会支持方式），从而建构更为合理、更为人性的情感模式，乃至现代情感文明。

# 参考文献

蒙培元：《情感与理性》，中国社会科学出版社，2002。
李泽厚：《论语今读》，安徽文艺出版社，1998。
李泽厚：《美学三书》，天津社会科学出版社，2003。
李泽厚：《实用理性与乐感文化》，三联书店，2005。
李泽厚：《历史本体论·己卯五说》，三联书店，2003。
李泽厚：《中国古代思想史论》，天津社会科学院出版社，2008。
李学勤：《十三经注疏（之一）》，北京大学出版社，1999。
黄意明：《道始于情——先秦儒家情感论》，上海交通大学出版社，2009。
梁漱溟：《中国文化要义》，学林出版社，1987。
钱穆：《孔子与论语》，台北联经出版社，1974。
钱穆：《论语要略》，商务印书馆，1934。
钱穆：《晚学盲言》，三联书店，2010。
钱穆：《中国学术思想论丛》，东大图书公司，1980。
钱穆：《论语浅解》，巴蜀书社，1985。
萧萐父、许苏民：《明清启蒙学术流变》，辽宁教育出版社，1995。
刘翔：《中国传统价值观诠释学》，三联书店，1996。
吴森：《比较哲学研究》，东大图书公司，1979。
郭振香：《先秦儒家情论研究》，北京师范大学出版社、安徽大学出版社，2011。
李天虹：《郭店竹简〈性自命出〉研究》，湖北教育出版社，2002。
郭齐勇主编《儒家伦理争鸣集——以亲亲互隐为中心》，湖北教育出版社，2004。
丁耘主编《什么是思想史?》，上海人民出版社，2006。

# 参考文献

梁漱溟：《东西方文化及哲学》，商务印书馆，1999。

张岱年：《中国哲学大纲》，中国社会科学出版社，2004。

程树德：《论语集释》，中华书局，1990。

朱熹：《四书章句集注》，中华书局，1983。

崔大华：《儒学引论》，人民出版社，2001。

崔大华：《庄学研究》，人民出版社，1992。

李景林：《教养的本原——哲学突破期的儒家心性论》，辽宁教育出版社，1998。

王国维：《观堂集林》，中华书局，1959。

郭沫若：《十批判书孔墨的批判》，人民出版社，1954。

陈来：《古代宗教与伦理——儒家思想的根源》，三联书店，1996。

王阳明：《王阳明全集》，上海古籍出版社，1992。

徐复观：《中国人性论史（先秦篇）》，三联书店，2001。

荆门市博物馆：《郭店楚墓竹简》，文物出版社，1998。

河上公：《老子道德经河上公章句》，中华书局，1983。

杨国荣：《心学之思——王阳明哲学的阐释》，三联书店，1997。

戴震：《孟子字义疏证》，中华书局，1982。

杨伯峻：《孟子译注》，中华书局，1960。

丁四新：《郭店楚墓竹简思想研究》，东方出版社，2000。

王弼：《王弼集校释》，楼宇烈校释，中华书局，1981。

王晓毅：《儒释道与魏晋玄学形成》，中华书局，2003。

朱熹：《朱子语类》，中华书局，1986。

黄宗羲：《明儒学案》，中华书局，1985。

张载：《张载集》，中华书局，1978。

王艮：《王心斋先生遗集》，四库存目。

罗汝芳：《罗近溪先生明道录》，《四库全书》。

李贽：《李贽文集》，社会科学文献出版社，2001。

汤显祖：《汤显祖诗文集》，上海古籍出版社，1982。

钱谦益：《牧斋初学集》，上海古籍出版社，1985。

周群：《袁宏道评传》，南京大学出版社，1999。

储昭华：《明分之道——从荀子看儒家文化与民主政道融通的可能性》，商务印书馆，2005。

王先谦：《荀子集解》，中华书局，1988。
欧阳祯人：《先秦儒家性情思想研究》，武汉大学出版社，2005。
董仲舒：《春秋繁露义证》，中华书局，2002。
荀悦：《申鉴》，《四库全书》。
李翱：《李文公集》，《四部丛刊》。
马育良：《中国性情论史》，人民出版社，2010。
梁启雄：《荀子简释》，中华书局，1983。
傅斯年：《性命古训辨证》，《傅斯年全集》第二卷，欧阳哲生主编，湖南教育出版社，2000。
韩愈：《韩昌黎先生文集校注》，马其昶校注，马茂元整理，上海古籍出版社，1986。
王安石：《王荆公文集笺注》，李之亮笺注，巴蜀书社，2005。
张祥浩、魏福明：《王安石评传》，南京大学出版社，2006。
贺麟：《王安石的哲学思想》，《贺麟选集》，张学智编，吉林人民出版社，2005。
程颐：《二程集》，中华书局，1981。
葛瑞汉：《中国的两位哲学家——二程两兄弟的新儒学》，大象出版社，2006。
陈来：《朱子哲学研究》，华东师范大学出版社，2008。
陈淳：《北溪字义》，中华书局，1983。
牟宗三：《从陆象山到刘蕺山》，台湾学生书局，1979。
刘宗周：《刘宗周全集》，吴光编，浙江古籍出版社，2007。
牟宗鉴：《儒家价值的新探索》，齐鲁书社，2001。
黄宗羲：《诸儒学案》，《明儒学案》，中华书局，1985。
王夫之：《船山全书》，岳麓书社，1996。
罗钦顺：《困知记全译》，巴蜀书社，2000。
袁宏道：《袁宏道集》，凤凰出版传媒集团、凤凰出版社，2009。
陈静：《自由与秩序的困惑：〈淮南子〉研究》，云南人民出版社，2004。
钱穆：《庄老通辨》，三联书店，2005。
刘笑敢：《庄子哲学及其演变》，中国人民大学出版社，2010。
朱哲：《先秦道家哲学研究》，上海人民出版社，2000。
陈寿：《三国志·魏书·钟会传》注引《王弼传》，中华书局，1959。

高晨阳：《儒道会通与正始玄学》，齐鲁书社，2000。

汤用彤：《汤用彤全集》，河北人民出版社，2000。

刘义庆：《世说新语》。

郭庆藩：《庄子集释》，中华书局，1961。

王先谦：《庄子集解》，中华书局，1987。

杨立华：《郭象〈庄子注〉研究》，北京大学出版社，2010。

王保玹：《正始玄学》，齐鲁书社，1988。

王晓毅：《王弼评传》，南京大学出版社，2006。

阮籍：《阮嗣宗集》，华正书局，1979。

嵇康：《嵇康集校注》，戴明扬校注，人民文学出版社，1962。

梁漱溟：《梁漱溟先生讲孔孟》，李渊庭、阎秉华整理，商务印书馆，2011。

冯友兰：《中国哲学简史》，北京大学出版社，1996。

冯友兰：《三松堂全集》，河南人民出版社，2001。

邢昺：《论语注疏》，中华书局，1980。

刘宝楠：《论语正义》，中华书局，1990。

饶宗颐：《老子想尔注校证》，上海古籍出版社，1991。

葛洪：《抱朴子内篇校释》，王明校释，中华书局，1985。

葛洪：《抱朴子外篇》，中华书局，1985。

《简帛书法选》编辑组：《郭店楚墓竹简·性自命出》，文物出版社，2002。

〔德〕黑格尔：《哲学史演讲录》，商务印书馆，1959。

〔美〕洛夫乔伊：《观念史论文集》，吴相译，江苏教育出版社，2005。

〔美〕艾德勒：《六大观念》，郗庆华、薛笙译，三联书店，1991。

〔美〕艾恺：《最后的儒家——梁漱溟与中国现代化的两难》，王宗昱、龚建中译，江苏人民出版社，1996。

〔美〕乔纳森·特纳：《情感社会学》，孙俊才译，上海人民出版社，2007。

〔英〕安东尼·吉登斯：《社会的构成》，李猛译，三联书店，1998。

〔美〕查尔斯·霍顿·库利：《人类本性和社会秩序》，包凡一等译，华夏出版社，1999。

〔德〕施太格缪勒：《当代哲学主流》（上），王炳文等译，商务印书馆，2000。

〔德〕舍勒：《伦理学中的形式主义与质料的价值伦理学》，倪梁康译，三联书店，2004。

〔德〕舍勒：《爱的秩序》，林克等译，三联书店，1995。

〔德〕舍勒：《伦理学中的形式主义与质料的价值伦理学》，倪梁康译，三联书店，2004。

〔德〕齐奥尔格·西美尔：《金钱性别现代生活风格》，顾仁明译，学林出版社，2000。

〔美〕乔纳森·爱德华兹：《宗教情感》，杨基译，三联书店，2003。

〔美〕诺尔曼·丹森：《情感论》，魏中军等译，辽宁人民出版社，1988。

〔奥〕E.A.罗斯：《社会控制论》，秦志勇等译，华夏出版社，1989。

〔德〕马克斯·舍勒：《爱的秩序》，林克等译，上海三联书店，1999。

〔法〕米歇尔·福柯：《疯癫与文明理性时代的疯癫史》，刘北成等译，三联书店，1999。

〔法〕米歇尔·福柯：《规训与惩罚》，刘北成等译，三联书店，1999。

〔加〕泰勒、查尔斯：《现代性之隐忧》，程炼译，中央编译出版社，2001。

〔美〕E.O.威尔逊：《论人的天性》，林和生等译，贵州人民出版社，1987。

蒙培元：《论中国的情感哲学》，《哲学研究》1994年第4期。

蒙培元：《漫谈情感哲学》（上），《新视野》2001年第1期。

蒙培元：《漫谈情感哲学》（下），《新视野》2001年第2期。

蒙培元：《人是情感的存在》，《社会科学战线》2003年第2期。

王宁：《略论情感的社会方式——情感社会学研究笔记》，《社会学研究》2000年第4期。

庞朴：《孔孟之间》，《中国哲学》编辑部、国际儒联学术委员会编《郭店楚简研究》，辽宁教育出版社，2000。

欧阳询、向知燕：《情本主义：明清之际的中国式启蒙》，《怀化学院学报》2009年第3期。

万里：《王夫之的"性情合一"论及其理论贡献》，《哲学研究》2009年第12期。

何善蒙：《魏晋情论》，复旦大学 2005 年博士学位论文。

连育平：《李翱思想研究》，台湾中央大学中国文学研究所硕士学位论文，2008。

孔令宜：《从"孔颜乐处"到程明道天人一本论》，东华大学硕士学位论文，2005。

庞朴：《说"仁"》，《文史哲》2011 年第 3 期。

丁四新：《论郭店楚简"情"的内涵》，《现代哲学》2003 年第 4 期。

向世陵：《郭店竹简"性""情"说》，《孔子研究》1999 年第 1 期。

屈万里：《仁字涵义之史的观察》，《民主评论》1954 年第 5 卷第 23 期。

梁涛：《郭店竹简"悥"字与孔子仁学》，《哲学研究》2005 年第 5 期。

白奚：《"仁"字古文考辨》，《中国哲学史》2000 年第 3 期。

徐仪明：《冯友兰论情感在哲学中的地位与作用》，《中州学刊》2008 年第 2 期。

高蔚：《论诗性情感的审美直觉构成》，《求索》2008 年第 8 期。

汤一介：《"道始于情"的哲学诠释——五论创建中国解释学问题》，《学术月刊》2001 年第 7 期。

陈仲庚：《韶乐·乐教与美育——〈韶乐〉的历史意义与现实意义》，《中国文学研究》2012 年第 4 期。

余开亮：《〈性自命出〉的"美情"说》，《中国社会科学报》2013 年 4 月 8 日第 436 期。

郭齐勇：《朱熹与王夫之的性情论之比较》，《文史哲》2001 年第 3 期。

朱哲：《儒情与道情》，《江汉论坛》2000 年第 5 期。

蔡锺翔：《明代哲学性情论的嬗变与主情论文学思潮》，《中国哲学史》1996 年第 3 期。

邹元江：《汤显祖情至论对儒家思想的扬弃》，《东南大学学报》（哲学社会科学版）2006 年第 1 期。

陈来：《郭店楚简之〈性自命出〉篇初探》，《孔子研究》1998 年第 3 期。

高华平：《"性""情"论——由新出楚简中"性""情"二字的形义引发的思考》，《华中师范大学学报》（人文社会科学版）2009 年第 9 期。

颜炳罡：《郭店楚简〈性自命出〉与荀子的情性哲学》，《中国哲学史》2009 年第 1 期。

刘振维：《董仲舒性待教而善的人性论》，《朝阳人文社会学刊》第 4 卷第 1 期。

叶青春：《"性"的失语与"情"的独语——阳明学性情思想及影响考察》，《延边大学学报》（社会科学版）2012 年第 4 期。

曾振宇：《董仲舒人性论再认识》，《史学月刊》2002 年第 3 期。

林月惠：《从宋明理学的"性情论"考察刘蕺山对〈中庸〉"喜怒哀乐"的诠释》，《中国文哲研究集刊》（台湾）第 25 期（2004 年 9 月）。

曹影：《性三品：董仲舒社会教化的理论根据》，《社会科学战线》2008 年第 8 期。

萧无陂：《情理与义理》，《伦理学研究》2012 年第 5 期。

周天庆：《论儒家伦理中的情感因素》，《求索》2007 年第 5 期。

韦海波：《舍勒现象学的情感先天论》，《兰州学刊》2007 年第 1 期。

郭景萍：《情感社会学三题三议》，《学术论坛》2007 年第 6 期。

郭景萍：《西美尔：文化视野中的情感研究》，《学术探索》2004 年第 4 期。

郭景萍：《情感控制的社会学研究初探》，《社会学研究》2003 年第 4 期。

庞学铨：《新现象学的情感理论》，《浙江大学学报》（人文社会科学版）2000 年第 10 期。

邹其昌：《论朱熹的"感物道情"与"交感"说》，《江汉论坛》2004 年第 1 期。

刘梁剑：《情之为天人之"际"——论王船山的情感哲学》，《衡阳师范学院学报》2007 年第 2 期。

王一川：《从情感主义到后情感主义》，《文艺争鸣》2004 年第 1 期。

鹿月华：《审美情感的结构层次解析》，《高教论坛》2004 年第 3 期。

邹强：《"乌托邦"与"审美乌托邦"》，http://www.literature.org.cn/Article.aspx?id=71867。

崔波：《宗教情感刍议》，《南都学坛》1994 年第 5 期。

左其福：《后情感主义及其对当代中国文学的影响》，《文艺理论与批评》2012 年第 4 期。

张节末：《中国古代审美情感原论》，《天津社会科学》1998 年第 1 期。

徐仪明：《冯友兰论情感在哲学中的地位与作用》，《中州学刊》2008 年第 3 期。

黄玉顺：《论"仁"与"爱"——儒学与情感现象学比较研究》，《东岳论丛》2007 年第 11 期。

高蕾：《情感·艺术·生态式艺术教育——试论儿童情感教育的审美模式》，南京师范大学博士学位论文，2007。

陈柏峰：《熟人社会：村庄秩序机制的理想型探究》，《社会》2011 年第 1 期。

张锡勤：《论宋元明清时代的愚忠、愚孝、愚贞、愚节》，《道德与文明》2006 年第 2 期。

黄玉顺：《关于"情感儒学"与"情本论"的一段公案》，《当代儒学》2017 年第 2 期。

黄玉顺：《情感与存在及正义问题——生活儒学及中国正义论的情感观念》，《社会科学》2014 年第 5 期。

卢兴：《"四端""七情"：东亚儒家情感哲学的内在演进》，《哲学研究》2018 年第 6 期。

陈忠：《现代性的情感逻辑：历史生成与城市调适》，《学术研究》2015 年第 1 期。

成伯清：《当代情感体制的社会学探析》，《中国社会科学》2017 年第 5 期。

李红丽：《〈性自命出〉情感哲学研究》，《孔子研究》2016 年第 6 期。

潘泽泉：《理论范式和现代性议题：一个情感社会学的分析框架》，《湖南师范大学社会科学学报》2005 年第 3 期。

王斌：《网络时代的名人文化、"粉丝"消费与情感劳动——我国网红现象研究的三重议题》，《天府新论》2018 年第 3 期。

马冬玲：《情感劳动——研究劳动性别分工的新视角》，《妇女研究论丛》2010 年第 3 期。

陈弱水：《〈复性书〉思想渊源再探——汉唐心性观念史之一章》，《中央研究院语史所研究集刊》，1998。

A. C. Grahan, *Studies in Chinese philosophy and philosophical literature*, State University of New York Press, Albany, 1990.

Chad Hansen, *Qing（Emotion）in Pre-Buddhist Chinese Thought*, State University of New York Press, 1995.

Williams, Simon J., *Emotion and Social Theory*: *Corporeal Reflection on the Rational*Sage Puplication, 2001.

Hochschild. *The Managed Heart*: *The Commercialization of Human Feeling.* University Of California Press, 1983.

Stjepan G. Mestrovic, *Postemotional Society*, London: SAGE Publications, 1997.

Elias, N. and E. Duning, *Quest for Excitement*: *Sport and Leisure in the Civilizing Process*, Oxford: Blackwell, 1986.

Marcuse, H. 1955, Eros and Civilisation. London: The Beacon Press.

## 图书在版编目(CIP)数据

儒道情感哲学及其现代价值/朱喆，萧平，操奇著
.--北京：社会科学文献出版社，2018.12
ISBN 978-7-5201-3630-3

Ⅰ.①儒… Ⅱ.①朱…②萧…③操… Ⅲ.①儒家-研究②道家-研究 Ⅳ.①B222.05②B223.05

中国版本图书馆CIP数据核字（2018）第233566号

---

### 儒道情感哲学及其现代价值

| | |
|---|---|
| 著　　者 / | 朱　喆　萧　平　操　奇 |
| 出 版 人 / | 谢寿光 |
| 项目统筹 / | 曹义恒 |
| 责任编辑 / | 吕霞云　王京美 |
| 出　　版 / | 社会科学文献出版社·社会政法分社（010）59367156 |
| | 地址：北京市北三环中路甲29号院华龙大厦　邮编：100029 |
| | 网址：www.ssap.com.cn |
| 发　　行 / | 市场营销中心（010）59367081　59367083 |
| 印　　装 / | 三河市东方印刷有限公司 |
| 规　　格 / | 开　本：787mm×1092mm　1/16 |
| | 印　张：12.5　字　数：213千字 |
| 版　　次 / | 2018年12月第1版　2018年12月第1次印刷 |
| 书　　号 / | ISBN 978-7-5201-3630-3 |
| 定　　价 / | 98.00元 |

本书如有印装质量问题，请与读者服务中心（010-59367028）联系

▲ 版权所有 翻印必究